[제3판]

사회복지행정론

홍봉수
김민정 · 민복기 · 박영애 · 오현숙 · 정규영

KNOWLEDGE COMMUNITY 공동체

머리말

사회복지행정은 사회복지와 행정의 복합어로 사회복지를 전달하기 위한 행정이라는 의미로 이해된다. 행정은 관리, 경영 등과 그 밖의 여러 가지 의미로 사용되고 있으며, 단체나 조직에서 활용하는 운영기능으로 볼 수 있다.

사회복지행정의 발전과정을 살펴보면, 하나는 일반경영이론에 기초를 두고 시설관리론으로서 발전한 것과 다른 하나는 행정이 비대화되면서 사회복지 분야에도 영향을 미치며 국민의 인간다운 생활 보장에 따른 공공의 책임이 높아지면서 국가에 의한 복지행정이 중요해진 상황에서 기인된 실천방법이라고 할 수 있다.

따라서 사회복지행정은 사회복지조직의 정책목적을 달성하기 위하여 사회복지행정가를 중심으로 모든 활동들을 조직화하고 복지수혜자가 체감할 수 있는 최적의 서비스로 전달하기 위하여 이용 가능한 모든 자원을 동원하고 효과적이고 효율적으로 배분하는 일련의 행위인 것이다.

우리나라에 전문적으로 사회복지행정이 등장하기 시작한 것은 1970년대부터라 할 수 있다.

1970년대 이전에는 6·25동란(1950년)으로 전쟁의 후유증을 수습하기에 급급한 시기였고, 국민들의 사회복지욕구는 강하게 표출되었으나 정부가 이러한 국민들의 복지욕구를 충족시키기에는 너무나 무력했다.

자력으로 해결할 길이 없었기 때문에 외국원조에 의존함으로써 사회복지행정의 체계적인 도입을 논할 여력이 없었다.

뿐만 아니라 사회복지정책의 수립도 국민들의 호의를 얻기 위한 임시방편의 정치적 수단으로 이루어졌다.

그러다 1970년대 경제개발정책의 성공으로 고도의 경제성장을 이룩하게 되면서부터 정부가 사회복지대상자들에게 관심을 갖기 시작하였고, 외국원조의 역할도 점차적으로 줄어들기 시작하면서 사회복지행정의 실질적인 필요성이 대두되기 시작하였다.

또한 1980년대부터는 외국으로부터의 원조가 거의 중단되기 시작하면서 사회복지에 공적 자원이 활용되기 시작하였고, 이에 대한 책임성과 투명성 보장을 위한 요구가 증대되면서 사회복지행정이 발달하기 시작하였다.

1990년대에는 지방자치제도의 도입으로 사회복지의 주체가 국가, 지방자치단체, 공공기관, 법인, 종교단체, 개인 등으로 다원화되기 시작하면서 민간과 공공의 사회복지서비스 전달이 보다 체계화되어야 함이 강조되었고, 1990년대 말에는 IMF 외환위기로 중산층의 감소와 함께 급증하는 저소득층의 문제해결이 국정과제가 되었다.

따라서 사회복지자원의 분배나 운영에 있어 효과성과 효율성을 기할 사회복지행정의 필요성이 더욱 요구되었다.

2000년대 들어와서는 IMF 외환위기 극복과 IT산업의 장려로 선진국 수준으로 경제규모가 커졌으며, 삶의 질 향상에 대한 국민의 요구가 확대되었다.

또한 2003년부터 「사회복지행정론」은 사회복지사 1급 자격증 국가시험 교과목으로 채택되어 시행되고 있다.

따라서 본 서는 한국사회복지교육협의회의 전반적인 교육적 요구에 맞추는 것을 기본으로 하여 사회복지행정의 이해하기 쉬운 지침서가 되도록 노력하였다. 본 서는 총 12장으로 구성하였으며, 각 장별로 'Key point(요점 정리)'를 서술하여 어려운 사회복지행정용어를 보다 쉽게 이해할 수 있도록 하였다.

제1장에서 제2장까지는 사회복지행정의 기초적인 이해를 돕기 위하여 사회복지행정의 개념과 역사를 다루었다.

제3장에서 제11장까지는 사회복지행정조직에서 이루어지는 사회복지행정의 과정과 효과적이고 효율적인 사회복지행정의 전문적 기술을 습득할 수 있도록 사회복지행정과 조직, 사회복지행정조직과 환경, 기획과 의사결정, 인간관계, 인적자원관리, 재정관리, 정보관리, 마케팅과 홍보, 프로그램의 개발과 평가로 세분화하여 다루었다.

마지막으로 제12장에서는 사회복지서비스를 복지수혜자에게 전달하는 민간·공공의 사회복지서비스 조직체들의 전달체계와 전문인력인 사회복지직요원에 대하여 수록하였다.

본 교재는 사회복지를 공부하는 학생, 사회복지사 1급 시험을 준비하는 수험생, 민간사회복지실천현장의 사회복지사, 그리고 공공사회복지실천현장에서 사회복지행정을 담당하는 사회복지직공무원에게도 도움이 될 수 있도록 기본적 개념이나 이론적 체계를 담으려고 노력했으나 혹시라도 미흡하거나 잘못된 부분이 있으면 아낌없는 조언과 편달을 바란다.

집필상 부족한 부분과 한계점 등에 대해서는 꾸준히 개선·보완해 나갈 것을 약속하면서 출간을 결정하신 도서출판 공동체의 김동훈 사장님과 편집을 위하여 수고하신 임직원 여러분께 깊은 감사를 드린다.

끝으로 이 교재를 통해 조금이나마 도움이 되어 큰 결실을 얻기를 독자 여러분에게 두 손 모아 기원한다.

2025년 8월

대표저자 홍 봉 수

Contents

Contents

Chapter 01

사회복지행정의 정의와 특성

01 사회복지행정의 정의와 특성

제1절 사회복지행정의 개념 정립

1. 사회복지의 개념

사회복지란 한 사회에 살고 있는 모든 사람들의 생활 향상과 행복을 목표로 하는 직·간접적인 모든 대책을 말한다.

사회복지의 개념은 시대에 따라 그리고 각국의 경제적 발전 정도에 따라 학자마다 이에 대한 견해의 차이가 있기 때문에 아직 통일된 개념 정의가 이루어져 있지는 않다.

따라서 사회복지의 개념을 보다 정확하게 이해하기 위해서는 사회복지라는 용어에 내포되어 있는 뜻에 초점을 둔 어의적 관점과 학자들의 견해인 이론적 관점, 그리고 역사를 통해 사회복지의 활동이 전개되어온 내용을 토대로 파악하려는 역사적 관점에서 살펴보아야 한다.

전통적 의미의 사회복지란 인간의 기본적 욕구의 미충족을 개인의 책임에 두는 것으로 상부상조나 자선사업, 인보사업 등이 이에 해당된다.

현대적 의미의 사회복지란 개인의 기본적 욕구충족을 해결하지 못하는 사회구조적 문제를 집단적 원조체계가 요구되는 사회적 책임에 두는 것으로 사회복지 영역을 개인의 책임이 아닌 국가의 책임으로 보려는 개념이다.

따라서 사회복지란 국가의 개입으로 강제적으로 시행되는 사회보험, 공공부조 등의 제도를 의미한다고 볼 수 있다.

2. 일반행정의 개념

행정(public administration)이라는 용어는 다양하게 해석되고 있다. 여기에서 행정은 일반행정을 의미한다.

협의의 행정은 정부 관료제를 중심으로 이루어지는 활동을 의미하며, 조금 더 엄밀하게는 행정부의 구조와 공무원의 활동을 포괄하는 개념이다.

광의의 행정은 모든 조직에 적용할 수 있는 인간 협동의 측면에 초점을 둔 개념이며, 왈도(Waldo)는 넓은 의미의 행정을 '고도의 합리성을 지닌 협동적 인간 노력의 한 형태'라고 정의하고 있다.

따라서 넓은 의미의 행정은 모든 조직에 적용할 수 있는 인간 협동의 측면에 초점을 둔 개념이고, 좁은 의미의 행정은 행정조직을 중심으로 이루어지는 그 구조와 공무원의 활동을 의미한다. 그러나 이러한 개념은 단순히 적용범위를 놓고 구분한 것에 지나지 않으며, 행정을 파악하는 측면에 따라 그 개념도 달라 질 수 있다.

이를테면 행정을 관리적 측면에서 본다면 국가 목적을 실현하기 위한 사람과 물자의 관리라 할 수 있고, 통치적 측면에서 본다면 행정은 정치와 더불어 통치과정의 일부로서 정책과정이라 볼 수 있으며, 또한 사회를 바람직한 방향으로 변화시키고 발전을 유도하는 통치 기능으로 볼 수도 있다. 또한 행정조직(행정인)에게 초점을 맞춘다면 공동목표를 달성하기 위한 합리적이고 집단적인 협동 행위가 곧 행정이다.

3. 사회복지행정의 개념

사회복지행정(social welfare administration)은 사회복지학(social welfare)과 행정학(ublic administration)이 결합된 학문으로서 공・사 사회복지 기관의 사회복지 목적을 달성하기 위하여 지역 사회자원을 지역 사회복지서비스로 전환하고 확보하는 과정을 연구하는 학문이라 할 수 있다. 그리고 사회복지행정은 관련법규를 근거로 인간다운 사회를 달성하기 위한 수단이므로 인간관계를 중시하고 투입과 산출 모든 과정에서 인본주의 전문가를 필요로 한다.

따라서 사회사업행정, 공공복지행정, 사회행정과 상호 밀접한 관계를 유지하면서 발달되어 왔지만, 각기 독립된 특유의 학문적 계보와 연구 대상 및 연구 방법을 지니고 있다. 사회복지행정과 사회사업행정은 주로 미국에서, 공공복지행정은 독일과 미국에서, 그리고 사회행정은 주로 영국에서 발원되어 세계 각국으로 전파된 것으로 보인다.

과거에는 사회사업행정이라고도 불렸던 사회복지행정에 대한 정의는 학자에 따라 다양하게 규정되고 있으며, 키트니(Kidneigh)는 사회사업행정은 사회정책을 사회서비스로 옮기는 과정이라고 정의하였다. 여기에는 두 가지 과정이 있는데, 하나는 정책을 구체적인 서비스로 옮기는 것이고, 또 하나는 정책을 수정하는데 있어서 경험을 이용하는 것이라고 하였다. 따라서 사회복지행정은 사회기관이 직접적인 서비스를 제공하기 위해 필요한 활동을 지지하고 촉진하는 과정이라고 볼 수 있다.

또한 트렉커(Trecker)는 사회사업행정을 '지역사회가 필요로 하는 서비스를 제공하기 위해 이용가능한 모든 자원을 주민들이 사용할 수 있도록 조직 구성원들이 역량을 발휘하게 하고, 주민들과 함께 일하는 과정'으로 정의하였다.

티트머스(Titmuss)는 사회복지행정을 '단순한 사회복지기관이나 시설의 행정이 아니라 다양한 사회적 서비스를 관리・운영하는 것'이라고 규정하면서 사회복지행정에 대한 연구는 '사회복지서비스를 대상자에게 전달하는 인적 조직과 기구, 그리고 서비스의 선택 문제를 다루어야 한다.'라고 주장하였다.

이러한 견해를 종합해 보면, 협의의 사회복지행정이란 사회복지조직의 정책목적을 달성하기 위한 사회복지행정가가 수행하는 제반 활동 또는 사회복지조직의 목표달성을 용이하게 하기 위해 관리자에 의해 수행되는 상호의존적인 과업과 기능, 관련 활동 등의 체계적 개입과정이라 정의할 수 있다.

광의의 복지행정에는 공공복지 기관의 행정뿐만 아니라 사회복지기관의 행정도 포함되며, 사회구성원들의 복지를 향상시키기 위한 정부 또는 공공복지기관의 행정을 말한다.

다시 말해서 복지행정이란 국가 또는 지방자치단체 등의 공공기관이 사회복지 문제를 다루기 위해 복지정책을 수립하고 집행하는 일련의 정책과정이며, 사회복지라는 목적을 달성하기 위한 행정을 사회복지행정이라고 정의할 수 있다.

따라서 오늘날 복지국가가 지향하는 복지행정은 사회적 약자 등 요보호 대상자에만 국한하지 않고 국민 전체를 그 대상으로 하는 보다 적극적이고 넓은 의미의 사회복지행정을 말한다.

〈표 1-1〉 사회복지행정의 개념 분류

	사회복지행정	주 체	대 상	실현범위
협의의 개념	사회사업기관행정	민간복지기관	요보호자	설립취지대로 운영
광의의 개념	공공복지기관행정	중앙정부 및 지방자치단체	전 국민	사회복지정책 실현

사회복지행정에 대한 개념규정에서 이론적으로 일치를 이루지 못하는 이유는 사회복지행정의 관리적인 측면과 기능적인 측면 중 어느 부분을 강조하는가에 따라, 그리고 사회복지를 인지하는 범위의 차이, 즉 협의적 차원으로 보느냐 또는 광의적 차원으로 보느냐에 따라 그 개념이 달라지기 때문이다.

4. 일반행정과 사회복지행정의 공통점과 차이점

정부 관료제를 중심으로 하는 공공행정 이외 민간기업이나 학교조직 등 모든 형태의 조직은 행정행위를 통하여 업무가 수행되고 있다. 여기에서는 사회 일반적인 조직에서 인식하고 있는 일반행정의 개념과 사회복지현장에서 이루어지고 있는 사회복지행정 개념의 공통점과 차이점을 살펴보고자 한다.

1) 공통점

조직은 정해진 조건에서 일정한 목적을 달성하기 위하여 구조화된 분업체계라고 할 수 있다. 따라서 국가 조직이든, 사회의 일반적인 조직이든, 사회복지 조직이든, 기대하는 목적을 달성하기 위하여 다음의 기능들을 공통적으로 요구한다.

① 일반행정은 주로 문제의 확인, 문제의 여러 가지 측면을 연구, 해결 가능한 계획의 개발, 계획의 집행과 그 결과의 효과성 평가 등을 포함하는 문제해결과정이다.
② 일반행정은 상호 관련되고 상호작용하는 부분들이 모여서 이루어지는 체계이다.
③ 일반행정은 문제를 해결하기 위한 대안의 선택에서 가치판단적인 요소가 작용한다.
④ 일반행정은 개인 및 집단이 보다 더 효과적으로 기능하도록 도와주는 과정이라고 간주된다.
⑤ 일반행정은 미래의 바람직한 상태를 구현하기 위한 것과 관련되어 있다.
⑥ 일반행정은 지식과 기술의 상투적인 활용이라기보다는 창의적인 활용으로 이루어지고 있다.
⑦ 일반행정은 최적효율과 상품 또는 서비스를 창출하기 위해 프로그램, 서비스 및 직원들을 조직화시키는 데 관심을 기울인다.
⑧ 일반행정은 모든 업무부문에서 공공의 의지를 실천에 옮기는 것과 관련되어 있다.
⑨ 일반행정은 관리운영의 객관화와 인적자원의 활용 간에 적절한 균형을 유지한다.
⑩ 일반행정은 개별 직원들의 지위와 인정에 관심을 갖고 조직의 목표, 가치와 방법에 직원들이 적극적으로 일체감을 가지도록 하는 데 관심을 기울인다.

⑪ 일반행정의 주요한 영역으로는 의사소통, 직원 간의 상호작용관계, 행정업무에 대한 능동적인 참여 등이 있다.

2) 차이점

일반행정과 사회복지행정은 조직의 관리라는 측면에서 많은 공통점을 지니고 있지만, 휴먼서비스(human service) 조직이라는 사회복지조직 고유의 특성으로 인해 행정대상과 행정내용에 따라 다음과 같은 차이점을 가지고 있다.

① 사회복지행정은 지역사회 내의 지역주민의 인지된 욕구를 지원하고자 존재하므로 지역사회와 긴밀한 관계를 유지한다. 따라서 사회복지행정가는 사회복지운영에 있어 지역사회 인적·물적자원을 활용하고 지역사회와 연계된 프로그램을 구성하여야 한다.

② 사회복지행정은 개인이나 가족, 지역사회 주민의 손상된 사회적 기능을 회복시키고 사회적·개인적 자원의 제공을 통하여 사회적 역기능을 예방하는 프로그램을 실시한다는 점에서 행정의 관리라는 측면과 상당한 차이를 보이고 있다.

③ 사회복지행정이 이루어지는 사회복지조직은 정부관료조직이나 기업조직과 달리 일반적으로 지역사회를 대표하는 운영위원회를 두며, 공식조직 이외 비공식조직이 활성화되어 있다. 또한 조직구조, 업무형태, 업무범위가 일반행정조직에 비해 매우 광범위하고 다양하다.

④ 사회복지행정은 일반행정에 비해 환경적 요인에 크게 좌우된다. 지역사회복지관의 예를 들면, 소재지와 대상 고객에 따라 사회복지정책의 수립과정과 사회복지행정의 운영과정을 달리하는 것이 오히려 효과적일 수 있다.

⑤ 사회복지행정은 정당성과 자원확보 차원에서 지역사회와 연계하여 운영하여야 하며, 조직의 영구적 존립을 위하여 적자운영을 피하고 조직의 특성을 살릴 수 있는 전문사회사업을 실시하여야 하므로 일반행정에

비해 법령을 위반하지 않는 한 보다 자유로운 활동을 펼칠 수 있어야 한다.

⑥ 사회복지행정은 개별적이고 구체적이라는 특징을 갖고 있으며, 클라이언트와 라포(Rapport) 형성 관계를 매우 중요하게 여기고, 개입 대상에 따라 사회복지 전문직으로서의 재량권을 발휘하여 각 특성에 따른 개입여부 판단이나 개입내용 등은 다르게 이루어지는 특징이 있다.

⑦ 사회복지행정의 성패는 전문 사회복지사의 직무수행 능력과 자질에 달려 있으며, 행정가와 관리자뿐만이 아니라 사회복지조직의 모든 구성원들이 행정에 참여하여 조직의 목표달성에 큰 영향을 미친다.

⑧ 사회복지행정은 조직목표의 불확실성 및 효과성 등에 대한 측정척도가 부재하며, 그 대상도 주관적이고 비표준화 되어 있어 개입에 따른 변화의 정도를 측정하는 것이 실제로는 가능하지 않다.

〈표 1-2〉 일반행정과 사회복지행정의 차이점

	일반행정	사회복지행정
대 상	• 전체 국민 혹은 일정한 지역주민 욕구의 충족(공공복리)	• 지역사회 내의 인지된 욕구 충족(사회문제해결)
서비스 종류	• 국가 또는 지방자치단체 유지업무 • 공공정책 입안 및 집행 • 대민업무활동	• 손상된 사회적 기능 회복 • 사회적 · 개인적 자원의 제공 • 사회적 역기능 예방
구성 및 활동	• 업무에 따라 중앙부서나 지방자치단체의 해당 부서가 집행	• 이사회가 집행
조직형태	• 법령에 따라 조직되고 업무도 정해짐 • 법적인 제약이 큼	• 다양하고 광범위 • 법령에 위반되지 않는 한 원칙적으로 자유로운 활동
행정가의 책임	• 전체 국민 혹은 지역주민에 대한 책임(선거를 통한 신임)	• 조직의 내부운영을 지역사회와 연계책임(정당성, 자원확보 차원)
자원활용 선택	• 법령에 따른 업무한도 내에서 활용	• 수시로 끊임없이 선택할 필요성
재정문제	• 법령에 따라 적자예산 가능	• 조직의 생존을 위해 적자운영 지양
서비스 성격	• 전문관리적 성격 (주택문제, 환경문제 등)	• 전문사회사업적 성격 (노인복지, 청소년, 중독 등)
행정참여도	• 직급, 직위에 따른 참여	• 조직의 모든 직원이 의사결정

5. 사회복지행정의 영역과 범위

사회복지행정에서 영역이란 사회복지 행정에 어떤 내용을 포함시킬 것인가에 대한 것으로, 행정 고유의 기능이 조직관리와 법령 집행이라는 점에서는 사회복지 행정의 영역에 대한 합의가 있는 것으로 볼 수 있다.

사회복지행정은 지속적이고 역동적인 과정으로 공통의 목적과 목표를 달성하는 것이며, 공통의 목적과 목표달성을 위한 인적・물적 자원을 동원하고 이를 위해 조정과 협력을 수단으로 사용한다.

따라서 사회복지행정의 개념이 국가나 시대적 상황 또는 해석하는 학자에 따라 다양하듯이 영역과 범위를 설정하는 것도 견해가 다를 수 있으며, 대체적으로 다음과 같은 영역과 범위로 설정된다.

1) 사회복지행정의 영역

사회복지행정의 영역을 규명하는데 있어 사리(Sarri)의 견해를 인용하는 것이 유용하다. 사리는 '사회복지행정이란 조직 내에서 이루어지는 일련의 활동과정들의 합으로 사회복지조직들을 적절히 행정・관리하는 것이 사회복지행정의 주된 활동'이라고 정의하고 있다.

즉, 사회복지행정의 영역은 사회복지의 이념이나 정책목적들을 실천적 서비스로 전환하는 활동과정에서 사회복지행정이 위치하고, 사회복지행정가의 영역도 경영자급, 중간관리자급, 담당자급 등으로 구분되어 기본적인 역할분담이 선행되어야 한다.

사회복지행정은 ❙그림 1－1❙과 같이 다양한 활동과업을 포함하게 된다.

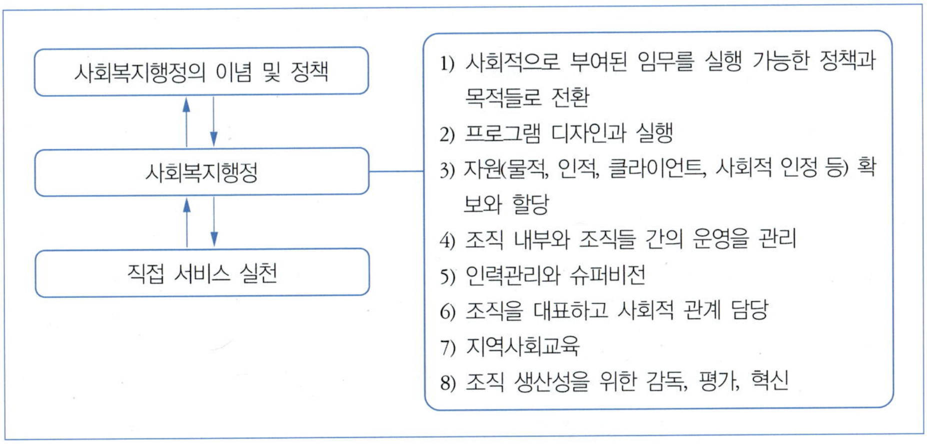

| 그림 1-1 | 사회복지행정의 영역

한 국가의 사회복지 이념은 사회복지 정책으로 수립되고 이는 사회복지 법규와 제도로 구체화되어 클라이언트에게 전문적인 실천방법을 통해 구체적이면서도 가장 효과적으로 기능하는데 있다.

따라서 사회복지행정은 사회복지정책 및 공공행정의 연장선상에서 대상이나 방법, 지역, 주제 등 다양한 차원에서 공공과 민간 모두에 걸쳐 균형과 조화로 이루어져야 하며, 사회복지행정이 그 의미를 찾기 위해서는 실천 환경의 변화에 대응하려는 노력과 함께 실천현장과 협업이 필요하다.

2) 사회복지행정의 범위

사회복지행정의 범위란 사회복지행정의 손길이 미치는 한계나 테두리를 의미하는 것으로 일반적으로 크게 복지구현 방법을 기준으로 한 분류, 고객을 기준으로 한 분류, 행정과정을 기준으로 한 분류, 그리고 공간적 범위를 기준으로 한 분류 등으로 다음과 같이 구분될 수 있다.

첫째, 사회복지구현 방법을 기준으로 분류하면 사회복지의 실천체계를 인간 삶의 가장 기본적인 사항이라 할 수 있는 소득, 건강, 고용, 생활환경, 교육 등과 관련된 서비스체계로 분류할 수 있다.

둘째, 고객을 기준으로 한 분류에는 기초생활보장행정, 노인복지행정, 아동·청소년복지행정, 여성복지행정, 장애인복지행정, 근로자복지행정 등이 있다.

셋째, 행정과정을 기준으로 한 분류에는 의사결정 분야인 사회복지 행정기획, 조직분야인 사회복지 행정조직, 인적관리 분야인 사회복지 인사행정, 재정관리 분야인 사회복지 재무행정 및 통제분야인 사회복지 행정통제 등이 있다.

넷째, 공간적 범위를 기준으로 한 분류에는 국가사회복지행정과 국제사회복지행정으로 나누어 볼 수 있다. 국가사회복지행정은 다시 중앙사회복지행정 및 지방사회복지행정으로 구분할 수 있다.

국제사회복지행정이란 행정의 파급영역이 국가영역을 넘어서 국가 간의 협력에 의해 복지목적이 수행되고 있는 행정을 말한다.

제2절 사회복지행정의 특성 및 이념

1. 사회복지행정의 특성

사회복지행정의 특성에 대하여 패티(Patti)는 사회복지는 사회복지서비스의 속성 때문에 나타나는 것이라고 하였다.

사회복지행정은 대상이 인간 그 자체이므로 인간관계기술에 대한 의존도가 높으며 가정폭력이나 노인학대, 일시적 위기상황 등에 긴급히 서비스를 제공할 때 사회복지사가 예측하지 못한 상황에 개입하여야 하는 경우가 많은 점에서 일반행정과 다른 특성을 지니게 된다.

사회복지행정의 특성을 구체적으로 살펴보면 다음과 같다.

첫째, 사회복지행정은 서비스행정이기 때문에 서비스가 최종적으로 개인에게 직접 전달될 때 비로소 그 효과가 나타나는 것이다. 따라서 사회복지조직은 클라이언트와 직접적으로 대면하여 서비스를 전달할 전문적 지식과 기술을 지닌 다수의 사회복지전문가를 필요로 한다.

둘째, 사회복지행정에 의해 전달되는 서비스는 궁극적으로는 개별화되어야 한다. 특히 개별 서비스라고 불리는 영역의 주요한 기능은 직접적인 케어(돌봄)이기 때문이다. 서비스의 개별화는 서비스행정이 본질적으로 서비스의 전달과 전달된 서비스의 양과 질에 의해 개인의 문제가 해결되고 욕구가 충족됨을 의미한다.

셋째, 사회복지행정은 사회복지에 대한 국가의 책임[1)]에 따라 국민의 사회복지욕구를 충족할 목적으로 이용 가능한 모든 자원을 동원하여 사회복지정책에서 설정한 목표를 달성하기 위한 수단과 방법인 것이다.

2. 사회복지행정의 이념

사회복지행정이 추구해야 하는 주요 가치에 대해 프리드랜더(Friedlander)와 앱트(Apte)는 개인의 고유한 가치의 존엄성에 대한 신념, 인간의 자기결정권에 대한 존중, 인간의 평등과 기회균등권의 존중, 인간의 복지실현을 위한 사회적 책임성의 구현을 제시하고 있다.

우리나라 헌법 제10조에서는 '모든 국민은 인간으로서의 존엄과 가치를 가지며 행복을 추구할 권리를 가진다.'라고 규정하고 있으며, 제34조에서는 '모든 국민은 인간다운 생활을 할 권리를 가진다.'라고 규정하고 있어 대한민국 국민이면 누구나 인간적 가치를 존중받으며 인간다운 생활[2)]을 위해 최저생활을 보장[3)]받고 나아가 행복을 추구하는 존재임을 명문화하고 있다.

1) 헌법 제34조 제1항에 '모든 국민은 인간다운 생활을 할 권리를 가진다', 제2항에 '국가는 사회보장 · 사회복지의 증진에 노력할 의무를 진다'고 규정함으로써 사회복지에 대한 국민의 권리와 국가의 책임을 강조하였다.

2) 인간다운 생활을 할 권리를 보장하기 위해 사회복지사업법 제1조에서는 '사회복지사업법은 사회복지를 필요로 하는 사람에 대하여 인간의 존엄성과 인간다운 생활을 할 권리를 보장하고 … 이하 생략' 사회복지사업의 목적을 밝히고 있으며 사회복지사업에 관한 기본적 사항을 규정하고 있다.

3) 1999년 9월 7일 공포되고, 2000년 10월 1일 시행된 국민기초생활보장법은 생활이 어려운 자에게 필요한 급여를 행하여 이들의 최저생활을 보장하고 자활을 조성하는 것을 목적으로 한다. 이 날을 기념하여 매년 9월 7일을 사회복지의 날로 지정하였다.

따라서 사회복지행정 이념이란 사회복지행정이 추구하는 기본적인 가치 내지 사회복지사가 준수해야 할 행동기준이나 활동규범을 의미한다. 또한 사회복지정책을 서비스로 전환하는 행정과정의 기준이 되며 실천의 방향성을 제시해 준다. 사회복지행정 이념은 일반적으로 지향하는 행정이념과 더불어 사회복지행정의 특성을 포함하여야 한다.

1) 민주성

민주성(democracy)이란 행정과정의 민주화를 의미한다. 사회복지에 있어 행정과정의 민주화는 사회복지기관이 주민과의 관계에서 주민의 요구를 수렴해 사회복지정책의 결정이나 행정에 반영하는 대외적 측면과 사회복지기관 내의 민주적 관리를 의미하는 대내적 측면으로 나누어 볼 수 있다.

대외적 측면에서는 주민이 참여하게 하거나 행정과정을 공개하고 주민의 요구가 반영될 수 있도록 하여야 하며, 대내적 측면에서는 조직 구성원의 사회심리적 욕구 및 정서적 요인을 중시하는 관리를 의미한다.

2) 능률성

능률성(efficiency)이란 최소의 투입(input)으로 최대의 산출(output)을 달성한다는 것으로서 투입된 비용이나 자원에 대한 산출물인 목표달성의 비율을 의미한다. 이 이념은 자원이 제한된 사회복지서비스의 공급에 있어서 중요시되는 이념이다.

그러나 사회복지의 특성상 개인의 욕구충족을 중요시하는 사회복지현장에서 능률성만 추구되기는 쉽지 않은 일이다. 이는 보통 능률성을 경영의 개념으로 이해하여 비용, 시간, 인력 등의 자원을 극소화시키려는 것으로 파악하고 있기 때문이다.

그러므로 사회복지행정에 있어서 능률성은 최소 자원의 투입이라는 관점보다는 '동일한 자원을 가지고 최적의 서비스와 최대의 만족을 클라이언트에게 제공해야 한다'는 관점에서 접근하여야 한다.

3) 효과성

효과성(effectiveness)이란 조직이 목표를 달성하는 정도(degree of goal attainment)로서 서비스가 욕구의 충족 또는 해결에 있어서 어느 정도 유효한가를 의미한다. 즉, 클라이언트의 욕구충족을 위해 실시한 사회복지서비스가 의도한 목적 달성을 위해 적합하였는지에 따라 효과성을 파악할 수 있다.

목표의 달성도를 의미하는 효과성은 능률성과 매우 유사한 개념이다. 그러나 행정의 효과성은 투입과 산출의 비율로 파악하지 않고 목표의 성취도만을 따진다는 점에서 능률성과 구별된다.

4) 사회적 형평성(공평성)

사회적 형평성(social equity)이란 동일한 서비스 욕구를 가진 클라이언트는 동일한 혜택을 받아야 한다는 것이다. 즉, 동일한 능력을 가진 클라이언트의 경우는 공평하게 대하되 사회적 불평등을 시정하기 위해 공공 서비스의 혜택이 사회적 취약계층에 더 많이 돌아가도록 해야 한다는 가치규범을 말한다.

즉, 능률성보다는 형평성이 주요 기준이 되어야 한다는 규범적 기준을 말한다. 사회적 형평성의 확보를 주요 목적으로 하는 정책으로는 사회적 약자의 채용기회확대제도[4]나 장애인 채용할당제[5] 등이 있다.

5) 접근성

접근성(accessibility) 또는 편의성(convenience)은 클라이언트가 사회적 서비스를 쉽게 이용할 수 있도록 하여야 함을 의미한다.

---

4) 모든 영역에서 남녀평등을 촉진하고 여성의 발전을 도모함을 목적으로 1996년 7월 1일 '여성발전기본법(양성평등기본법)'을 시행하였으며, 공무원임용시험령 제20조, 지방공무원임용령 제51조에서는 지방인재, 중증장애인, 저소득층에 대한 채용기회 확대규정을 두고 있다.

5) 장애인고용촉진 및 직업재활법 제27조에는 국가와 지방자치단체의 장은 장애인고용의무를 소속 공무원 정원의 1천분의 32, 2019년 이후 : 1천분의 34, 제28조 상시 50명 이상의 근로자를 고용하는 사업주의 경우 100분의 5 범위로 의무고용률 규정을 두고 있다.

클라이언트가 욕구충족을 위하여 시설의 서비스를 이용하고자 하더라도 교통의 불편, 까다로운 서비스이용 절차, 서비스에 대한 정보 결여, 서비스 제공 인력의 부족, 높은 서비스이용 비용, 낙인, 지나치게 관료적이어서 심리적 거리감을 느끼는 등의 경우에는 이용자의 접근성이나 편의성을 떨어뜨리는 주요 원인이 된다.

접근성을 높이기 위해서는 시설의 위치나 교통수단과 같은 물리적 요소뿐만 아니라 서비스의 비화폐적 요소, 서비스에 대한 홍보 같은 요소도 고려해야 한다. 또한 아웃리치 활동을 실시하여 사회복지기관이나 서비스기관을 찾지 않는 사람을 직접 찾아가는 지원활동도 접근성을 높이는 방법이다.

6) 대응성

대응성(responsiveness)은 클라이언트의 욕구에 부응해 행정을 수행했는지를 묻는 가치이다. 대응성을 제고하기 위해서는 클라이언트의 욕구조사, 우선순위, 해결프로그램, 어느 정도까지 제공해야 하는가에 대한 기준이 설정되어야 한다.

7) 합법성

합법성(legality)이란 사회복지행정 과정과 절차에 있어 법률적으로 적합함을 의미한다. 사회복지기관에서 제공되는 서비스는 사회복지관련 법에 근거하여 제공되는 것으로 관련 법들의 의도와 취지를 적극적으로 실현한다. 따라서 행정에서의 합법성은 행정의 예측성과 안정성을 도모하는 결과를 초래하여 국민의 권리를 도모하는데 도움이 된다.

제3절 사회복지행정의 과정

사회복지행정은 조직을 통해 실천되는 과정으로 조직을 유지하는 최고관리층의 기술을 필요로 한다.

귤릭(Gulick)과 어윅(Urwick)은 조직을 성공적으로 이끄는 요소가 객관적으로 존재한다고 생각하며, 최고관리층의 기능을 기획 · 조직 · 인사 · 지시 · 조정 · 보고 · 재정이라고 보고 영어 알파벳 철자 머릿글을 따서 "POSDCoRB"라고 제시하였다.

POSDCoRB는 관리자의 기능을 표시할 뿐만 아니라 조직관리 및 행정학의 연구범위와 대상을 포함하는 개념이다. 또한 부처조직의 기준으로 조직의 목적 및 기능, 업무절차, 대상자, 장소를 제시하는 등 조직관리가 따라야 할 기본 방침을 제시하였다.

귤릭(Gulick)이 제시한 이러한 기능은 관리의 일반성이 강조되어 사회 일반적 조직과 달리 대면서비스(human service)를 중시하는 사회복지조직에 적용하기에는 다소 무리가 있다는 비판도 있다. 요즘은 POSDCoRB에 평가의 기능을 추가하여 POSDCoRBE라고 한다.

1. 기획(Planning)

기획이란 조직이 추구하는 목표를 달성하기 위하여 과업과 수행방법을 결정하는 단계로 기획단계에서의 과업달성 방법은 변화하는 목표에 따라 달라질 수 있다. 사회복지행정가는 변화하는 목표에 맞춰 과업을 계획하고 이를 집행할 방법과 기술을 결정해야 한다.

2. 조직(Organizing)

조직이란 공통의 목적을 추구하기 위하여 조직 구성원의 역할과 지위를 체계적으로 연결시키는 과정으로 조직단계에서 구성원에게 과업을 할당하거나 조정한다.

3. 인사(Staffing)

인사란 직원의 채용과 승진 그리고 해임과 관련된 전 인사과정을 의미한다. 사회복지행정의 책임자는 직원의 임명뿐만 아니라 교육, 훈련, 적절한 근무여건 제시에 대해서도 책임을 진다.

4. 지시(Directing)

지시는 의사결정권자가 여러 가지 사안에 대하여 끊임없이 판단하고 결정하여 업무를 배분하는 과정으로 명령, 지시의 형태로 구체화된다. 사회복지행정의 책임자는 합리적인 결정을 통하여 직원들의 적극적 관심을 유도하고 본인이 솔선수범을 보여야 하며, 직원의 기여를 칭찬하고 책임과 권한을 효과적으로 위임하여 개인과 집단의 창의성을 고려하는 지도자가 되어야 한다.

5. 조정(Coordinating)

조정이란 업무의 충돌이나 중복을 방지하고 구성원 간의 효과적인 의사소통을 위하여 사회복지행정의 책임자가 수행하는 역할을 의미한다. 조정을 위한 공식적 조직으로는 각종 회의·위원회 등이 있으며, 다양한 형태의 비공식조직을 구성할 수 있다.

6. 보고(Reporting)

보고는 사회복지행정의 책임자가 직원, 이사회, 지역사회, 행정기관, 후원자 등에게 조직에서 일어나는 상황을 알려주는 과정으로 주요 활동으로는 기록, 정기적인 감사, 조사연구가 있다.

7. 재정(Budgeting)

재정이란 행정활동이나 공공정책을 시행하기 위하여 자금을 조달하여 관리하고 이용하는 경제활동으로 대부분의 사회복지기관의 행정책임자는 한정된 재원을 가지고 효율적으로 집행하기 위하여 재원의 관리와 통제기능을 수행하여야 한다.

그러므로 재정계획, 자금조달, 부채조정, 예산수립, 지출통제 및 새로운 후원자의 물색까지 담당하여야 한다. 또한 배정된 예산을 투명하게 사용하고, 기관의 특성을 고려한 중·장기적 재정계획을 수립하고, 회계규정에 따라 재정운영에 대한 책임을 갖는다.

8. 평가(Evaluating)

평가란 클라이언트에게 제공된 사회복지서비스가 욕구나 문제의 해결에 적절했는지에 대한 서비스 효과성과 자원의 투입 대비 산출에 대한 효율성을 측정하는 행위로서 여기에서 도출된 내용은 계획의 기초자료로 사용되는 것이 바람직하다.

KEY POINT

정치 · 행정 연관이론

① **정치 · 행정 일원론**
정치와 행정은 분리시킬 수 없다는 이론으로 정치와 행정이 긴밀하게 함께 작용하고 운용된다는 이론(민주성 제고)

② **정치 · 행정 이원론**
행정과 정치가 분리되어 운용되는 제도로 행정은 정치의 영역에서 결정한 정책을 집행만 한다는 이론(능률성 제고)

행정행위의 효력소멸

① **취소** : 시작부터 하자
② **철회** : 중간에 하자(사후 하자)

행정작용(行政作用)

1. 국가목적적 행정
   ① 재무행정
   ② 군사행정

2. 사회목적적 행정
   ① 경찰행정(질서행정)
   ② 복리행정(급부행정)

신청주의 · 직권주의

① **신청주의**
도움이 필요한 국민이 국가를 상대로 수급 심사 신청(수급자의 신청)

② **직권주의**
예산의 범위 내에서 국가에 의한 수급자 결정 후 지원(공무원의 직권)

스티그마

① 낙인(Stigma)을 뜻하는 용어로, 수치심 등으로 다른 사람들에게 무시당하고 부정적인 인식
② 사회복지서비스 전달과정에서 스티그마를 경감시키기 위한 행정이 필요함

일반행정 · 사회복지행정

구 분	일반행정	사회복지행정
대 상	• 전체 국민 혹은 일정한 지역 주민 (광의의 공공복리)	• 지역사회 내의 인지된 욕구 충족 (협의의 공공복리)
자원활용	• 법령에 따른 업무한도 내에서 활용	• 수시로 끊임없이 선택할 필요성
재정문제	• 법령에 따라 적자예산 가능	• 조직의 생존을 위해 적자운영 지양
참여도	• 직급 · 직위에 따른 참여	• 조직의 모든 직원이 의사결정

민주성 · 능률성

① 민주성 강조하면 능률성 약화, 능률성 강조하면 민주성 약화

② 민주성은 목적의 가치, 능률성은 수단의 가치

③ 목표설정은 민주성, 목표달성은 능률성

효율성 · 효과성

① **효율성** : 투자한 비용과 노력의 비율로 일을 얼마나 신속히 많이 했는가? (과정 중시)

② **효과성** : 실제 성과나 기여에 직결되는 핵심적인 일을 얼마나 잘 했는가? (결과 중시)

사회복지행정의 과정(POSDCoRBE)

기획(P), 조직(O), 인사(S), 지시(D), 조정(Co), 보고(R), 재정(B), 평가(E)

사회복지의 추구 가치

구 분	개 념	특 성	원 리
존 엄	기본 인권과 생존권의 보장	인간의 천부적인 가치, 인간존재만으로 의미 있음	헌법 제10조에 근거
자 유	남에게 구속받지 않는 말이나 행동	적극적 자유, 소극적 자유	헌법 제37조에 근거
평 등	처우 모두 한결같음, 무차별	수량적 평등, 비례적 평등, 기회 평등	공공부조의 기본 원리
연 대	둘 이상이 함께 일하거나 책임짐	사회적 존재로서의 인간의 속성과 관련된 가치	사회보험의 기본 원리

Chapter 02

사회복지행정의 역사

02 사회복지행정의 역사

오늘날 현대사회는 과거와 다른 다양한 형태의 사회복지서비스를 요구하고 있다. 또한 사회복지는 더 이상 개인이나 가족의 영역이 아닌 사회나 국가적인 차원에서 체계적으로 운영되고 효율적으로 관리되어야 할 필요성에 대하여 공감대가 형성되어 있다.

따라서 사회복지행정이 어떠한 역사적 배경을 가지고 발전되어 왔는가를 고찰해 보는 것은 당면하고 있는 다양한 형태의 사회복지행정 문제를 해결하는 데 커다란 도움이 될 것이다.

사회복지제도가 가장 먼저 도입된 국가는 영국이나 사회복지행정을 하나의 독립된 과학으로 체계화시키고 사회복지사를 전문직으로 발전시킨 국가는 미국이다. 따라서 미국 사회복지행정의 발전사를 살펴본 후 우리나라 사회복지행정의 역사를 살펴보고자 한다.

제1절 미국의 사회복지행정의 역사

사회복지행정과 사회사업행정은 주로 미국에서, 공공 복지행정은 독일과 미국에서, 그리고 사회행정은 주로 영국에서 발원되어 세계 각국으로 전파된 것으로 보인다.

미국의 경우 사회복지행정의 역사를 연구함에 있어 발달과정상 나타나는 중요사항과 전체과정을 패티(Patti)의 분류에 따라 인식기, 기초 정립기, 정체기, 발달기, 새로운 도약기의 5단계로 구분하여 살펴보고자 한다.

1. 인식기(19세기 말~1920년대)

19세기 중반 이후 미국에서는 산업화와 도시화가 급속히 진행되었으며, 유럽으로부터 대규모 이민자들이 정착하면서 급격한 사회변동이 나타나고 이에 따라 각종 사회문제가 발생하였다.

즉, 인구의 도시집중, 새로운 이민자 유입, 경제 환경의 변화는 예전에는 상상하지 못했던 빈민과 실업의 문제, 도시의 슬럼화 등 새로운 사회문제를 발생시켰다. 당시 대도시를 중심으로 발생한 각종 사회문제는 대도시의 사업가와 지배계층에 불안감을 안겨주었다.

또한 유럽에서 일어나고 있는 사회주의 혁명운동이 미국으로 확산되는 것을 예방하기 위해서 민간복지제도의 확충이 필요하게 되었다.

이에 미국은 전통적인 영국의 사회복지제도를 받아들여 지방정부 중심의 소극적인 빈민구호사업을 펼치면서 교회를 중심으로 민간자선활동이 본격적으로 전개되었다.

이 중 대표적인 것이 1869년 영국 런던에서 시작된 자선조직협회(COS : Charity Organization Society)가 미국으로 건너가 1877년 버팔로(Buffalo)에서 처음 시 단위로 조직되어 창설된 미국 자선조직협회(COS)이다.

미국 버팔로에 창설된 자선조직협회는 당시 빈민을 구호하기 위해 난립하고 있던 민간단체들의 업무를 조정하기 시작하였다. 자선조직협회의 자선모금활동을 통해 자원봉사자들의 효율적인 관리 및 체계적 모금방법 등이 개발되었으며, 후에 공동모금회와 사회복지협의회를 조직하는 계기가 되었다.

또한 대상자의 누락 및 중복구제를 방지하기 위한 사회사업 관련기관들의 업무조정뿐만 아니라 직접적인 구호와 서비스도 제공하기 시작하였다.

자선조직협회는 빈민자 중 구호 받을 가치가 있는 빈민과 가치가 없는 빈민으로 구분하여 구호 받을 가치가 있는 자만을 원조대상으로 하고, 어쩔 수 없는 이유로 자립이 불가능한 사람들을 위해 봉급을 받는 기관장과 자원봉사자들로 구성된 우애방문원(friendly visitor)을 활용하여 서비스를 제공하였다.

경제적 상류층에 의해 주도된 것이 자선조직협회라면, 급진적이고 개혁을 지향하는 중류층 지식인들을 중심으로 이루어진 것이 인보관운동(settlement movement)이다.

이들은 빈민들의 거주 지역에 뛰어들어 그들과 함께 생활하며 각종 서비스를 제공할 뿐만 아니라 사회를 개혁함으로써 빈곤문제를 해결해 보려고 노력하였다. 이를 통해 제공된 프로그램으로는 탁아, 급식, 아동과 청소년의 클럽 활동, 레크리에이션, 교양강좌 등이 있었다.

아울러 빈민의 조직화와 의식화 활동, 빈민보호를 위한 입법활동 등의 정치참여도 하였다. 초기 인보관 사례로서는 코이트(Coit)가 1886년 뉴욕에 세운 근린조합과 1889년 아담스(Addams)가 세운 헐 하우스(Hull House)가 대표적이다.

인보관운동은 빈곤에 대한 경험적, 실증적 사회조사를 실시하여 빈곤은 개인적 원인이 아니라 사회구조적 요인에 의해 발생하는 것임을 입증하려고 노력하였다.

1914년 사회사업교과과정에 최초로 행정이 등장하였으며, 1929년 밀포드 회의(Milford Conference)에서 사회복지행정이 기본적인 실천방법으로 인정되었다.

1929년 사회복지행정은 개별사회사업, 집단사회사업, 지역사회조직과 더불어 기본적인 실천방법으로 인정되었지만 사회복지행정가를 교육하고 훈련하는 활동이나 구체적인 행정가의 역할과 기능에 관해서는 논의가 없던 시기로 패티(Patti)는 이 시기를 명목상 인식기로 보았다.

2. 기초정립기(1930년대~1950년대)

1930년대에 발생한 대공황의 결과로 빈곤 및 실업 문제가 등장하면서 이들을 원조하기 위해 연방정부가 1934년 연방긴급구호청(FERA : Federal Emergency Relief Administration)을 설립하고, 1935년 사회보장법[1]을 제정하여 연방과 주정부의 공

1) 사회보장법은 공공부문에서 사회복지행정의 기반을 마련하여 민간기관에 의해 이루어져 왔던 빈민구호활동이 점차 공공기관에 이양되도록 하였다. 이에 민간기관들은 차별화를 위해 점차 전문화된 서비스 개발에 집중하게 되면서 사회복지서비스의 제공에 있어 민간과 공공기관의 역할이 분리되는 계기가 되었다.

적부조제도가 창설되었다.

연방긴급구호청의 설립으로 주정부와 지방에도 공공구제기관이 설치되어 이 분야에 전문지식을 갖춘 관리자가 필요하게 되었다. 이러한 역사적 배경이 사회복지행정을 전문사회사업으로 발전시키는 기초가 되었다.

아울러 사회복지대학들은 개별사회사업(casework)을 중심으로 한 직접적 실천가를 양성하기 위하여 사회가 요구하는 방향으로 교과과정을 수정하기 시작하였으며, 개정된 교과과정을 이수한 학생들이 연방긴급구호청을 비롯한 지방긴급구호기관, 공적부조연방기관 등 공공기관과 각종 민간기관에서 능력을 발휘함으로써 행정실천 영역이 더욱 확고하게 되었다.

또한 제2차 세계대전을 전후하여 급속히 발전된 행정학에 사회복지의 기본적인 가치와 지식, 그리고 기법이 접목되어 사회복지행정 분야가 체계화되었다. 1950년대에는 공동모금이 전국적으로 확대되어 미국 사회복지공동모금회로 발전하는 등 사회복지행정을 체계화[2)]하려는 시도가 나타나기 시작하였다.

3. 정체기(1960년대)

1960년대 이후로는 1950년대까지의 기초를 발판으로 사회복지행정의 많은 성장이 기대되었다. 그러나 이 시기에는 흑인인권운동, 반전운동, 빈곤투쟁 등 각종 민주화운동이 진행되는 가운데 사회복지기관과 공공복지기관의 프로그램이 효과를 거두지 못하여 전문 사회사업방법의 대안으로 새로이 개발된 지역사회조직사업이 발달한 시기이다.

1964년 민주당의 존슨(Johnson) 대통령은 '위대한 사회' 계획의 일환으로 대규모 빈곤정책인 '빈곤과의 전쟁(war on poverty)'을 선포하였으며, 이와 관련된 각종 시범 프로젝트들이 시행되었다. 그 결과 다양한 지역사회행동(community action)기관들이 출현하게 되었다.

2) 이 당시에 사회복지행정이 일반적인 행정과 다르다는 점을 인정하고, 사회사업이 전문적 분야의 하나로 자리매김하게 된다.

지역사회에 기반을 둔 기관들은 공공 관료제적 구조를 최소화하기 위해 노력하였으며, 기관의 의사결정에 서비스 이용자들을 대폭 참여시키고자 하였다.

또한 정부가 지원하는 지역사회 정신보건센터의 탄생과 확충으로 사회복지행정가의 필요성이 더욱 증대되었다. 따라서 사회복지행정가들이 조직의 발전과 프로그램 혁신 등에 관한 경영 리더십이라는 새로운 영역에 참여하는 기회를 갖게 되었다.

던햄(Dunham)은 지역사회조직사업과 사회복지행정이 상호 배타적이지 않지만, 지역사회조직사업의 획기적인 발달은 상대적으로 사회복지행정의 발달을 정체시키는 결과를 가져왔다고 보고 있다.

즉, 지역사회조직사업의 발달이 지역사회조직을 강화시킴으로써 사회사업행정의 발달을 정체시키는 결과를 가져왔으므로 패티(Patti)는 이 시기를 정체기로 분류하고 있다.

4. 발달기(1970년대~1980년대)

이 기간은 1960년대의 사회 경제적 배경을 기반으로 사회복지행정에 관한 관심과 필요성이 증대되면서 사회복지행정이 비약적으로 발전한 시기이다. 이로 인해 전문적인 사회복지행정가에 대한 수요도 늘어나기 시작하였다.

그 배경에는 베트남 전쟁, 사회복지비용 지출의 증가, 스태그플레이션(stagflation)[3]으로 인한 경제성장의 둔화 등이 자리 잡고 있다.

과거에는 관심을 가지지 않았던 비용·효과분석이나 프로그램 평가와 같은 재정적이고 기술적인 경영부문에 관심을 보이기 시작하였다.

사례관리를 통한 서비스의 통합과 효율화 방식이 본격적으로 등장한 것도 이때부터이다.

3) 물가는 오르고 성장은 둔화되는 스태그플레이션(stagflation). 경기침체를 말하며, 스태그네이션(stagnation)의 물가상승, 인플레이션(inflation)의 화폐가치 하락의 뜻을 합성한 단어

또한 사회복지행정가를 양성하기 위해 1975년 사회사업대학을 개설한 전체 84개 대학 중 19개 대학이 사회복지행정이라는 과목으로 교육을 실시하였으며, 그 외 많은 대학들도 명칭은 조금씩 다르지만 기획, 조직, 그리고 행정을 결합한 내용들을 학생들에게 교육시켰다.

사회복지행정교육의 확산은 행정실천 방법에 대한 학문적 관심을 증가시켜 미국사회복지교육위원회(CSWE : Council on Social Work Education), 미국사회사업가협회(NASW : National Association of Social Workers), 전국사회복지협의회(NCSW : National Conference on Social Welfare) 등이 중심이 되어 학술지가 발간되는 등 행정 및 관리를 주제로 한 논문들이 급격히 증가하였다.

그리고 1976년 사회사업행정 최초의 저널인 「사회사업행정(Administration in Social Work)」이 출간되었다.

1980년대 들어서는 레이건(Reagan) 행정부가 기존의 사회복지 확대정책에서 벗어나 중앙정부의 사회복지역할 축소정책을 시행함에 따라 사회복지서비스 전달체계에서 사적 전달체계가 급속히 확대되었다.

이러한 정책은 보조금 정책 및 서비스 구매제도, 사회복지기관의 민영화로 나타났는데 사회복지기관은 기관의 존립과 차별성을 위해 보다 전문적 지식을 가진 사회복지행정전문가를 요구하게 되었다.

새로운 교과과정의 개발 및 전문 학술지의 출간, 사회복지행정전문가의 등장은 사회복지행정에 대한 이론적 기틀을 제공하였으며, 사회복지행정이 학문적으로 발전할 수 있는 기반이 되었다.

5. 새로운 도약기(1990년대~현재)

1990년대 이후 미국 사회복지행정의 특징은 재원확보를 위한 재정관리와 경영기법의 도입이다.

사회복지서비스의 민영화와 상업화가 급속도로 가속화되는 가운데 빈부격차가 심화되고, 복지욕구를 충족시키기 위한 재원확보가 최우선시되었다.

이에 따라 조직 내부적으로는 경직성 비용을 절감하는 경영이 강조되고, 외부적으로는 전략적 기획(strategic planning)을 수립하여 공격적 마케팅과 홍보를 강화시키게 되었다.

이 시점에 나타난 또 다른 특징은 기존 조직구조의 변화와 리더십의 변화가 나타났다는 것이다. 즉, 관료조직구조를 형성하던 기존의 사회복지조직들이 수직적인 조직구조 형태에서 수평적 구조의 형태로 변화되었다.

여러 형태의 팀(teams)제를 형성한다든가 태스크포스(task force) 조직[4]을 형성하여 운영하고 있는 것이 그 예이다. 리더십 변화의 경우는 내부지향적이며 성과에 의한 보상을 강조하는 거래적 리더십보다는 외부지향적이며 새로운 아이디어와 도전을 중요시하는 변혁적 리더십이 점차 강조되었다.

2000년대 이후 미국의 사회복지행정의 특징은 국가행정 정보화에 따른 복지행정정보시스템(Social Welfare Administration Information System) 개발 및 구축에 있다.

즉, 사회복지행정의 지평이 정보인프라(Information Infrastructure)를 중심으로 재구성되어야 한다는 기류와 함께 행정정보체계에 대한 관심이 높아지기 시작했다.

따라서 사회복지행정도 복지정보체계를 개발하고 활용하여 지식정보화 사회와 조화를 이룰 수 있도록 발전해 가지 않으면 안 되는 도전에 직면해 있다.

기존의 미국사회사업가협회(NASW : National Association of Social Workers)의 행정가 모임이 사회복지관리자 네트워크로 전환되고, 1998년 이 네트워크가 중심이 되어 '인증받은 사회복지행정 관리자 아카데미(the Academy of certified social work managers)'를 설립하고 사회복지행정가 인증 프로그램을 창설하여 사회복지행정가의 관리기술 향상을 위한 새로운 방안을 모색하고 있다.

또한 새로운 복지조직 형태의 등장으로 전통적인 중앙집권적 공공관료 조직들이 점차로 기능적 혹은 지리적으로 탈집중화 되어 느슨하게 연결되기 시작하였다. 이들 조직들의 특징은 개인, 비영리서비스 조직, 영리기업 등과 계약을 통해 서비스를 구입하여 제공한다는 것이다.

---

4) 태스크포스란 어떤 특정 과업을 해결하기 위해 문제와 관련된 각 부서를 대표하는 사람들로 구성되는 일시적인 위원회라고 할 수 있다. 구성원들은 자기 부서의 이해관계를 대표하고, 회의에서 나온 결과를 해당 부서로 다시 전달해 주는 역할을 하며, 일반적으로 해당 업무를 수행하고 난 후 해체된다.

즉, 실질적인 서비스제공은 자신들이 직접 담당하지 않고 다양한 서비스제공 조직들을 조성하는 역할만을 담당하는 것이다.

〈표 2-1〉 미국 사회복지행정의 역사

인식기	19C 말 ~ 1920년대	• 사회복지행정에 대한 최초 관심 • 사회사업교과과정에 최초로 행정 등장(1914) • Abott : 1927년 사회사업가들에게는 공공복지행정 교육과정이 필요함을 언급 • Dunham : 사회복지행정을 실천의 보조적 방법으로 인식 • James Hagerty : 교과과정 속에 행정에 관한 내용을 포함시켜야 한다고 주장 • Milford 회의(1929) : 사회사업 기본기술 및 행정을 포함한 교과과정 제안 • 미국 사회사업대학협의회의 채택, 교과과정에 행정이 선택과목으로 포함(1923)
기초 정립기	1930년대 ~ 1950년대	• 연방긴급구호청(1934) 설립 : 대공황 극복을 위한 실업문제 해결 시도 • 사회보장법 제정(1935) : 연방, 주 공적부조제도 창설→행정발전의 기초 형성 • 사회복지행정의 개념과 기초의 정립→행정을 독립적인 영역으로 확립
정체기	1960년대	• 사회사업가협회에서 행정 관련 연구 및 행정발달에 대한 건의안 발표 • 사회복지협의회에서 사회복지행정에 관한 요소를 다룬 논문 발표 • 사회사업교육협의회(1961) : 사회복지행정 교육을 강화하는 교과과정 인정 • NASW산하 사회사업행정위원회(1963) 창설 • 사회복지기관에 대한 불신, 지역사회조직사업의 발달→행정발달의 정체
발달기	1970년대 ~ 1980년대	• 프로그램 비용부담의 어려움, 사회복지정책 선택 문제에 직면→새로운 관리기법의 도입 • 1975년까지 미국 84개 대학 중 19개 대학이 사회복지행정이라는 과목으로 교육 • 1977년에는 사회복지행정을 필수과목으로 하는 대학이 35개로 증가 • 사회복지행정에 관한 문헌과 잡지 출현→원칙, 이론, 역할, 모델 정립 • 1976년 최초의 정기적 저널인 「사회사업행정」 창간 • 레이건 행정부의 사회복지 역할 축소 이후 사회복지행정에 대한 도전과 응전 • 민간의 사회복지행정에의 참여 증대(민간·공공의 엄격한 조직적 구분 퇴조)
새로운 도약기	1990년대 ~ 현재	• 재원확보를 위한 재정관리와 경영기법 도입 • 국가행정정보화에 따른 복지행정정보시스템 개발 및 구축 • 조정, 연계, 책임성 이행기술의 강조(서비스 연계조직과 자원제공처의 다양화) • 개인책임 및 노동기회 조정법 제정으로 공공부조제도를 근본적 전환 • 사회복지행정가 인정학회 및 인정 프로그램 창설 • 적자감축법을 제정하여 제2차 복지개혁으로 획기적인 복지행정 실시 • 사회복지사의 활동과 클라이언트 성과의 연결망 구축 • 사회복지공급 주체 다원화(지방정부, 영리 및 비영리 민간단체)로 다양성 확대 • 실천가 교육과 행정가 교육의 불균형 극복 방안 모색

제2절 한국의 사회복지행정의 역사

한국은 고대로부터 사회복지행정은 있어 왔지만 현대적인 사회복지행정의 역사는 시대를 구분하고 체계적으로 논하기 어려울 정도로 짧은 역사가 있다. 서구사회는 수백 년에 걸쳐 산업화와 민주화의 흐름에 따라 사회복지행정도 발전해 왔다.

그러나 우리나라는 전쟁 후 외원기관의 주도로 이루어지던 사회복지가 전문성 있는 행정적 개입을 필요로 느끼지 못했던 부분도 원인으로 보인다.

고대로부터 사회복지행정을 살펴보면, 두레나 계 등 민간 차원의 상부상조 전통에 따라 사회의 취약계층에 대한 구휼행정이 실시되었다.

조선시대까지 사회복지행정은 대개 구빈행정 중심으로 이루어졌지만, 그 후 일제강점기와 미군정시대를 거쳐 대한민국 정부수립 이후 지속적으로 발전하게 된다.

학자마다 한국의 사회복지행정의 발달단계를 다르게 구별하기도 하는데, 사회복지서비스의 팽창으로 전문적인 행정개입이 필요했던 시점인 1980년대 중·후반부를 전후로 해서 한국의 사회복지발달과정을 구분하기도 한다.

그리고 한국사회복지행정의 역사를 사회복지행정의 미인식 단계(1950년대 및 이전), 명목상 인식 단계(1960년대~1970년대), 실질적 중요성 인식 단계(1980년대~1990년대) 등 세 가지 단계로 나누어 설명하기도 한다.

이러한 단계 구분은 첫째, 사회복지행정의 발전은 각종 사회복지 관련 법령의 제정과 불가분의 관계에 있으며, 둘째, 한국의 사회복지법령은 연대별 또는 중요 사건별로 뚜렷이 구별되는 특징을 가지기보다는 정치적 동기가 매우 강하였고, 셋째, 사회적 요구의 수렴보다는 정치체제의 변동에 따라 각 법령이 제정되었고, 그에 따라 행정의 발전이 이루어져 사회복지행정의 역사를 파악하기 용이하다는 점에서 각 공화국별로 사회복지행정의 역사를 정리하고 있다.

여기에서는 한국의 사회복지행정의 역사를 정부수립 이전의 사회복지행정과 정부수립 후 관련 법 제도의 제정 및 주요 정책 실시에 대하여 시대별로 나누어 정리해 보고자 한다.

1. 정부수립 이전의 사회복지행정

일제와 미군정하의 사회복지행정에 관한 사항은 사회복지행정이라기보다는 구호행정이었다. 그러나 이러한 구호행정이 사회복지행정의 발전에 많은 영향을 끼쳤고, 사회복지행정의 이념과 기술을 가지고 행하여지지는 않았지만 근대 한국의 사회복지행정 역사의 출발점이 되었다는 점에서는 중요하다고 할 수 있다.

1910년 경술국치 이후 재래의 구제사업은 거의 자취를 감추고, 1921년 조선총독부 내무국에 사회과를 신설하여 우리나라 사회복지사업의 지도·통제를 담당하게 되었다. 이것이 한국에 사회복지행정을 실천할 수 있는 장의 효시로 볼 수 있으나, 광복이 되기까지 공공조직의 사회복지활동은 시혜적인 활동에 국한되었다.

그 후 1944년 3월에 전문 33조로 된 조선구호령이 공포·시행되었는데 이 역시 조선총독부가 국민들을 회유하고 종속시키기 위한 정치적 맥락에서 시행한 법령상의 명문규정에 지나지 않기 때문에 그 실현을 위한 구호행정도 형식적이며 명목적이었다.

하지만 조선구호령에 근거한 구호행정은 생활보호법이 제정되어 생활보호행정이 실현되기까지 우리나라의 공공 구호행정의 근거가 되었다는 데 의의가 있다.

8·15광복 이후 대한민국 정부수립 이전까지 미군정시대에는 1945년 10월 27일 군정법령 제18호로 보건후생국을 설립하였으며, 보건후생국은 1946년 보건후생부로 승격된다.

미군정은 1946년 9월 18일 법령 제112호로 아동노동법규를 공포·시행하고, 이어서 1947년 5월 16일에는 전문 12조로 된 과도정부 법령 제4호로 미성년자노동보호법을 공포·시행하였으나 이 역시 구호행정수준에 불과하였다. 미군정시기에는 사회사업 실천현장이 없었기 때문에 사회복지교육에 대한 필요성과 욕구도 전혀 없었다.

그럼에도 불구하고 1947년 이화여자대학교에 기독교사회사업학과가 설치되어 전문사회사업교육이 처음으로 시작되었다. 이것은 한국사회사업교육이 실천현장의 요구보다는 기독교의 이념 수용과정에서 미국의 사회사업교육이 먼저 도입되었다고 할 수 있다.

2. 1950년대~1970년대

1950년대에는 한국전쟁의 후유증으로 월남한 피난민을 비롯한 빈민계층이 형성되어 전쟁의 사후처리를 위한 임시구호적인 성격의 사회복지행정을 할 수밖에 없었으며, 주로 외국원조와 민간 차원의 구호사업이 사회복지행정의 주된 내용이 되었다.

1960년대부터 우리나라의 사회복지행정이 정비되기 시작하여 1960년 공무원연금법, 1961년 생활보호법, 1963년 군인연금법, 1963년 산업재해보상보험법 등 사회보장에 관한 법률이 제정되어 사회복지행정의 근거를 제공하였다.

이 시기에 제정된 생활보호법은 우리나라 사회복지행정의 중요한 출발점이 되어 그동안 사회복지행정의 준칙이 되어 온 조선구호령을 폐지하고 주체적으로 법을 집행할 수 있는 계기가 되었다.

1960년대의 사회복지행정은 사회국 내에 구호과를 설치하여 오늘날의 생활보호 업무를 담당하게 하였고, 1963년에는 노동청이 신설됨에 따라 구빈행정 가운데 노동 관련 부문이 노동청으로 이관되었다.

또한 군사원호 업무를 독립적으로 수행할 군사원호청이 창설되었고, 후에 원호처로 개칭되었다.

사회복지의 학문적 발전으로는 1947년 이화여자대학교에 기독교사회사업학과를 최초의 전문적 사회사업교육으로 개설한 데 이어, 1958년에는 사회사업학과로 개칭하였다.

뒤이어 1953년 중앙신학교, 1959년 서울대학교가 사회사업학과를 개설하고, 1961년에는 서울대학교 3학년 과목으로 사회사업행정 교육이 실시되었다.

1970년대의 사회복지행정은 공적부조의 측면보다는 사회보험행정이 활발하게 진행되었던 시기였다. 이 시기에는 1970년에 사회복지사업법,[5] 1973년에 사립학교교원연금법, 국민복지연금법이 제정되었다.

아울러, 1970년대에는 부산대학교를 비롯하여 전국의 13개 대학에서 사회사업교육을 실시하였으나 사회복지행정을 교과과목에 포함시켰을 뿐 학문적 발전은 미미하였다.

1970년대의 특징은 1963년 임의가입으로 실시되었던 의료보험법이 500인 이상 사업장 근로자에게 강제 적용되었고, 공무원 및 사립학교 교직원 의료보험법을 제정하여 국민들에게 의료혜택을 확대시켰으며, 1977년 의료보호법의 시행은 생활보호대상자와 영세민에 대하여 과거 생활보호법에 의해 제공된 의료혜택을 강화시켜 주는 계기가 되었다.[6]

이러한 법 제도의 제정이 일관성을 결여하고 있고, 법에서 규정하고 있는 급여내용이 과거의 생활보호 수준을 유지하는 정도라는 평가도 있지만 이러한 입법조치들로 인하여 사회복지행정의 기틀을 형성하였음을 부인할 수 없다.

3. 1980년대

정치적으로는 광주 민주화운동과 노동운동이 일어났던 시기이며, 사회 · 경제적으로는 올림픽의 개최와 함께 도시, 환경문제가 대두되었던 시기이다.

이 시기 정부에서는 정통성 시비, 군사정부 이래 지속되어 온 선 성장 · 후 분배 정책에 따른 소득분배의 불평등과 정부불신 등이 상호작용하면서 국민

---

5) 1970년 1월 1일 제정된 '사회복지사업법'은 '헌법' 제34조에 규정된 생존권을 구체화하는 법률이며, 각종 사회복지서비스 분야에 관한 사항을 총괄적으로 규정하고 있다. '사회복지사업법'의 제정으로 과거의 전통적인 자선사업에서 실시해 왔던 경제적 · 물질적 원조를 넘어서 비경제적 · 비물질적 원조의 내용까지 확대되었다.

6) 의료보험법은 1997년 국민의료보험법으로, 2003년 직장과 지역의 재정을 통합하여 국민건강보험법으로 발전하게 된다. 의료보호법은 이 법의 근거법률인 국민기초생활보장법에서 의료보호를 의료급여로 변경함에 따라 의료급여법으로 변경되었다.

적 통합을 이루지 못하고 체제유지에만 급급하여 사회안정을 위한 형식적인 사회복지행정를 구현할 수 밖에 없었다는 학설이 많다.

제8차 개정헌법을 통하여 제5공화국 헌법에 국가는 사회보장·사회복지의 증진에 노력하는 의무를 진다는 조항을 신설하여 제3공화국 헌법과 비교하여 볼 때 사회복지를 추가 규정하였으며, 헌법의 기본권 조항 가운데 행복추구권을 신설하였다.[7)]

또한 사회복지사업기금법(1980년), 심신장애자복지법(1981년), 노인복지법(1981년), 진폐의예방과진폐근로자의보호등에관한법률(1984년), 국민연금법(1986년 전부개정), 최저임금법(1986년), 보호관찰법(1988년), 모자복지법(1989년), 장애인복지법(1989년 전부개정)을 제정하였으며, 1961년 제정된 아동복리법을 아동복지법(1981년 전부개정)으로, 1961년 제정된 생활보호법을 1982년에 전문개정하여 생활보호사업에 교육보호와 자활보호가 추가되었고, 생활보호자를 종전의 영세민·준영세민의 구분에서 자활보호 개념의 도입과 함께 거택보호자·시설보호자·자활보호자로 구분하게 된다. 이어 1987년에는 생활보호사업전달체계의 전문화를 위해 사회복지전문요원을 일선 읍·면·동에 배치하기 시작하였고, 한시적 생활보호사업을 1998년에 시행하게 된다. 이러한 변화를 겪어온 생활보호법은 2000년 10월부터 국민기초생활보장법으로 시행되었다.

1980년대 사회복지의 특징은 사회복지서비스 분야의 입법화 작업이라고 할 수 있다. 사회적 약자에 대한 구체적 입법화 과정을 거치면서 과거의 요보호대상자만을 위한 사회복지서비스가 아닌 전 국민을 대상으로 하는 법 제도로 변화시키려는 의지가 구체화된 시기였다.

이 당시에 사회보험이 전 국민에게 적용되고 사회복지서비스가 보편적 서비스를 지향하게 된 것은 노동조합, 여성운동단체 그리고 시민사회단체의 지속적인 입법청원운동이 크게 기여했다.

이러한 입법화 과정을 통하여 사회복지행정의 범위가 확장되었으며, 1987년에는 최초로 사회복지사자격증을 소지한 자 중에서 47명의 별정직 7급 공무원을 선발하여 저소득층 밀집지역에 사회복지전문요원이 배치되었다.

7) 헌법 제10조 '모든 국민은 인간으로서의 존엄과 가치를 가지며, 행복을 추구할 권리를 가진다. 국가는 개인이 가지는 불가침의 기본적 인권을 확인하고 이를 보장할 의무를 진다'는 행복추구권의 신설에 따라 제34조 제1항의 '모든 국민은 인간다운 생활을 할 권리를 가진다'와 함께 사회복지의 기본 개념이 국민권리로서 헌법에 규정되게 되었다.

4. 1990년대

올림픽을 성공적으로 치르고 난 후 1990년대 초반에는 경제적·사회적 안정과 함께 한국형 복지정책에 대한 모색이 시작되었다.

그 주요 내용은 민영화 및 지방자치시대에 발맞춘 지역사회복지의 대두로 요약할 수 있다.

정부를 비롯한 지방자치단체의 복지 관련 부서, 복지사무소 이외에 각종 협회 및 연합회 등을 통하여 민간의 사회복지사업 참여를 활성화하여 민영화 및 지역사회 주민들이 자기가 거주하는 지역의 복지에 스스로 참여할 수 있는 계기를 마련해 준 지역사회복지정책의 실현을 특징으로 하고 있다.

이에 1992년 사회복지사업법을 전부개정하여 일선행정기관에 사회복지전담공무원들을 두고, 시·군·구에는 사회복지사무 전담기구를 설치하였으며, 사회복지전담공무원에 대한 법적 근거를 마련하였다.

또한 1995년에는 사회보장기본법을 제정하여 모든 국민이 인간다운 생활을 할 수 있도록 최저생활을 보장하고, 사회공동체의 참여가 가능하도록 하기 위한 복지사회를 실현하는 것을 명문화하였다.

1990년대 후반에는 우리나라에 불어 닥친 외환위기로 대량 실업사태가 발생하고 경제성장이 둔화되었으며, 실업률과 빈곤율이 상승하자 생산적 복지의 추구와 함께 생활보호법을 폐지하고, 소득인정액이 최저생계비 이하인 국민은 누구나 국가의 지원을 받을 수 있도록 1999년 국민기초생활보장법을 제정하게 되었다.

또한 1999년 '장애인복지법'을 전부개정하여 장애인의 정의를 '신체적·정신적 장애로 오랫동안 일상생활이나 사회생활에서 상당한 제약을 받는 자'로 확대하고, 동법 제22조에는 정보에의 접근에 관하여 장애인의 정보접근을 위해 전기통신, 방송시설의 정비와 방송, 국가적인 주요 행사, 민간주최의 주요 행사에 수화통역, 폐쇄자막 방송 등을 실시하도록 하고 점자 및 음성도서의 보급을 명문화하였다.

그 외에도 의료보험법과 국민의료보험법을 폐지하고, 이를 통합하는 '국민건강보험법'(1999년)을 제정하였으며, '영유아보육법'(1991년), '고용보험법'(1993년) 등 새로운 법률을 제정하여 사회복지행정의 기틀을 형성하였다.

5. 2000년대

국내적으로는 1997년에 발생한 외환위기를 탈출하였으며, 사회복지 분야에서는 생산적 복지, 적극적 노동시장정책 등이 국가의 주요 정책으로 시행되었다. 또한 고령화가 급속히 촉진되어 사회문제로 대두되었으며, 장애인 고용문제에 대한 이슈가 지속적으로 제기되었고, 남녀평등 및 모성보호, 다문화가정에 대한 관심이 고조되었던 시기이다.

따라서 사회복지사업법, 장애인복지법, 정신보건법, 사회복지공동모금회법, 청소년보호법, 의료급여법, 아동복지법, 모・부자보건법, 국민기초생활보장법 등을 일부개정하여 변화하는 시대에 맞게 수정하거나 법의 사각지대에 놓여 있는 부분을 제도적으로 보완하였다.

예를 들어, 1990년 제정된 '장애인 고용촉진 및 직업 재활법'을 수정・보완하여 근로능력과 의욕이 있는 모든 장애인에게 일자리를 제공할 수 있도록 하고 중증장애인의 특별지원을 위한 제도적 장치를 마련하였으며, 기타 장애인 고용의무제 시행 과정에서 나타난 문제점들을 개선・보완하였다.

또한 '건강가정기본법'(2004년), '긴급복지지원법'(2005년), '자원봉사활동기본법'(2005년), '기초노령연금법'(2007년), '노인장기요양보험법'(2007년), '다문화가족지원법'(2008년) 등이 제정되었다.

한편 NGO(Non-Governmental Organization, 비정부기구)의 성장, 인터넷의 발달, 인권의식 신장, 요구・주장 다원화 등으로 다양한 분야의 복지에 대한 사회적 관심이 더욱 증대되었으며, 사회변화를 복지정책에 수용하고 이를 관리할 사회복지행정에도 많은 변화를 가져오게 되었다.

특히 2000년에는 시・군・구별로 전산화한 시스템(복지행정시스템)을 모두 연계하여 별도 조사 없이 복지대상자 선정 및 관리 등 업무처리 결과로 발생한 정보를 자동 추출하게 되었고, 전국의 자료도 용이하게 생성하게 되었다.

사회복지사 분야에도 커다란 변화가 있었다. 2003년에는 제1회 사회복지사 국가 자격시험이 실시되었고, 2004~2006년 시범사업으로 사회복지사무소를 설치하였으며, 시범사업 종료 후에는 각 시・군・구 단위의 주민생활지원국이 설치되었다.

2005년부터는 지역사회보장협의체가 운영되기 시작하여 지역사회복지 부문의 중요사항을 심의하고 각 서비스 부문 간 연계를 강화하고자 하였다.

2007년에는 주민생활지원서비스 전달체계를 전면적으로 시행했고, 동사무소를 동주민센터로 명칭을 변경하였다. 업무 범위도 보건・복지・주거・고용・평생교육・생활체육・문화・여가 등 8대 분야로 확대하였다.

2009년 6월에는 사회복지사업법에 제6조의 제2~4항에 관련조항을 신설하여 보건복지부장관과 지방자치단체, 사회복지법인 및 사회복지시설의 전산행정처리 자료와 활용 및 협력사항을 규정하고 있다.

또한 기존의 사회복지서비스 바우처에 대하여 사회서비스 바우처관리법을 제정하고, 전자바우처를 시행하여 국민의 선택권을 강화하였으며, 국가재정의 투명성과 효율성을 제고하게 되었다.

2010년에는 사회복지통합관리망을 구축하여 지방자치단체에서 집행하는 120여 개의 복지급여와 서비스 이력을 개인별 가구별로 통합 관리하고, 복지급여 부정 및 중복수급은 물론 서비스 누락을 원천적으로 차단함으로써 수요자 중심의 전달체계를 통한 국민의 복지 체감도를 높이고자 하였다.

이 시기를 요약하면 복지예산을 대폭 확충했고, '성장과 분배의 선순환론'과 '사회투자국가론'을 내세워 복지국가의 청사진을 제시했다.

특히 국민기초생활보장제도와 노인장기요양보험제도의 시행은 복지행정에 있어 큰 진전으로 평가된다.

6. 2010년대

이처럼 사회복지의 확대는 진영의 논리라기보다 다소 의견의 차이는 있지만, 기본적인 취지에는 공감하는 시대적 분위기였다.

그러나 선거를 의식한 선별주의와 보편주의의 갈등은 이 시대에 계속 논의의 쟁점이었다.

복지확대와 재원조달에 관련해서는 우리 사회가 발전하는 과정에서 당연한 논리의 문제이고, 논의의 초점은 이제 복지확대의 당위성에서 방법론으로 옮겨져야 한다는 대부분의 학자 및 언론의 주장이었다.

따라서 이 시기의 주요 복지행정을 법 시행 순서별로 구분하여 살펴보면 다음과 같다.

첫째, 장애로 인하여 생활이 어려운 중증장애인에게 장애인연금을 지급함으로써 생활안정지원과 복지증진 및 사회통합을 도모하기 위하여 2010년 7월 1일부터 장애인연금법을 시행하고 있다.

둘째, 신체적·정신적 장애 등의 사유로 혼자서 일상생활과 사회생활을 하기 어려운 장애인에게 활동지원급여에 관한 사항을 규정하여 장애인의 자립생활을 지원하고, 그 가족의 부담을 줄임으로써 장애인의 삶의 질을 높이기 위하여 2011년 10월 5일부터 장애인활동 지원에 관한 법률을 시행하고 있다.

셋째, 노숙인(露宿人) 등의 인간다운 생활을 할 권리를 보호하고, 재활 및 자립을 위한 기반을 조성하여 이들의 건전한 사회복귀와 복지증진에 이바지하기 위하여 2012년 6월 8일부터 노숙인 등의 복지 및 자립지원에 관한 법률을 시행하고 있다.

넷째, 노인세대를 위한 안정적인 공적연금제도를 마련하여 65세 이상의 노인 중 소득기반이 취약한 노인에게 기초연금을 지급함으로써 노인의 생활안정과 복지증진을 위하여 기존의 기초노령연금법을 폐지하고 2014년 7월 1일부터 기초연금법을 시행하고 있다.

다섯째, 늘어나는 복지예산과 서비스의 다양화에도 불구하고 현행 복지전달체계가 중앙행정기관·지방자치단체별로 분절 운영되어 서비스의 효율적 연계를 기대하기가 어려운 점을 해소하고자 2015년 7월 1일부터 사회보장급여의 이용·제공 및 수급권자 발굴에 관한 법률을 시행하고 있다.

여섯째, 2015년 7월 1일부터 맞춤형 기초생활보장제도를 실시하고 있다. 이 제도는 기초생활 수급자의 가구여건에 맞는 지원을 위하여 생계급여, 의료급여, 주거급여, 교육급여 등 급여별 선정기준을 다르게 지원하므로 종전보다 지원대상자가 확대되었다.

일곱째, 2018년 7월 1일부터 재난적 의료비 지원에 관한 법률 시행으로 건강보험제도의 제한적 의료보장체계에 따른 문제점을 해소하기 위하여 건강보험이 보장하지 않는 부분에 대한 의료비를 지원함으로써 모든 국민의 의료접근성을 보장하도록 하였다.

여덟째, 2018년 9월부터 아동수당법 시행으로 저출산 시대에 6세 미만 아동에게 보호자와 그 가구원의 경제적 수준을 고려하여 아동수당을 지급하도록 함으로써 아동 양육에 따른 경제적 부담을 경감하고 아동의 건강한 성장 환경을 조성하였고, 2019년 9월부터는 이 법을 7세 미만 아동까지 확대하고 보편주의로 시행하여 아동 양육에 대한 국가의 책임성을 강화하였다.

이러한 법령 시행으로 사회보장급여의 신청·조사·결정·지급, 사후관리에 이르는 복지대상자 선정과 지원에 필요한 일련의 절차 및 방법 등에 관한 사항을 구체적으로 규정하고, 소외계층을 발굴하기 위한 신고의무, 보호대상자에게 필요한 급여의 직권신청, 보호계획 수립·지원, 상담·안내·의뢰 등 수급권자 보호를 강화하였으며, 복지사각지대를 해소하기 위한 방안을 제도적으로 보완하였다.

또한 중앙행정기관과 지방자치단체 간의 유기적인 연계와 통일성을 기하여 지역 단위의 종합적 사회보장과 지역 간 균형발전을 실현하기 위한 방안 및 지원체계를 정립하여 궁극적으로는 국민이 자신에게 적합한 복지혜택을 선택할 수 있도록 한 것은 국민의 복지체감도를 향상시키려는 것이다.

〈표 2-2〉 **한국 사회복지행정의 역사**

시기	연도	내용
정부 수립 이전의 사회복지 행정	1921	• 조선총독부 내무국 내 사회과 개설
	1944	• 조선구호령(국민의 빈곤, 불구, 폐질에 대해 생활구호) 공포·시행
	1945	• 보건후생국 설립
	1946	• 후생국보를 발표하여 조선구호령과 함께 실시
		• 보건후생국이 보건후생부로 승격
		• 후생국보 3A호(재해민, 피난민구호계획 발표)
		• 아동노동법규 공포·시행
		• 보건후생국과 노동부를 통합하여 사회부로 신설
	1947	• 미성년자 노동보호법 공포·시행
		• 이화여대에 기독교사회사업학과 설치
정부수립 후 1960년까지	1949	• 사회부 내 보건행정을 분리하여 보건부 신설
	1950	• 후생시설설치기준령 제정(구호시설 운영과 지도·감독 준칙)
	1952	• 후생시설 운영요령(전쟁고아 수용보호시설을 비롯해 전란으로 인해 혼란에 빠진 기존 구호시설 운영·감독)
	1953	• 중앙신학교(현 강남대) 사회사업학과 개설
		• 외국 원조기관이 들어오면서 사회복지행정 실천의 장 마련
	1955	• 보건부와 사회부를 보건사회부로 통합
	1956	• 사회복지 전문인력 단기양성소인 국립중앙사회사업종사자 훈련소 창설
	1958	• 이화여대 기존 기독교사회사업학과 → 사회사업학과
	1959	• 서울대학교 학부에 사회사업학과 개설
	1960	• 공무원연금법 제정
1960년대 ~ 1970년대 까지	1961	• 생활보호법 제정(일제의 조선구호령 내용을 벗어나지 않아 질적 개선이 별로 없음)
		• 보건사회부의 역할이 생활보호 위주이고 외원기관도 저소득층 원조 위주
		• 전쟁고아 문제 해결 위해 고아입양특례법, 아동복리법, 고아후견직무에 관한 법률 제정 → 한국사회복지행정 발전과 연결되지 못함
	1963	• 공무원연금법 시행
		• 군인연금법 제정 및 시행
		• 산업재해보상보험법(1963년 제정, 1964년 시행)
	1970	• 사회복지사업법 제정(사회복지사업에 대한 기본적 사항 규정, 민간 사회복지행정과 그것의 지도·감독을 포함한 공공 사회복지행정의 발전 토대)
		• 총 13개 대학에서 사회사업학과(사회복지학과) 설립, 그러나 행정을 전공분야로 하는 학생들은 거의 없었음
1980년대	1980년대	• 사회복지서비스 행정의 대두 및 범위 확장
		• 사회복지서비스에 대한 중요성 인식 및 국가와 지방자치단체 책임의 강화
		• 생계보호 목적에서 자활보호 목적 중시의 행정을 병행
		• 사회복지전문요원 배치

연대	연도	내용
1990년대	1990	• 사회국과 가정복지국을 통합하여 사회복지정책실로 개편
	1991	• 사회복지전담공무원 및 복지사무전담기구 설치근거 신설
	1992	• 지방공무원임용령 개정에서 사회복지직렬 설치(5급까지)
	1994	• 정부조직법 개정에 따라 보건복지부로 명칭이 변경
	1995	• 지방자치제도 실시로 중앙과 지방의 역할분담
	1997	• 시설설치의 신고제와 설치주체의 다양화, 사회복지시설평가제 도입
	1999	• 국민기초생활보장법 제정(생활보호법 대체 제정)
2000년대	2000	• 국민기초생활보장법 시행
	2001	• 지역사회보장협의체 시범사업 실시, 복지정책 데이터베이스(DB) 본격 가동
	2002	• 전자정부의 구축으로 정보화시스템이 사회복지행정 실천에 접목
		• 보건복지부 조직 개편(보육과, 의료급여과, 공공보건과 신설)
	2003	• 사회복지사 1급 국가시험 실시
	2005	• 건강가정기본법 시행
	2006	• 자원봉사활동기본법 시행, 지역사회보장협의체 운영
		• 정부조직법 개정에 따라 제주도를 제주특별자치도로 개설
	2007	• 주민생활지원국 설치, 지방자치단체의 복지정책 수준평가
		• 전문사회복지사 자격제도 신설, 사회복지사업관리센터 설립근거 마련
	2008	• 기초노령연금법, 노인장기요양보험법 시행
		• 정부조직법 개정에 따라 여성가족부 일부를 흡수해 보건복지부로 개편
		• 다문화가족지원법 시행
	2009	• 사회복지사업법에 전산행정처리 자료의 활용 및 협력사항 규정
2010년대	2010	• 장애인연금법 시행
		• 지방자치단체 사회복지 통합관리(급여 및 서비스)전산망 구축
		• 정부조직법 개정에 따라 노동부를 고용노동부로 명칭 변경
	2011	• 장애인활동지원에관한법률 시행
		• 사회복지서비스 바우처사업 확대 실시
	2012	• 일정 영역 욕구에 따라 보편주의 복지서비스 확대 시행
		• 노숙인등의복지및자립지원에관한법률 시행
		• 정부조직법 개정에 따라 세종특별자치시 신설
	2014	• 기초연금법 시행(기초노령연금법 폐지))
	2015	• 발달장애인권리보장및지원에관한법률 시행
		• 사회보장급여의이용 · 제공및수급권자발굴에관한법률 시행
	2018	• 국민기초생활보장법 일부개정(맞춤형 복지행정 시행)
		• 재난적 의료비의 경우는 건강보험 적용 범위 확대 실시
		• 아동수당법 시행으로 아동 양육 국가책임 제고
	2019	• 아동수당제도 보편주의 및 대상 연령 확대(7세까지) 실시

KEY POINT

인클로저 운동(Enclosure Movement)

① 16세기 영국에서 양털값이 폭등하자 지주들이 농경지를 양을 방목하는 목장으로 만든 것이 1차 운동(농민은 도시노동자가 됨)

② 2차 운동은 곡물 가격이 폭등하자 소농민의 토지를 흡수하여 대농장 경영

차티스트 운동(Chartist Movement)

19세기 영국에서 노동자의 경제적·사회적으로 쌓여온 불만과 함께 선거권 획득을 위한 민중운동으로 의회 개혁 및 참정권 확대를 시도했던 노동자 정치운동

자선조직협회(COS)

많은 자선단체의 중복구호 방지와 서비스의 남용을 조정하고, 환경조사와 적절한 원조 제공을 목적으로 조직된 통합 형태의 협회

① **영국의 자선조직협회 : 런던** 1869년 설립

② **미국의 자선조직협회 : 뉴욕** 1877년 설립

인보관운동

빈민의 환경과 제도의 결함에 관심을 갖고 빈민지역의 사회문제를 해결하기 위한 운동

① **영국의 인보관** : 1884년 런던의 토인비 홀(Toynbee Hall)

② **미국의 인보관** : 1889년 시카고 헐 하우스(Hull House)

우리나라 인보관

현대 사회복지관이라고 할 수 있는 한국의 최초 인보관은 원산 반열방이라는 학설보다 태화여자관으로 대부분 인정

① 원산 반열방(1906년)

② 태화여자관(1921년)

베버리지(William Henry Beveridge) 보고서

1942년 영국의 경제학자 Beveridge가 궁핍, 질병, 불결, 무지, 나태의 5대 사회악을 해결하기 위한 사회보험과 관련 서비스를 제시한 보고서

케인즈(John Maynard Keynes, 1883~1946) 이론

① 정부개입으로 유효수요 증감을 통한 자본주의 수정을 추진
② 유효수요이론(총수요확대정책) - 수요(구매)가 많아지면 경기는 활성화
③ 물가는 오르지만 실업률은 감소(이 이론으로 미국의 루즈벨트 등이 불황 극복)

아담 스미스(Adam Smith, 1723~1790) 이론

① 정부개입 최소화로 시장 자율 중시(보이지 않는 손이 해결)
② 아담 스미스 - 국부론 저자(경제학의 아버지)
③ 이 이론(신자유주의)으로 미국의 레이건, 영국의 대처 등이 불황 극복

각 시대 구분별 특징

시 대	특 징	사회복지대상자	복지 주체
빈민법 시 대	절대왕정시대의 국가정책	걸인, 부랑자, 가치가 있는 빈민	절대주의 국가, 교회, 봉건영주
사회보험 시 대	초기 자본주의 시대의 사회복지	노동자 계급 (프롤레타리아트)	국가, 노동조합
복지국가 시 대	제2차 세계대전 이후 사회복지	전 국민으로 확대	국가, 민간단체

루즈벨트(미국 제32대 대통령)

① 뉴딜 정책으로 대공황의 위기 극복
② 사회복지 행정발전의 기초 형성
③ 1935년 세계 최초 사회보장법 제정

세계 최초 주요 사회복지의 역사

연 도	국 가	주요 내용	
1601	영 국	엘리자베스빈민법(구빈법)	세계 최초 공공부조
1795	영 국	스핀햄랜드법(가족수당)	세계 최초 수당제도
1883	독 일	질병(의료 · 건강)보험법	세계 최초 사회보험법
1935	미 국	사회보장법	세계 최초 사회보장 용어 공식화

Chapter 03

사회복지행정의 조직

03 사회복지행정의 조직

사회복지행정의 목표를 달성하기 위한 구체적 실천방안이 기획의 수립과 의사결정과정을 통하여 결정된 후에는 복지서비스를 전달할 수 있는 조직이 필요하다.

조직은 주어진 환경에서 특정 목표를 달성할 수 있도록 보다 나은 대안을 마련하고 선택하는 데 도움을 주고 관리기술을 발전시키며, 그 자신을 둘러싸고 있는 환경의 자원을 잘 활용하는 능력과 지혜를 갖게 하여 보다 효율적으로 달성할 수 있는 방법을 체득하게 한다.

이러한 일들은 항상 여러 사람의 협동을 통해서 이루어지기에 조직의 의도적인 구조화 작업이 필요하다.

제1절 사회복지행정조직의 의의

1. 사회복지행정조직의 개념

사회복지행정조직은 사회복지의 효과적이고 효율적인 실천을 목적으로 조직이 구조화되었다는 점에서 특이성을 가지고 있지만 여러 가지 사회조직들 중의 하나라고 할 수 있다.

따라서 사회복지행정조직의 개념을 살펴보기에 앞서 일반적인 조직의 개념을 살펴본 후에 사회복지행정조직의 개념을 살펴보기로 한다.

1) 일반적인 조직의 개념

인간은 효율성 때문에 분업을 통한 생산을 하고 분업을 위해서는 함께 모여야 할 필요성이 있었는데 이러한 모임이 바로 조직이다. 조직에 해당하는 영어단어 'organization'에는 '조직하는 과정의 활동(the process of being organized)'과 '조직하는 활동이 이루어진 결과의 상태(the state of being organized)'라는 두 가지 의미가 내포되어 있는데, 전자는 동적인 초점으로 '조직화'로, 후자는 정적인 초점으로 '조직'이라는 용어로 번역될 수 있다.

일반적으로 조직이라 하면 다양한 정의가 있지만 베버(Weber)는 조직을 "특정한 목적을 달성하기 위하여 조직 구성원 간에 상호작용하는 인간의 협동집단"으로 보았고, 버나드(Barnard)는 "조직이란 공동의 목적을 달성하기 위해 공헌할 의욕을 가진 2인 이상의 인간이 상호 전달하는 집합체"라 하였다.

셀즈닉(Selznick)은 조직과 환경의 관계를 강조하면서 "조직이란 적응적·사회적 구조"라고 하였다. 그리고 에치오니(Etzioni)는 "조직이란 특정 목표를 달성할 목적으로 일정한 환경하에 일정한 구조를 지닌 사회적 단위"로 규정하였다. 이를 종합하면 조직은 2인 이상의 조직 구성원이 합의하는 목적을 위해 환경과 상호작용하며 규칙과 규정을 바탕으로 의도된 활동을 수행하는 체계화된 집단이라고 할 수 있다.

2) 사회복지행정조직의 개념

사회복지행정조직은 복지적 욕구를 가진 클라이언트를 위해 사회복지정책을 복지서비스로 전환하는 과정에서 행정의 목표를 달성하기 위하여 의식적으로 구성된 협동적 사회단위라고 정의할 수 있다.

사회복지행정조직도 공동의 목적을 달성하기 위하여 구성된 일정한 구조를 지닌 사회적 단위라는 점에서 일반행정조직과 유사한 특징을 갖는다.

다만, 사회복지행정조직은 공동목표가 사회복지라고 명확하게 규정되어 있다는 점에서 일반행정조직과는 차이가 있다.

사회복지행정조직의 목표는 공식적 목표와 실질적 목표로 구분할 수 있는데, 공식적 목표는 조직이 공식적으로 내세우는 목표로서 주로 기관의 보고서나 공식적인 자료를 통해서 나타내는 것을 말하고, 실질적 목표는 운영목표 또는 과업목표로서 조직이 일정한 사업기간을 통해서 현실적으로 바라고 기대하는 실천적인 과업에 관한 목표라 할 수 있다.

2. 사회복지행정조직의 원리

사회복지행정조직은 다른 어떤 조직보다 클라이언트 중심 서비스 제공의 성격이 강하기 때문에 조직을 보다 합리적으로 구조화하고 능률적으로 관리해야 할 필요성이 대두된다. 그러기 위해서 몇 가지 조직의 원리를 살펴보면 다음과 같다.

1) 계층제의 원리

계층제의 원리는 조직 구성원 간의 권한과 책임을 배분하고 권한과 책임의 정도에 따라 조직의 상하 간의 계층을 체계적으로 설정하여 명령, 지휘, 복종의 관계에 있게 하는 것이다. 효과적인 계층제를 위해서는 조직 환경에 대한 적응성과 신축성을 고려해야 한다.

계층제의 장점으로는 첫째, 일사불란한 명령의 통로가 된다는 것, 둘째, 의사전달의 통로가 되어 상하 간의 의사소통이 이루어진다는 것, 셋째, 직무와 책임을 명확히 할 수 있다는 것, 넷째, 조직 내부의 분쟁 조정과 해결수단이 된다는 것이다.

단점으로는 첫째, 과도한 수직적 관계는 조직의 경직성을 초래하고 동태적이고 융통성 있는 인간관계의 형성을 저해할 수 있으며, 둘째, 계층의 수가 많아짐에 따라 의사전달의 왜곡을 초래하고 변동하는 환경에 조직이 신축성 있게 대응하는 것을 방해할 수 있다. 셋째, 조직 구성원의 창의성을 저해하고 한낱 기계적인 전달도구로 전락시키기 쉬우며, 넷째, 의사소통의 차단으로 구성원의 사기가 저하되는 등의 문제점이 있다.

계층제는 수직적으로는 최고관리층, 중간관리층, 감독관리층, 관리실무자층으로 체계화되고, 수평적으로 직무의 분업화에 의하여 각 부처가 설치된다. 예를 들어, 보건복지부의 장관 · 차관 · 실장 · 국장(관) · 과장 · 사무관(서기관) · 주무관(실무자) 등의 체계가 계층제의 적용이라 할 수 있다.

2) 명령통일의 원리

오직 하나의 조직에서는 한 사람의 직속상관으로부터만 명령을 받고 보고해야 한다는 것으로 명령통일은 조직 구성원들이 어떠한 명령계통에 의해서 업무를 처리할 것인가에 관한 문제이다.

명령통일은 의사전달의 혼란을 방지하여 조직적이고 능률적이며 책임소재를 분명히 할 수 있다는 장점이 있다. 그러나 무리하게 한 사람의 담당직원을 통해서 명령 · 감독을 하는 경우에는 의사소통의 차단, 구성원의 사기저하 및 전문성 발휘를 저해할 우려가 있다.

3) 통솔범위의 원리

통솔범위란 인간의 능력에는 한계가 있으므로 한 사람의 상관 또는 감독자가 통솔할 수 있는 조직이나 직속부하의 수가 한정되어야 한다는 것이다. 이때 통솔범위는 통솔자의 통솔능력과 조직의 가변적 상황에 의해 결정된다.

통솔범위는 감독하여야 할 업무의 성질, 감독자의 능력과 근무시간의 한계, 조직 관리의 상태, 기관의 장소여건 등의 요인들을 고려하여 상황에 맞게 적절하게 범위를 정해야 할 것이다.

4) 분업 전문화의 원리

분업 전문화의 원리는 조직에서 구성원에게 업무를 분담시켜 한 가지 주된 업무를 처리하게 하는 것으로서 신속한 업무처리로 조직의 능률성을 제고시키고 업무지식 및 기술발전에 기여할 수 있다는 장점이 있다.

그러나 조직의 규모가 점차 확대되고 업무처리의 전문성이 증가할수록 반복되는 개인의 업무수행으로 일에 대한 흥미상실이 초래될 수 있으며, 지나친 분업으로 조직 내 단위 간의 조정을 어렵게 하고 더 많은 비용을 들게 할 수도 있다.

5) 조정의 원리

조직의 공동 목표 달성을 위해 하위체계 사이의 노력을 통합하고 조정하는 원리를 말한다. 필요한 조직원의 행동 통일을 유지하기 위한 것으로 조직의 구조적 장치에 의한 조정방법과 리더십에 의한 조정방법이 있다.

조직의 구조적 장치에 의한 조정방법은 조직의 구조에 행정조정실 또는 기획조정실 등의 조정기구를 설치하여 조정하는 것을 말한다.

리더십에 의한 조정방법은 개별 직원에 대한 동기부여를 촉진하고 아이디어에 의한 조정을 통해 계획단계에서 이념과 정책을 확립하여 일체감을 갖도록 하여 조직 내 귀속의식, 동료의식, 내부 집단의식을 고취시키고 활용하는 방법이다. 사회복지행정조직의 특성을 고려할 때 리더십에 의한 방법이 바람직할 수 있다.

6) 부문화(부서화)의 원리

부문화의 원리는 조직의 효율성을 높이기 위해 목적이나 기능에 따라 조직을 개편하는 것을 말한다. 부문화는 수평적 조정을 효율적으로 수행하기 위해 책임관계를 명확히 다질 수 있다.

그리고 다른 부서에 의존하지 않고 독립적으로 운영이 가능한 몇 개의 대단위로 재조직함으로써 이루어지는데, 부문화의 방법으로는 동일한 역할자의 수, 시간, 기능, 지역, 서비스, 고객, 서비스 접근통로를 기준으로 하는 7가지 방법이 있다.

수 기준 부문화는 같은 역할을 수행하는 사람들을 한 슈퍼바이저(supervisor) 아래에 소속시키는 방법을 말한다.

시간 기준 부문화는 하루 24시간 근무하는 조직의 경우 업무시간을 2~3교대로 하여 업무를 부문화하는 방법을 말한다.

기능 기준 부문화는 각기 적성에 맞는 사람으로 배치하는 방식을 말하며, 지역 기준 부문화는 고객의 거주 지역을 중심으로, 서비스 기준 부문화는 서비스의 방법에 따라, 고객 기준 부문화는 고객의 인구사회학적 특성이나 문제의 집단별로 부서를 나누는 방법을 말한다.

끝으로 서비스 접근통로 기준 부문화는 고객이 서비스에 접근할 수 있는 통로별로 업무를 부문화하는 것이다.

3. 사회복지행정조직의 구조

구조는 일반적으로 상호의존적이고 상호관계에 의하지 않고서는 존재할 수 없는 결합된 현상들의 전체를 의미한다.

조직은 구성원이 공동목표를 향해 같이 일할 수 있도록 구조를 만들어야 하는데 거의 60조나 되는 세포가 복잡한 구조를 이루어 각각의 기능을 하면서 생명활동을 영위해 가고 있는 사람의 몸처럼 조직도 조직을 구성하고 있는 구성원들이 권한과 책임 등의 구조를 이루어 각각의 기능을 함으로써 유지되어 나간다.

따라서 사회복지행정조직의 구조란 사회복지서비스를 사회에 전달하기 위하여 조직의 각 부분들 사이에 성립되어 있는 구성원들의 권한, 역할, 책임 등의 상호 결합된 현상들이 어떻게 배분되고 기능하고 조정되는지에 관한 관계유형이라 할 수 있다. 대부분의 조직은 구조를 명시화해 놓고 조직의 각 부서들이 어떻게 구성되어 있는지 조직도에 명시한다.

조직이 구조를 잘 만들게 되면 조직의 목표를 효과적이고 효율적으로 달성할 수 있다. 효율적인 조직구조를 설계하기 위해서는 조직구조를 구성하는 기본 요소, 조직구조의 유형 및 형태 선택 등이 요구된다.

1) 사회복지행정조직구조의 구성요소

사회복지행정조직구조의 구성요소로는 사회적 구조, 구성원, 목표, 기술, 환경 등이 있다.

첫째, 사회적 구조란 가치, 규범 및 역할 기대 등에 의하여 구조화된 규범적 구조와 행동적 구조를 의미한다.

둘째, 조직은 사회적 구조를 만들고 목표달성을 수행할 구성원이 있어야 한다.

셋째, 목표는 구성원들이 과업활동을 통해서 이루고자 하는 바람직한 미래의 상태를 의미하는데 목표는 조직이 존재하는 궁극적인 원인이 된다.

넷째, 조직은 목표를 달성하기 위하여 구성원들이 필요한 기술을 사용하게 되는데 기술은 물질적 장비와 더불어 비물질적 지식과 기술을 포함한다.

그리고 다섯째, 조직은 사회적 체계로서 더 큰 단위의 사회적 체계 속에서 물리적·기술적·문화적·사회적 조건들과 같은 환경과 관련을 맺고 존재하기 때문에 조직에서 환경이 중요한 요소 가운데 하나가 되는 것이다.

2) 사회복지행정조직구조의 유형

(1) 수직조직과 수평조직

① **수직조직**(계선조직)

수직조직은 계선조직이라고도 한다.

계선조직은 상하 명령복종관계를 가진 수직적 구조를 형성하여 계층제의 구조(관장 – 부장 – 과장 – 사회복지사)를 지니면서 조직의 목표달성을 중심으로 조직의 근간을 이룬다.

따라서 조직이 설정한 목표나 목적을 직접 수행하고, 조직 운영의 전체적인 집행 및 명령권 또는 결정권을 가진다. 더불어 조직의 전체적인 집행에 대하여 직접적인 책임을 지게 된다.

계선조직은 권한 및 책임의 한계가 명확하여 업무수행이 능률적이고 단순하며 운영비용이 적게 드는 소규모 조직에 적합하고 신속한 업무처리와 강력한 통솔력을 행사할 수 있다는 장점이 있다.

그러나 대규모 복합조직에 있어서는 계선기관의 총괄적인 지휘·감독으로 인하여 업무량이 과중하여 불리하고, 기관 책임자가 독단적 조치를 취할 경우 각 부서 간에 효과적인 조정이 곤란하여 조직이 경직될 수 있다는 단점이 있다.

계선조직은 계층제, 명령통일, 통솔범위, 분업화, 부서화, 조정의 원리에 의해 체제 편성이 되어 있으며, 서비스 대상과 직접적으로 접촉하여 서비스를 제공한다.

② **수평조직**(막료조직, 참모조직)

수평조직은 막료조직 또는 참모조직이라고도 한다. 막료조직은 계선조직이 목표달성을 위하여 원활하게 기능을 수행할 수 있도록 지원하고 촉진하는 비계층적 성격의 조직으로서 조직의 목표달성에 간접적으로 공헌한다.

주로 자문, 권고, 협의, 조정, 정보의 수집, 기획, 통제, 인사, 회계, 법무, 홍보, 조달, 연구 등의 기능을 수행하지만 서비스 대상과 직접 접촉하지는 않는다.

수평조직은 수평적 대등관계로서, 예를 들면 기획관리실, 총무과, 자료실, 경리과, 홍보실, 비서실, 자문위원회 등이 있다.

(2) 공식조직과 비공식조직

① 공식조직

공식조직이란 조직의 정관이나 운영규정에 의하여 임명되고 선출된 이사회, 행정책임자, 직원 및 위원회 등의 배열이고, 가시적으로 조직의 기구도표에 표시된 지위관계를 의미한다.

즉, 조직의 목적을 달성하기 위하여 법률 등에 의하여 인위적으로 만들어진 제도상의 조직으로서 공식적으로 업무와 역할을 할당하고 권한과 책임을 부여하는 조직이다.

공식조직은 외면적 조직으로 구성원은 주어진 목표를 향하여 규칙에 따라 합리적으로 행동하도록 요구되므로 능률의 논리에 의해 운영되는 조직이다. 공식조직은 방대한 규모로 확대되는 조직으로 전체적인 질서로 움직이는 조직이라 할 수 있다.

② 비공식조직

비공식조직은 자생집단으로 거의 모든 조직에 존재하기 때문에 현실상의 조직이라 할 수 있다. 비공식조직은 조직 내 빈번하게 접촉하는 구성원들이 계획된 구조 밖에서 자연발생적으로 형성되는 조직으로 공식조직보다 신축성이 좋은 편이다. 비공식조직은 소규모 집단으로 능률보다 감정의 논리를 우선시하고 비합리적이며 비계획적인 구조를 유지하여 구성원의 욕구 또는 소망의 다양성에 따라서 목표가 달라진다. 비공식조직도 나름의 역할이 있지만 공식조직의 역할을 대신할 수 없으며 지나치게 커지는 것은 바람직하지 않다.

비공식조직에는 관심 분야에 따라 독서토론회, 외국어 스터디 등이 있고, 산악회, 조기 축구회 등 취미생활을 함께 즐기기도 하며 친목회, 향우회 등의 모임이 있다.

비공식조직은 공식조직에 대하여 순기능과 역기능을 하는데, 그 기능을 살펴보면 다음 <표 3-1>과 같다.

〈표 3-1〉 비공식조직의 순기능과 역기능

순기능	역기능
• 소속감, 귀속감 제공 • 공식조직에서 오는 소외감 극복 • 의사전달통로 확대 • 좌절감, 욕구불만에 대한 배출구 역할 • 조직에서 자아실현의 가능성을 높여주는 역할	• 파벌조성 • 의사전달의 왜곡 조장 • 역기능으로 인하여 공식조직의 목표달성 저해

이처럼 비공식조직의 역기능으로 인하여 공식조직의 리더(leader)는 비공식조직에 대한 적절한 통제를 가해야 할 필요성이 있다.

그러므로 가급적 비공식조직이 역기능보다는 순기능적으로 행동하도록 유도해야 할 것이다.

공식조직의 관리자는 조직 내 비공식조직의 구성기준, 목표, 기능 등의 실태를 파악하여 공식조직의 목표와 일치하도록 설득하여야 한다.

또한 공식조직의 관리자는 불만의 원인을 분석하여 이해와 설득으로써 불만을 제거하고 관리자와 비공식조직의 구성원과의 갈등과 대립을 해소하도록 노력하여 조직 내 불안감과 긴장감을 제거해야 한다.

이러한 방법이 효과가 없으면 강제적인 방법인 비공식조직의 구성원이나 지도자의 근무지를 격리시키고, 경우에 따라서는 지도자를 격하 혹은 전보발령을 고려하면서 단계적으로 대응하는 것이 바람직하다.

(3) 위원회와 애드호크라시(adhocracy)

① 위원회

위원회는 조직이 그 목표달성을 위한 특별과업이나 문제를 해결하기 위하여 조직의 일상 업무 수행의 기구와는 별도로 구성한 전문가 또는 업무 관련자 등의 여러 사람으로 구성된 합의제 행정기관이다.

위원회는 단독제 조직에 대응되는 개념으로서 복수의 구성원의 합의에 의하여 결정을 하는 합의체 기관이다.

합의에 참여하는 정도나 종류는 위원회가 법제상 자문적인 것이냐 또는 결정권을 갖느냐에 따라 다르며 또한 실제로 운영이 법제대로 되느냐 하는 것은 별개의 문제이다.

보다 신중하고 합리적인 결정을 위하여 단독제보다는 여러 사람이 참여하여 결정을 내리는 위원회제도가 생겨나게 된 것이다.

위원회의 장점은 많은 경험과 전문지식을 동원할 수 있어 결정의 신중성과 공정성을 보다 많이 기할 수 있다는 것과 이해관계가 다른 여러 사람들이 참여함으로써 보다 많은 사람의 만족과 지지를 얻을 수 있는 결정을 할 수 있다는 것, 서로 대면하여 의견과 정보를 교환하게 되므로 협조적인 인간관계가 조성되고 의사소통이 원활해짐으로써 행정의 안정성과 정책의 계속성을 견지할 수 있어 민주적 생활에 크게 도움이 된다는 데 있다.

한편 단점으로는 다수의 합의에 의한 심의와 결정이 지체될 시 결정의 신속성을 기대하기 어렵고, 중요한 결정을 신속하게 처리하는 데 시간과 예산의 낭비 우려가 있다는 점이다.

또한 다수의 인원이 참여함으로써 위원의 책임의식이 희박해지고 책임의 전가현상이 야기되기 쉽다는 것이다.

우리나라에서 실시하고 있는 위원회의 유형은 다음과 같다.

㉠ **자문위원회** : 자문위원회는 특정의 개인, 또는 조직 전체에 대한 자문을 목적으로 설치한 막료조직이다.

자문위원회는 그야말로 자문의 기능만을 수행하는 것이므로 그 결정은 실제적인 영향력을 제외하고는 법적 구속력을 발휘하지는 못한다. 이러한 위원회를 설치하는 이유로는 각종의 이익을 행정에 반영시키고 전문적인 의견을 참작하여 행정상의 참고로 삼자는 데 있다.

때로는 특정 사항에 관한 사실을 규명・분석하는 목적으로 설치되는 수도 있고, 전국적으로 흩어져 있는 각종 이익집단의 대표자들로 구성되는 경우에는 행정기관이 각계각층의 의견과 동향을 파악하는 데 도움이 된다.

자문위원회는 정책 결정자에게 조언・지지・설명・합의・연구 수행 등의 역할을 제공하는 합의제 부속기관으로 구속력 없는 의사결정을 통해 단순한 의견을 제시하는 순수자문위원회, 정책의 최종결정에 앞서 관련자들의 의견을 조정하고 심의하는 심의위원회, 국민의 권리나 의무와 관련된 사무에 대한 의결의 기능을 수행하는 의결위원회로 세분할 수 있다.

㉡ **행정위원회** : 행정위원회는 합의제의 성격을 띤 행정기관이다.

국가 기능의 확대에 따라 행정분야에도 전문적인 지식과 기술이 필요하게 되었고, 정치적 압력에서 벗어나 공정한 처리의 필요성이 증대됨에 따라 영국・미국 등의 지방자치제도에서 널리 사용되고 있는 제도이다.

행정위원회는 일반 행정 기관에서 독립하여 순수한 행정기능 외에 그

결정이 입법기능이나 사법기능에 준하는 법적 구속력을 가짐과 동시에 많은 경우 하부에 보좌기구를 가지고 있다.

우리나라의 금융감독위원회, 소청심사위원회, 공정거래위원회, 해난안전심판원 등이 이에 속한다.

② **애드호크라시**(adhocracy)

미국의 미래학자 앨빈 토플러(Alvin Toffler)가 그의 저서 『미래의 충격』에서 종래의 관료조직을 대체할 미래조직을 가리키는 말로 사용한 용어이다.

애드호크라시는 관료조직처럼 지위나 역할에 따라 수직으로 조직된 것이 아니라 기능과 전문적 훈련에 의해 유연하게 기능별로 분화된 수평조직이다.

애드호크라시는 관료제와 대조를 이루는 개념으로 관료제가 대규모성, 복잡성, 고정적 구조와 계층제적 구조를 갖는 데 비해 애드호크라시 구조는 고도의 수평적 분화가 이루어져 복잡하지 않고 융통성이 있고 신속하다.

애드호크라시의 기원은 제2차 세계대전 중에 특수임무를 맡았던 기동타격대(task force)를 들 수 있는데, 애드호크 팀(Ad Hoc Team)인 특수부대는 그들의 임무가 성공하면 해산되었다가 새로운 임무가 부여되면 다시 구성되어 활동을 하였다.

애드호크라시의 번역은 '임시특별위원회'라고 하는데, 애드호크라시는 구조가 복잡하지 않으며 형식주의나 공식에 얽매이지 않고 모든 의사결정권이 전문가로 구성된 팀에 의해 이루어져 의사결정권이 분권화되어 있다는 것이 특징이다.

애드호크라시는 조직의 전형적 형태를 갖추고 있는 조직이 아니며 문제해결을 위한 임시조직으로 역동적이고 적응력이 강한 유기적인 조직이라 할 수 있다.

일반적으로 다음과 같은 형태의 구조를 갖춘 조직을 애드호크라시라고 할 수 있다.

㉠ **행렬조직** : 행렬조직(matrix organization)은 매트릭스 조직이라고도 한다. 조직구조의 한 방법으로서 애드호크라시의 가장 세련된 조직형태라 할 수

있다. 기존의 조직구조들에 대한 일종의 대안적 시도로서 기능별 조직과 프로젝트 조직을 절충한 이원적 관리의 조직형태가 매트릭스 조직이다. 매트릭스 조직의 구성원은 개인이 원래의 소속된 종적 계열과 함께 횡적 또는 프로젝트 팀의 일원으로서 임무를 수행하게 되므로 한 사람의 구성원이 동시에 두 개 부문에 속하게 된다.

매트릭스 조직은 계층원리와 명령 일원화 원리가 적용되지 않고 라인과 스태프 구조가 일치하지 않으며 프로젝트가 끝나면 다시 원래 조직 업무를 수행한다는 특징이 있다.

매트릭스 조직은 환경의 다양화에 대응하기 위하여 생겨난 조직구조로 조직구조의 집권화와 분권화가 동시에 가능하도록 하는 장점이 있다. 그러나 이원적 관리에 따른 조직질서의 혼란이 최대의 문제점으로 지적된다.

㉡ **태스크포스**(Task Force : TF) : 태스크포스는 가장 널리 사용되는 애드호크라시의 일종이다. 태스크포스는 어떤 특정 업무나 프로젝트를 진행하려 하는 데 기존 조직체 내의 특정 하나의 부서만으로는 그 일을 감당하기가 어려울 때 일시적으로 소수의 인재를 여러 부문에서 발탁하여 만든 임시조직이다. 여기서 임시조직이라 하는 것은 태스크포스팀은 목표가 달성되어 해당 업무나 프로젝트가 완료되면 즉시 해산되기 때문이다.

조직에서 긴급 프로젝트를 진행하려 할 때 특정 부서에서 단독으로 맡아서 하게 되면 다른 부서의 협조를 구하는 데부터 시간이 많이 소요되어 문제해결이 지연되는 경우가 많다.

이때, 태스크포스팀을 만들면 각 부서의 전문성을 가진 차출인원이 특정 업무를 함께 달성하기 위해 조직되었기 때문에 각 전문가 간의 신속한 커뮤니케이션과 부서 간 조정 및 협조를 쉽게 얻어낼 수 있고, 전문적인 정보가 빠르게 공유되어 일의 추진력이 강해진다. 그래서 갑작스러운 상황 속에 조직 전체가 환경변화에 민첩하게 대응할 수 있도록 한다.

이러한 태스크포스팀은 수직적인 관계라기보다는 수평적인 관계에서 운영된다. 비록 상급자 한 사람이 팀을 주도한다고 하더라도 상명하복의 관계가 아니라 전문성을 가진 팀으로서의 역할을 하며, 상급자는 조정자의 역할을 수행하는 권한을 행사할 뿐이다.

4. 한국사회복지행정의 조직

사회복지행정조직은 크게 공공사회복지행정조직과 민간사회복지행정조직으로 구분할 수 있다.

공공사회복지행정조직은 사회복지 분야별로 관련법제에 근거를 두고 중앙정부의 사회복지행정조직과 광역자치단체의 사회복지행정조직, 지방자치단체의 사회복지행정조직으로 구성되어 있다.

그리고 민간사회복지행정조직은 공공사회복지행정을 보완하는 다양한 형태로 시설이나 기관이 설립·운영되고 있다. 사회복지행정조직체계의 근거법을 분류해 보면 ❙그림 3-1❙과 같다.

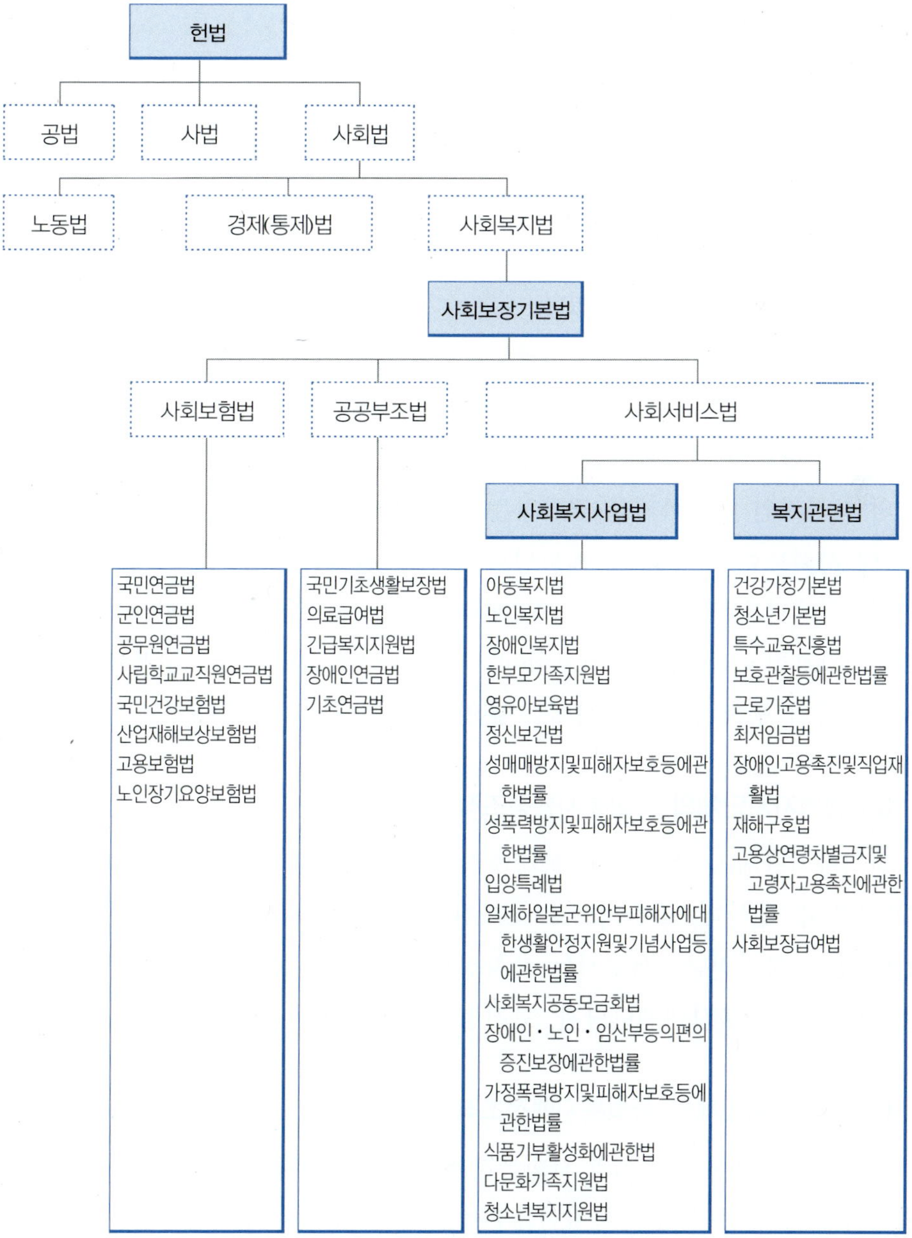

* 공공부조법 : 국민기초생활보장법, 의료급여법, 긴급복지지원법, 장애인연금법, 기초연금법은 사회복지사업법에도 포함된다.

| 그림 3-1 | 사회복지행정조직의 근거법

1) 공공사회복지행정조직

(1) 중앙정부의 사회복지행정조직

중앙정부의 사회복지행정조직은 전담조직과 겸무조직, 그리고 일반조직의 하위부서로 구분해 볼 수 있다. 현행 공공부조 및 사회복지서비스 관련 업무의 대부분은 보건복지부를 정점으로 총괄적인 관장하에 행정안전부의 지방행정조직에 의해 집행되고 있다.

물론 설정범위에 따라서는 고용노동부도 복지전담조직으로 볼 수도 있고, 교육부나 문화체육관광부, 환경부 등도 마찬가지이다.

그러나 협의의 사회복지를 담당하는 조직은 역시 보건복지부이다. 그 외에 광의의 복지인 주거복지를 겸무하는 조직에는 국토교통부가 있다.

5대 사회보험의 경우 각 제도별로 분리된 관리운영기구를 가지고 있으며, 연금보험(국민연금공단, 사립학교교직원연금관리공단, 공무원연금관리공단, 국방부군인연금), 건강보험·노인장기요양보험(국민건강보험공단), 산재보험·고용보험(근로복지공단) 등의 행정체계가 보험별로 운영되고 있다.

(2) 광역자치단체의 사회복지행정조직

광역자치단체(시·도)의 사회복지행정조직은 광역자치단체별로 조직의 구성이 다를 수 있는데, 일반적으로 복지전담조직으로서 복지국과 여성가족정책관이 있고 복지전담부서로서는 복지정책과, 여성정책담당관, 보육담당관, 청소년담당관, 저출산대책담당관, 보건정책담당관 등이 있다.

(3) 기초자치단체의 사회복지행정조직

기초자치단체(시·군·구)의 사회복지행정조직은 복지전담조직으로서 주민생활국과 보건소 등이 있고 복지전담부서는 주민생활지원과, 생활보장과, 가정복지과, 노인복지과, 환경과, 위생청소과, 보건행정과, 지역보건과 등이 있으며 넓게는 도시관리국의 주택과, 공원녹지과, 건설교통국의 치수방재과, 행정관리국의 교육정책과 등도 복지와 관련한 기능을 담당한다.

2) 민간사회복지행정조직

민간자치는 지역주민이 자신들의 문제를 자신들의 책임하에 해결하는 것을 말하며 지방자치시대에 사회복지행정 체계에도 중요한 역할을 한다.

공공의 사회복지행정을 보완하는 다양한 형태의 민간사회복지시설이 오히려 주요한 복지제공자가 되고 공공복지보다 공동복지가 주류가 되면서 시설의 운영 및 시설연합체와 관련된 민간복지행정조직의 중요성이 더욱 커지고 있다.

민간 사회복지조직은 민간이 자체적으로 자원을 마련하고 주도적으로 프로그램을 기획하고 서비스를 제공하는 조직구조를 말한다. 사회복지행정조직은 사회복지시설을 포함하여 영리를 목적으로 하지 않는 시민사회단체, 사회복지법인, 재단법인, 종교법인 등이 운영하는 시설이나 기관을 말한다. 사회복지 공급주체에 따라 다소 차이는 있지만, 정부로부터 재정적 지원과 행정적 지도・감독을 받고 있다. 가장 대표적인 예로는 '사회복지사업법'에 의해 전국적인 망을 갖춘 한국사회복지협의회와 그 산하 각급 사회복지협의회이다. 그 외에도 사단법인 형태를 갖는 직능별 협의회가 많은데, 한국아동복지협회, 한국노인복지시설협회 등이 그 예이다.

〈표 3-2〉 한국사회복지행정조직

구분			조직
공공 사회복지 행정조직	중앙정부의 사회복지행정조직	복지전담조직	보건복지부, 고용노동부, 교육부, 문화체육관광부, 국민연금관리공단, 근로복지공단, 국민건강보험공단 등
		복지겸무조직	국토교통부, 국가보훈처 등
	광역자치단체의 사회복지행정조직	복지전담조직	복지국, 여성정책관 등
		복지담당부서	복지정책과, 여성정책담당관, 보육담당관, 청소년담당관, 저출산대책담당관, 보건정책담당관 등
	기초자치단체의 사회복지행정조직	복지전담조직	주민생활국과 보건소 등
		복지담당부서	생활보장과, 가정복지과, 노인복지과, 환경과, 위생청소과, 보건행정과, 지역보건과 등
민간복지의 행정조직		전국적 단위	한국사회복시협의회, 한국노인복지시설협회 등
		개별단위	법인과 시설단위

제2절 사회복지행정조직의 이론

사회복지행정조직의 이론은 고유의 이론이라기보다는 타 학문분야에서 정립되고 활용되고 있는 조직이론들이다.

조직이론이란 조직에 관한 사실들의 집합이라기보다는 조직에 대한 일종의 사고방식으로 조직을 바라보고 분석하는 방법이다. 즉, 우리가 연구대상으로 하는 조직과 그에 연관된 요인의 상호관계에 대해 체계적·논리적으로 기술·설명·처방하는 이론인 것이다.

조직이론이 학자들의 관심을 끌기 시작한 것은 1900년대 초로 볼 수 있다. 조직이론은 시대의 흐름에 따라 수정·발전되어 왔으나 그 분류에 있어서는 학자에 따라 다양하다.

가장 보편적인 기준은 19세기 말을 기점으로 1930년대까지의 이론을 고전적 조직이론, 1950~1960년대까지를 인간관계이론(신고전적 조직이론), 1950년대 후반 이후를 현대적 조직이론으로 구분하는 것이다.

1. 고전적 이론

고전적 이론은 1900년대 초반 과학적 관리법의 영향 아래 성립·발전되어 1930년대 완성된 조직이론으로, 경영합리화와 능률의 향상을 뒷받침하기 위하여 이루어진 이론이다.

고전적 이론의 기본 가정은 조직 구성원들이 주로 경제적으로 동기부여된다는 것으로, 조직이 개인에게 경제적으로 보상할 수 있다면 개인의 목표와 조직의 목표가 일치할 수 있다고 본다.

고전적 이론은 기계이론 또는 전통적 이론이라고도 명명되어 왔는데, 이는 조직이 합리적인 체계로 기계와 같이 설계되면 효과성과 효율성을 높일 수 있다는 시각을 전제로 하기 때문이다.

이 고전적 이론은 조직의 연구 및 조직의 실제적 기능보다는 이상적인 조직은 어떤 것이어야 한다는 예측에 기초를 두고 만들어진 것으로 학자들 간에 고전모형은 사회복지조직에서는 부적절한 것으로 평가되기도 했지만, 사회복지조직의 관리자들이 그 원리와 개념을 숙지하는 것은 중요하다. 대표적인 학자들로는 베버(Weber), 테일러(Taylor), 페욜(Fayol) 등이 있다.

1) 베버(Max Weber) – 관료제 이론

관료제 이론은 19세기 말 독일의 사회학자 베버(Weber)에 의해서 확립된 이론으로 조직이론의 초기부터 현재까지 그 활용성을 인정받으며 활발하게 적용되고 있다. 관료제(bureaucracy)는 bureau(사무실, 책상)와 cracy(kratia : 관리, 지배)의 합성어로서 사무실 책상에서 미리 규정과 절차를 정해놓고 현장실무를 진행하는 것으로 조직의 모든 구성원은 그에 따라 행동해야 한다는 이론이다.

관료제는 노동의 분업, 권위의 계층, 높은 공식화, 몰인간성, 실적주의, 경력과정, 사적 및 공적의 명확한 구별 등의 특징을 가지고 있는 조직형태이다.

관료제는 베버(Weber)의 이상적인 형태인 합리적이고 능률적인 조직을 설명한다. 목적은 분명하고, 지위는 조직의 상위계층으로 올라갈수록 권위가 증가하는 피라미드 계층으로 구조화되어 있다.

권위는 그 지위의 사람에게 있는 것이 아니라 지위 자체에 있다. 베버(Weber)는 조직이 바탕으로 삼는 권위의 유형을 전통적 권위와 카리스마적 권위, 합법적 권위 세 가지로 구분하였다.

여기서 권위는 전통적이거나 카리스마적인 것에 의한 것이 아니라 개인이 지닌 법적 지위에서 행사하는 합법성과 합리성에 의한 정당한 권리에 의해 내려지는 전형적 형태를 말한다. 채용은 자격 혹은 능력에 토대를 두고 있으며 누구를 아느냐는 고려되지 않는다.

결정은 단지 객관적인 기준에 의하여 만들어지고 정치적·감정적 개입은 배제되며, 목적과 효과성을 정의하기 위한 어떠한 기준에 대한 갈등도 인정되지 않는다.

이러한 관료제는 산업사회의 조직구조들 가운데 가장 우월한 조직형태가 되었으며, 지금까지도 관료제를 대체할 수 있는 조직을 개발하지 못한 실정이다. 관료제가 효과적으로 작용할 수 있는 근거는 관료제의 특징에서 부여된다. 베버(Weber)의 관료제의 특징은 다음과 같다.

① 고정되고 공식적인 업무의 관할영역
② 서면으로 작성된 법, 규칙과 규정
③ 명백한 업무의 분할
④ 권위에 따른 책임부여
⑤ 세분화와 전문성 중시
⑥ 권위의 계층제
⑦ 전문성과 능력에 따른 직원의 임명
⑧ 전임제
⑨ 사적 고려를 배제한 관리의 통일성과 몰인간성

2) 테일러(Taylor) - 과학적 관리론

과학적 관리론(scientific management)은 20세기 초에 미국에서 나타났으며 미국 경제학파에 지적 기반의 뿌리를 두고 있다. 테일러(Taylor)에 의해 전개된 이론으로 생산성을 강조한다.

테일러(Taylor)는 고등학교를 졸업한 후 철강회사에 입사하여 기술견습생으로 출발하였는데, 28세에 미드베일철강회사(Midvale Steel Company)의 최고기술자로 초고속 승진을 하면서 합리적인 작업방식과 관리방식에 관심을 가지게 되었다. 당시에 젊은 경영자인 동시에 기술자인 테일러(Taylor)는 공장 곳곳에 비능률적인 요소가 산재해 있음을 발견하고 이를 바로잡기 위해서 과학적 관리체제를 적용하였다. 테일러(Taylor)의 과학적 관리전략은 다음과 같다.

① 관리집단과 작업집단 사이의 책임의 분업(노동분업)을 활용한다.
② 관리자의 책임은 작업과정에서 세부적인 자료를 수집하고 분석하며 과

제를 가장 능률적으로 수행하기 위하여 규칙과 절차를 제정한다.

③ 근로자들은 그들의 생산, 작업의 질 그리고 그들 자신의 수입을 극대화 할 수 있는 사람이 선택된다.

④ 목적은 특정한 과제의 성과를 달성하는 가장 능률적인 설계를 만드는 것이다.

⑤ 작업에 대한 보상으로서 급여를 강조하였다.

⑥ 그는 작업 활동의 세분화를 강조하여 마치 근로자들을 기계의 부속품과 같이 생각하게 하였다.

과학적 관리이론은 구성원의 신체적 능력의 중요성을 강조하고 업무수행에 필요한 시각과 동작에 초점을 두어 개인의 기본적 능력을 극대화하고 작업과정을 합리화하기 위해 적정한 1일 과업을 부여한다.

따라서 작업량을 표준화하여 분업을 확립하고 과업의 성과와 임금을 연계하여 과업을 달성한 자에게는 높은 임금을 지불하고 달성하지 못한 자에게는 낮은 임금을 지급한다.

과학적 관리이론의 특징은 행정의 전문성을 강조하고 과학화, 객관화, 분업화를 통한 행정의 능률성을 강조했다는 것에 있다.

하지만 계층제적 공식조직으로 외부적 환경변수를 무시하고 비공식적 요인을 고려하지 않으며 의사전달에 따른 경직성을 초래할 수 있다는 한계성이 있다.

사회복지조직에의 적용에서 과학적 관리론은 외부환경과의 관계를 배제한 폐쇄적 조직론이므로 외부환경요소와 긴밀한 관계 속에서 업무가 이루어지는 사회복지조직을 관리하기에는 적합하지 않은 부분이 많다. 또한 사회복지조직은 사람을 대상으로 하기 때문에 업무성과에 따라 차별적인 성과급을 제공하기가 쉽지 않을뿐더러 성과를 계량화된 측정지표로 제시하기 어려운 문제가 있다.

3) 행정관리론

행정관리론은 주로 1920년대~1930년대에 발전된 이론으로서, 주요 학자로서는 페욜(Fayol), 무니(Mooney), 라일리(Reilly), 귤릭(Gulick), 어윅(Urwick) 등이 있다.

행정관리론도 과학적 관리론과 같이 생산성에 기초한 행정의 원칙 또는 원리를 강조하고 있다.

이들은 조직의 관리기능을 중시하면서 관리층이 맡아야 할 조직 및 관리 작용의 원리들을 개척하는 데 주력했으며, 주로 조직의 상층부를 중심으로 하향적 방식에 의한 조직의 합리화를 추구했다.

과학적 관리론이 작업자 수준의 근로자에게 초점을 맞춘 미시적 접근방법이라면, 행정관리론은 조직 전체 효율성을 증가시키고자 조직에서의 관리기능을 중시하여 조직 및 관리 작용의 원리들을 개척하는 데 주력한 이론으로, 주로 조직의 상층부를 중심으로 하향적 방식에 의한 조직의 합리화를 추구했다.

행정적 관리론에서는 행정에 필요한 전형적인 관리기능을 분류하고 행정가들이 수행해야 할 행동규범을 제시하였다. 그 대표적인 것이 귤릭과 어윅 그리고 현대 학자들이 평가를 추가하여 관리자의 8가지 기능 POSDCoRBE를 조직운영의 보편적인 원리로 제시한 것이다.

사회복지조직에의 적용에 있어 행정적관리론은 조직을 구조화할 수 있는 일반적 관리원칙을 연구하여 관리자들에게 직무수행영역을 제시했다는 점에서는 그 의의를 찾을 수 있으나, 개별화된 서비스 욕구를 가진 클라이언트를 대하는 사회복지조직에게 보편적인 관리원칙이 유효하게 적용될지에 대해서는 경험적으로 입증하지 못하였다는 비판을 받고 있다. 또한 공식적 조직구조나 과정보다 더 큰 영향을 미칠 수 있는 개인적 동기, 리더십, 비공식 집단 등과 같은 조직 내에서의 인간적 요소를 간과했다는 점도 비판의 대상이 되고 있다.

2. 인간관계이론

인간을 기계시하고 효율성과 합리성만을 중요시하는 고전적 조직이론에 대한 반동으로 등장한 것이 인간관계이론(human relations theory)이다.

고전적 조직이론의 발전은 계속되었지만 시대의 변천에 따라 기계적 조직관이나 인간을 조직의 부속품처럼 생각하는 사고방식이 생산성에 큰 영향을 미치지 못한다는 실증적 연구가 나오기 시작하면서 고전적 이론의 합리성은 크게 저하되었고 결국 조직 내 인간에 대한 관심과 연구가 시작되었다.

인간관계이론은 신고전적 조직이론이라고도 부르며, 호손실험에 의한 관계이론과 후기 인간관계이론으로 구분한다.

1) 호손실험과 인간관계론

인간관계이론은 호손실험에 의해 조직 내 인간의 사회적 관계의 중요성을 발견한 이론이다. 호손실험은 당시 유행하던 이론인 과학적 관리론을 비판하며 하버드 대학의 심리학 교수였던 메이요(Mayo)와 그의 동료들이 미국 서부전기회사(Western Electric Company)의 호손(Hawthorn)공장에서 실험한 결과를 토대로 연구한 것이다.

처음 연구자들은 과학적 관리론의 가정에 따라 조명상태, 소음, 습도 등과 같은 작업장의 환경이 근로자들의 생산성에 미치는 영향을 규명하기 위한 연구를 수행하였다.

메이요(Mayo)는 어떤 요인들이 근로자로 하여금 자발적으로 열심히 일을 하게 하고 또 만족을 주는가에 대해서 실험적 연구를 한 것이다. 그러나 의외의 결과가 나타났다.

실험결과를 통해 메이요(Mayo)는 작업환경이나 금전적 요인은 생산성 향상에 큰 영향을 미치지 않는다는 사실을 발견하게 되었다.

그 대신 심리적인 요인, 예를 들어 보람 있는 일을 하고 있다는 긍지나 동료들 사이의 감정의 교류가 생산성을 증대시키는 데 보다 더 중요한 역할을 한다는 사실을 밝혀낸 것이다.

따라서 호손실험은 인간을 하나의 생산수단으로 간주하던 당시의 지배적인 사고방식에 인간관계의 중요성을 부각시키는 계기를 만들었다. 그 후 이들의 주장은 인간관계이론이라는 명칭을 얻게 되었다.

인간관계이론의 특징은 첫째, 근로자의 작업능률은 물리적인 환경조건에 의해 좌우되는 것이 아니라 동료나 또는 윗사람과의 인간관계에 의해 크게 좌우된다.

둘째, 조직에는 비공식집단이 별도로 존재하는데 이 비공식적 집단은 개인의 태도와 생산성에 강력한 영향을 미친다.

셋째, 근로자는 개인으로서가 아니라 집단의 일원으로 행동하며, 집단 내의 인간관계는 경제적인 욕구나 동기에 입각한 합리적 행동보다도 비경제적 요인인 사회적·심리적 욕구나 교우관계, 자아실현의 욕구에 따르는 행동을 중시한다는 것이다.

그러나 인간관계이론은 감정적·정서적 인간의 중요성을 발견한 것에 대해 흥분한 나머지 공식조직은 무시하고 비공식집단만을 강조했으며, 합리적·경제적 요소를 등한시하고 감정만족과 인간관계 유지에만 경영력을 집중시키는 우를 범했다는 지적을 받는다.

그래서 과학적 관리론이 '인간 없는 조직'이라고 비판받은 것처럼 인간관계이론은 '조직 없는 인간'의 시각을 가지고 있다고 비판받는다.

2) 후기 인간관계이론

1930년대부터 1960년대에 이르기까지 조직의 연구자들은 인간관계이론에 의해 밝혀진 조직 내 인간의 성격과 사회적 관계를 본격적으로 연구하기 시작하였다.

뿐만 아니라 조직목표의 효과적인 달성을 위해 조직 구성원들을 활용할 여러 가지 방법을 강구하는 데 관심을 기울였다.

이러한 노력의 결과로 인간을 합리적인 존재가 아닌 사회적 존재로 인식해야 하며, 이를 실현하기 위해서는 의사결정 등 조직의 주된 활동에 개인을 참여시켜야 한다는 결론에 이르게 되었다. 이러한 측면 때문에 후기 인간관계이론을 참여관리이론이라고도 부른다.

대표적인 조직이론가들은 아지리스(Argyris), 맥그리거(McGregor), 리커트(Likert) 등이 있다.

후기 인간관계이론은 성숙한 개인의 욕구를 충족시킬 수 없는 전통조직의 여러 가지 한계점을 지적하고 개인의 참여를 통해 조직과 개인의 통합을 시도했다는 점에서 높은 평가를 받고 있다.

1970년대 후반부터 이론가들의 관심을 끌기 시작한 인적자원관리는 이러한 인간관계이론의 전통을 계승한 것이다.

그러나 고전적 조직이론과 마찬가지로 조직의 성과 또는 개인의 생산성에 주된 관심을 기울였다는 태생적인 한계를 벗어나지 못하였다.

사회복지행정은 사회복지사와 클라이언트의 원조관계를 토대로 업무가 이루어지므로 인간관계를 강조하는 인간관계이론은 사회복지 조직에 가장 잘 들어맞는 이론이라고 볼 수 있다. 하지만 인간관계이론은 인간의 비합리적이고 정서적인 측면만 너무 강조했다는 점에서 비판을 받는다. 따라서 사회복지 조직에 인간관계 이론을 적용할 때 구성원의 관계에만 지나치게 집중하다 보면 조직에 중요한 영향을 미치는 환경을 간과할 수 있다는 점이 한계로 작용한다.

3. 현대조직이론

현대조직이론은 다양한 분야에서 다양한 접근방법으로 연구되어 온 이론으로서 특정한 개별이론으로 분류하기에는 어려운 점이 있다.

1950년대 말에는 이러한 연구들을 통합하려는 노력이 시도되었으나 현대조직이론의 특징은 다양성에 있기 때문에 하나의 모형으로 일반화함에는 어려움이 있다.

현대조직이론은 조직과 환경의 관련성을 중시하고 단순한 능률보다는 이를 바탕으로 한 효과성, 생산성, 민주성, 사회적 적절성, 대응성 및 인간관계나 종합적인 행정개혁을 중시한다.

본 교재에서는 다양한 현대조직이론 중에서 목표관리(MBO), 총체적 품질관리(TQM), 학습조직이론 등을 살펴보도록 한다.

1) 목표관리(MBO)

목표관리는 경영학자나 행정학자들에 의해 많은 연구가 진행되었는데, 그 중에서 특히 관심을 끌었던 기법이 MBO(Management By Objectives)이다. MBO는 목표를 보다 합리적이고 과학적으로 관리하는 조직관리의 한 기법으로서 1954년에 드러커(Drucker)에 의해 처음 소개되었으며, 1960년대 후반부터 1970년대를 거치면서 널리 보급되었다.

우리나라 공공부문에 목표관리를 최초로 도입·적용하기 시작한 것은 1999년으로 당시 '국민의 정부'가 정부개혁 차원에서 성과중심의 행정관리를 실현하기 위한 수단으로 성과급제도와 함께 목표관리제를 도입한 것이다.

드러커(Drucker)의 목표관리 철학은 기본적으로 상사로부터의 지시나 통제보다는 자기통제, 목표와 일정을 부하가 서로 합의하는 협력적 과정, 명확한 목표설정 및 목표달성을 위한 효율적 과정, 개인의 능력과 책임이 충분히 발휘될 수 있는 조직관리, 그리고 개인 및 조직의 목표가 공익과 조화를 이루는 원리에 바탕을 두고 있다.

씨라우프, 클레캠프와 그리딩(Thierauf, Klekamp & Greeding)은 목표관리의 단계를 ① 목표의 설정, ② 실행계획의 개발, ③ 정기적인 검토, ④ 업적의 평가 등 4단계로 나누었다. 조직의 발전은 곧 목표의 성장을 뜻한다.

2) 총체적 품질관리(TQM)

총체적 품질관리(TQM : Total Quality Management)란 고객만족을 서비스 질의 일차적 목표로 삼고 고객감동을 창출하기 위하여 기업활동의 전반적인 부분의 품질을 높여 고객만족을 달성하기 위한 경영방식이다.

TQM은 일본 기업들이 산출물의 결함을 제거하여 소비자만족을 극대화하는 조직관리방법을 효과적으로 사용하고 있다는 데 착안하여 1980년대 초반부터 미국기업에도 적용하기 시작한 경영이론이며 기법이다.

여기서 '총체적'이란 고객인 주민이 수요 파악에서 주민의 만족도를 확인하는 과정까지 좀 더 적극적으로 행정의 모든 측면에서 품질을 관리한다는 것이다. '품질'은 주민의 기대에 부응하는 데 그치지 않고 그 기대를 초과하는 수준의 품질을 뜻한다. 그리고 '관리'란 품질개선을 지속적으로 추진하여 조직역량을 유지하고 개선시키는 활동을 의미한다.

즉, TQM이란 고객만족을 위하여 모든 부서가 협력적으로 지속적인 서비스 질의 개선과 향상을 수행하는 총체적 활동으로 볼 수 있다.

기존의 품질관리는 주로 제품과 서비스에 대한 관리였으나 TQM에서는 조직 및 업무의 관리에도 중점을 두어 구성원 모두가 품질 향상을 위해 노력하여야 한다.

TQM은 품질 향상을 통한 고객만족을 최종목표로 제품 및 서비스 생산과정 개선, 지속적인 종업원 교육, 바람직한 기업문화 창출, 미래 경영환경 대비, 신기술 개발 등을 통해 경쟁력을 높이고 장기적인 성장을 도모할 수 있다.

기업조직의 경영기법이던 TQM은 1980년대 후반에 들어서면서 공공행정부문과 사회복지조직에서 적용되기 시작하였다. 사회복지기관의 평가제도 도입과 더불어 바우처 형태로 변화하고 있는 기관의 재정 공급의 방식은, 서비스의 질이 곧 사회복지조직의 생존을 결정할 수 있음을 보여준다. 그러므로 클라이언트의 욕구에 부응하고 만족시킬 수 있는 서비스의 질적 향상과 사회복지조직에 대한 사회 전체의 신뢰 향상을 위해서 TQM의 적용이 필요하다.

3) 학습조직이론

학습조직이론은 조직 내 학습을 통해 인적자원의 변화를 강조하는 이론이다. 개념의 주창자인 센게(Senge)는 학습조직이란 조직 구성원들이 진정으로 원하는 성과를 얻을 수 있도록 지속적으로 역량을 집결시키고 창의적이고 융통성 있는 사고 능력을 함양하며, 열정적으로 상호 학습 방법을 공유하면서 상호 간에 지속적으로 배우는 조직으로 정의하고 있다.

학습조직이론에 따른 학습 조직화는 상당한 노력과 시간이 요구되는 과정이므로 학습조직이 성공하기 위해서는 조직 구성원들에게 지속해서 학습을 권장하는 조직문화를 조성하는 것이 필요하다. 조직에 학습 조직화가 성공하면 조직구성원들은 지속적인 학습과정을 통하여 조직의 모든 업무 영역에서 혁신적이고 창의적인 사고를 통하여 당면하는 문제를 해결하는 역량이 강화된다. 학습조직의 도입방법은 고객으로부터 지속적으로 배우며, 우수 경쟁조직의 기술 또는 업무과정을 벤치마킹하고, 조직 구성원들 상호 간에 학습하는 일이 일상화된 조직으로 만드는 것이다.

학습조직을 사회복지조직에 적용하면, 조직에서 구성원의 교육훈련과 역량강화의 활동이 조직성과에 매우 긍정적인 영향을 미친다는 사실을 인식하여, 사회복지사는 질 높은 서비스를 제공하기 위해 끊임없이 학습해야 한다. 최근의 사회복지 조직은 조직 구성원들에게 다양한 학습 기회를 마련하여 역량을 강화하기 위해 노력하고 있다.

KEY POINT

지방행정조직

① **보통지방행정기관** : 시 · 도(광역), 시 · 군 · 구(기초)

② **특별지방행정기관** : 중앙행정기관에 소속되어 소관사무(특정)만을 관장하는 기관 (지방국세청, 지방국토관리청, 지방보훈청 등)

지방자치단체장

① **광역지방자치단체장** : 시 · 도지사(특별시장, 광역시장, 도지사)

② **기초지방자치단체장** : 시 · 군 · 구청장(시장, 군수, 구청장)

조례제정

제안 → 의결(지방의회 과반수 출석 과반수 찬성) → 공포(公布)(자치단체장)

재의결요구(20일 이내 자치단체장) → 재의결[출석의원의 2/3 이상 → 공포(자치단체장)]

① 재의결된 안건을 자치단체장이 공포하지 않으면 의장이 공포

② 의장이 공포한 안건은 자치단체장이 대법원에 제소 가능

자치구청 · 행정구청

① **자치구청** : 광역시의 구청으로 선출직 구청장과 구 의회가 있음

② **행정구청** : 일반시의 구청으로 임명직 구청장만 있고 구 의회가 없음

> 특별시나 광역시가 아닌 일반시의 구청은 출장소 형태의 구청으로 임명직 구청장
> (**성남시** 분당구, **청주시** 흥덕구, **전주시** 완산구, **창원시** 진해구 등 전국 30여 구청)

수직적 · 수평적 조직

수직적

↓ **장점** – 위기상황, 능률성, 책임성 제고 (계층조직)

↓ **단점** – 독단적, 경직성, 비민주성, 폐쇄적, 통제 위주

수평적

← → **장점** – 신축성, 창의성, 민주성 (위원회조직)

단점 – 비능률성, 지연수단 이용, 무책임성

애드호크라시(adhocracy)

① 목표달성, 집단 사이의 갈등해결과 통합을 위한 일시적 체계
② 관료제와 다른 의미의 전문가 집단
③ 조직구조 : 태스크 포스, 매트릭스, 프로젝트 팀 등 포함

태스크 포스(task force)

임시조직을 구성한 사업(프로그램)목적이 완성되면 임시조직은 해체되고 원래 조직으로 복귀(행정에서 많이 쓰임, T · F팀이라고도 함)(Task Force = T · F)

고전적 조직이론

관료제	합리성, 합법성, 분업화, 계층제 강조	통제적 관리	고전적 이론
과학적 관리론	표준화, 경제성, 시간 및 동작연구 강조	권위적 관리	고전적 이론
인간관계론	비공식구조 및 심리, 사회적 인간관 강조	민주적 관리	신고전적 이론

(행정관리론도 고전적 조직이론)

현대조직이론

MBO(목표관리)	내부 하의상달 목표설정	단기적 양적 치중	상 · 하급자의 상호신뢰
TQM(품질관리)	외부지향 평가 고객중심	총체적 질적 치중	상 · 하급자의 혼연일체

(학습조직이론도 현대 조직이론)

지역사회보장협의체 · 사회복지협의회

구 분	지역사회보장협의체	사회복지협의회
개 념	보건 · 복지 분야의 공공 · 민간 협력 위원회 체계	사회복지 분야에 있어 회원 간의 결사체
성 격	공공 중심의 조직	민간 중심의 자발적 조직
업 무	지역복지계획의 수립 · 심의 보건 · 복지서비스 연계 · 조정	자원봉사 교육 · 양성 사회복지에 관한 조사 · 연구

Chapter 04

사회복지행정조직과 환경

04 사회복지행정조직과 환경

사회복지행정조직은 사회복지의 향상과 증진을 위하여 존재하는 대표적인 조직이다.

국가는 사회복지 증진의 책임을 구현하기 위하여 사회복지정책을 만들고 사회복지행정조직은 이러한 사회복지정책을 사회복지서비스로 전환하여 제공함으로써 사회복지에 대한 국가의 책임을 감당할 수 있도록 돕는다.

사회복지는 일반적으로 인간의 욕구에 대처하는 사회적 노력으로 인간다운 삶에 그 목표를 두고 있다.

인간다운 삶이라는 것은 그 가치개념이 사람과 시대, 지역에 따라 달라지기 때문에 최적의 사회복지서비스를 제공하기 위하여 조직된 사회복지행정조직은 다른 어떤 조직보다 환경의 조건에 크게 영향을 받는다고 볼 수 있다.

게다가 활동을 위한 대부분의 자원들을 외부환경으로부터 조달하기 때문에 사회복지행정조직의 환경요소와 환경과의 관계를 이해하는 일은 대단히 중요하다.

제1절 사회복지행정조직의 환경요소

조직의 환경이란 조직의 경계 밖에 존재하면서 조직 전체나 일부분에 영향을 미칠 가능성이 있는 모든 것이다. 현대의 사회복지행정조직은 환경 속에서 인적·물적 자원을 적절히 획득하고 활용하기 위하여 주요 기능을 담당하기 때문에 조직과 환경은 분리할 수 없고 끊임없이 영향을 주고받으면서 생존한다.

조직환경은 조직을 둘러싼 외부환경과 조직 내의 내부환경 두 가지로 나누어 볼 수 있다. 내부환경이란 그 조직만이 가지고 있는 특성이나 분위기를 말하는 것이고, 외부환경이란 조직의 밖에 존재하면서 조직의 설계, 조직의 관리에 영향을 주는 환경을 말한다.

이러한 외부환경은 다시 한 사회의 모든 조직에 영향을 미치는 일반환경과 어느 조직에 보다 직접적인 영향을 미치는 업무환경으로 구분할 수 있다.

1. 일반환경

일반환경은 경제적, 인구사회통계학적, 문화적, 정치적, 법적, 기술적 조건 등으로 모든 행정조직에 영향을 미치며, 특별한 경우를 제외하고는 개별 사회복지행정조직이 변경시킬 수 없는 환경을 의미한다.

1) 경제적 조건

사회복지행정조직의 재원공급을 결정하며 서비스 수요에 직접적으로 영향을 미치는 환경요소로서 국가나 지역사회의 경제상태를 의미한다. 경제적 조건에는 경기 호황 또는 불황, 경제성장률, 실업률 등이 있다.

경제적 조건은 복지서비스의 형태·범위·정도를 좌우하는데 경기침체나 불황기는 국민기초생활보장법에 의한 공공부조서비스의 증가를 가져오는 경향이 있고 대규모의 실업상태는 보육서비스나 직업알선서비스, 가족상담서비스 등의 수요를 확대시킨다.

2) 인구사회통계학적 조건

사회복지행정조직에 있어 서비스 수요 변동과 예측에 영향을 미치는 환경요소로서 인구사회통계학적 조건은 연령, 성별분포, 가족구성, 거주지역, 사회계층 등은 여러 가지 사회문제 및 욕구의 발생빈도와 밀접한 관련이 있다. 예를 들어, 저출생·고령화, 결혼이주여성, 이주노동자와 가족해체 증가 등과 같은 인구사회통계학적 변화는 전형적인 클라이언트에 대한 서비스 욕구를 증가시킬 뿐만 아니라 사회적 소수자에 대한 사회통합정책을 펼칠 수 있는 근거로 존립하여, 결과적으로 사회복지서비스 수요예측을 통해 관련 서비스, 프로그램의 신설 또는 확대에도 영향을 미친다.

3) 문화적 조건

문화적 조건은 사회의 가치와 규범에 관한 것으로 한 사회의 전반적으로 우세한 가치를 의미한다. 이러한 문화적 조건으로는 가족주의 가치, 노동윤리의 중시, 빈곤에 대한 사회적 인식 등 당시의 지배적인 문화적 및 도덕적 체계를 반영하고 문제해결 수단에 대해 전문가 집단이 가지고 있는 가치와 이념을 반영한다. 즉, 문화적 조건은 사회복지행정조직의 목표와 방법에 영향을 주는 조건이라 할 수 있다.

4) 정치적·법적 조건

정치적 조건은 선 성장 - 후 분배 또는 성장과 분배의 균형 등의 정부정책 기조 등을 들 수 있고, 법적 조건은 국가기관에서 만들어 낸 법률, 명령, 규칙 등을 들 수 있다.

정치적·법적 조건들은 사회복지행정조직이 서비스를 제공하는 데 있어 준수해야 할 많은 조건을 제시하여, 사회복지기관이 클라이언트에게 제공하는 서비스 내용과 활동을 제한하거나 장려하며 재원의 흐름에 통제를 가함으로써 영향을 미치는 환경요소들이다.

예를 들어, 복지사회의 건설이 국정이념인 국가는 복지에 재원을 우선적으로 지원할 것이지만 성장우선정책이 정책기조인 국가에서는 복지를 등한시할 것이다. 법적 조건으로는 사회복지관계법들이 대표적인 경우이다.

5) 기술적 조건

의료, 정신건강, 교육, 컴퓨터, IT산업, 사회계획 분야 등 사회의 기술적 진보 혹은 변화가 사회복지행정조직에 초래하는 영향을 말한다.

예를 들어, 컴퓨터와 인터넷 기술의 발달이 사회복지행정조직에서의 정보관리체계의 중요성과 투명성을 요구하였으며, 신경안정제의 개발이 사회복지조직의 정신건강 관련 탈시설화를 유발시킨 것 등이 그것이다.

2. 업무환경

업무환경은 과업환경이라고도 한다. 업무환경은 사회복지행정조직이 변경시킬 수 있는 것으로 자원과 서비스를 교환하고 조직과 특별한 상호작용을 하는 집단들을 의미한다. 일반적으로 사회복지행정조직은 업무환경의 영향을 받으며 업무환경은 일반환경의 영향을 받는다.

1) 재정자원의 제공자

정부보조, 기업체 출연, 공동모금, 외부 민간단체, 개인후원, 서비스 이용료 등 재정자원을 공급하는 공급자들이 여기에 포함된다. 우리나라의 민간사회복지조직 대부분은 국가보조에 의존하고 있으며, 이와 같은 재정자원의 제공자는 사회복지행정조직에 가장 큰 영향을 미치는 요인이라 할 수 있다.

2) 정당성과 권위의 제공자

사회복지행정조직에 대한 사회적 지지나 정당성 및 권위를 제공해 주는 환경요소를 말하는 것으로서 정부, 보건복지부, 시·도, 특별자치시·도, 시·군·구, 전문직협회, 지방의회, 운영법인, 시민단체 등이 이에 속한다.

3) 클라이언트 제공자

클라이언트 제공자는 클라이언트를 조직에 의뢰하는 집단과 조직뿐만 아니라 직접 서비스를 받고자 하는 개인, 가족도 포함된다. 그동안 사회복지서비스는 주로 국민기초생활보장법상의 수급권자, 차상위계층 등 저소득층을 대상으로 제공되었기에 주된 클라이언트의 공급자는 정부기관이나 사회복지전담공무원인 경우가 많았다. 하지만 최근에는 바우처 사업의 확대 등으로 주된 클라이언트 공급자가 가족 또는 서비스 이용자 본인인 경우 또한 늘고 있다. 여기서 클라이언트를 조직에 의뢰하는 집단에는 학교, 경찰, 청소년단체, 교회, 사회복지관 등이 있다.

4) 보충적 서비스 제공자

보충적 서비스 제공자는 조직의 성공적 업무 수행을 위해 보충적으로 필요한 서비스를 제공해 주는 기타 기관들을 말한다. 사회복지행정조직은 모든 서비스를 다 제공할 수 없기 때문에 기타 조직과의 긴밀한 협조와 연계를 공식적·비공식적으로 구축해야 한다. 이때 서비스를 의뢰할 수 있는 다른 조직을 보충적 서비스 제공자라 한다.

5) 조직 산출물을 소비·인수하는 자

사회복지행정조직이 산출해 낸 서비스를 받아들이고 소비·이용하는 자라 할 수 있다. 주로 클라이언트 자신과 자신의 가족, 기관 및 지역사회단체, 시설, 국가 등이 여기에 포함된다.

6) 경쟁조직

클라이언트나 기타 자원들을 확보하기 위해 사회복지행정조직과 경쟁관계에 있는 다른 조직들을 말한다.

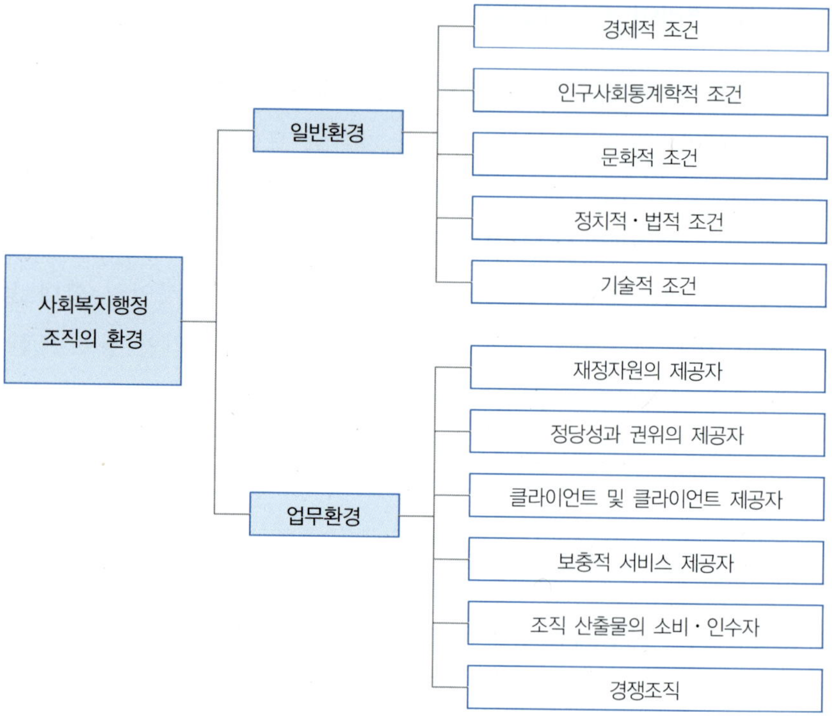

그림 4-1 사회복지행정조직의 환경요소

제2절 사회복지행정조직과 환경의 관계

사회복지행정조직은 외부환경과 끊임없는 상호작용을 하며 유지 · 발전해 가는데 현실적으로는 이러한 사실을 경시하거나 의식하지 못함으로써 조직의 목적을 효과적으로 달성하지 못하거나 조직을 능률적으로 운영하지 못하는 경우가 많다.

조직과 환경은 변수에 따라 권력과 의존관계가 형성되는데, 조직은 조직 내 경제적 가치가 있는 자원이 많을수록, 환경에 관한 정보와 사회적 정당성을 많이 가지고 있을수록 환경에 대하여 주도적으로 권력을 행사할 수 있게 된다.

반면에 그렇지 못하게 되면 외부환경과의 의존관계가 형성되는데, 조직이 외부환경에 높은 수준으로 의존하게 되면 조직 내에 불안감이 야기될 수 있고, 외부압력에 대한 취약성을 갖게 되며, 조직 내부의 권위와 생존을 위협받기도 한다.

따라서 조직은 환경과 균형적 관계를 유지하기 위하여 전략을 사용하고 환경과 상황에 따라 교환관계, 협력관계 또는 경쟁관계 등의 관계를 맺으며 조직의 효과성을 제고하고 조직에 유리하도록 환경을 변화시켜 조직의 목적을 달성해 나가고 있다.

1. 조직과 환경의 관계유형

1) 교환관계

블라우(Blau)는 조직행위의 효과성을 설명하기 위하여 교환의 개념을 경제적 교환과 사회적 교환으로 구분하였다.

경제적 교환은 대부분이 객관적이고 관찰 가능한 것으로서 물건의 거래와 같이 구체적이고 명백하게 규정된 교환관계를 말한다.

따라서 상호교환의 내용에 대해 비교적 인식을 같이하고 교환 시기도 명확히 설정되어 있는 특징을 지닌다.

반면에 사회적 교환은 교환이 상대방으로부터 보상과 혜택을 받았을 때 앞으로 언젠가는 이에 대한 보답을 해야 할 것이라는 의무감을 갖게 하는 교환관계를 말한다.

이러한 상호작용의 기본적인 성격은 혜택과 호의의 교환이라고 할 수 있다. 경제적 교환이 거래에 기초하고 있다면 사회적 교환은 개인적인 신뢰에 근거하고 있다.

신뢰란 교환관계에 있는 다른 상대방이 언젠가는 그들의 의무를 공정하게 수행할 것이라는 믿음을 말한다.

이것은 시간을 두고 반복될 때 서로를 끌어주는 힘이 되며, 집단 내에서의 역동성이 되기도 한다. 이처럼 조직이 환경과 상호 간의 욕망과 관심을 충족시키고 보상과 비용에 근거하여 합리적으로 행동하는 것 등의 거래관계를 지속적으로 유지해 가면서 혜택을 입고 또 유사한 혜택을 제공함으로써 환경과의 관계를 유지해 나가는 것을 교환관계라 한다.

2) 협력관계

협력관계는 두 개 이상의 조직이나 기관들이 자원·고객·프로그램의 개발 및 각종 서비스의 제공을 위하여 서로 대항하지 않고 동반자적 관계를 맺으며 공동목표를 달성하기 위하여 협동함으로써 환경과의 종속관계를 개선시키려는 것을 말한다.

이 같은 협력관계는 사회복지조직에서 빈번하게 쓰이는 환경과의 관계로서 협상, 연합, 흡수 등 세 가지 형태가 있다.

첫째, 협상은 두 조직 사이에 프로그램 개발이나 서비스의 제공을 위해 협상된 공식·비공식적 합의를 말한다.

둘째, 연합은 자원의 혜택과 서비스 제공에서 비슷한 입장의 조직들이 공동목표를 달성하기 위하여 상호 결합하는 것을 의미한다.

셋째, 흡수는 조직의 안정 또는 존속에 대한 위협을 회피하기 위하여 구성조직들의 대표자들이나 지도자들을 정책결정기구나 의사결정기구에 참여시켜 조직의 안정성을 높이고 위협을 피하는 것을 말한다.

3) 경쟁관계

사회복지행정조직 또한 제한된 자원을 가진 환경 가운데서 존재하기 때문에 외부조직과 경쟁관계에 놓일 수 있다.

경쟁이란 둘 이상의 조직이 미래의 자원이나 고객을 유치하기 위하여 무언가를 놓고 겨루는 것으로 경쟁관계에서는 제3자의 선택을 요구하게 되며, 이러한 제3자의 선택에 영향을 미치기 위하여 여러 가지 조건을 제시하거나 호소를 하게 된다.

이때에는 조직의 마케팅이나 홍보전략, 서비스 이용 만족도 등이 중요한 역할을 하게 된다.

4) 방해관계

경쟁적 위치에 있는 다른 조직의 활동을 방해하거나 세력을 약화시키는 것을 말한다. 조직의 과업환경이 정당한 요구를 묵살하거나 방해하는 경우, 실패하더라도 손해 볼 것이 없는 경우와 이념적 갈등이 존재하는 경우 등이다.

2. 조직과 환경에 관한 이론

1900년대~1950년대 후반에 지배했던 조직이론(고전적 조직이론, 인간관계 조직이론)들은 조직을 외부환경과 단절된 폐쇄체계로 보았고, 1960년대 이후부터는 개방체계로 조직환경의 중요성을 강조하고 정치, 경제, 사회, 문화, 기술, 조직 간 요소 등 조직을 둘러싼 환경변수를 본격적으로 고려하기 시작하였다. 조직과 환경에 관한 조직이론들은 다음과 같다.

1) 체계이론

체계(system)란 하나의 통일적 전체를 구성하는 과학적 혹은 철학적 명제의 집합으로 '일련의 연관된 요소', '연관된 요소들의 공동목표 달성 지향', '연관된 요소들이 하나의 총체적인 관계 형성' 등의 개념을 포함하고 있다.

헨리(Henry)는 "체계란 하나의 실체인바 그 안의 모든 것은 모든 것에 연관되는데, 달리 말하면 체계는 전체의 목적을 위해 함께 일하는 부분으로 구성된다"라고 규정한다. 여기에서 체계이론이라 할 때에는 개방체계이론을 의미한다.

체계란 한마디로 하나의 생존 가능한 독립된 유기체로서 전체가 각 부분으로 나누어져서 유기체적인 상호 연관 관계를 맺음으로써 전체의 안정을 유지한다는 것이다.

즉, 인간이라는 유기체가 투입물을 받아 소화기・심장・골격・근육・신경조직 등의 유기적 상호작용으로 항상성(homeostasis)과 균형을 유지하기 위해 에너지와 힘을 만든다는 것이 바로 체계이론의 기본이다.

균형(equilibrium)은 주로 환경과의 교환이 없고 자신의 경계 안에서만 작용하는 폐쇄체계에서 나타나며, 체계가 고정된 구조를 가지고 주위 환경과 수직적인 상호작용을 하면서 거의 교류를 하지 않는 상태로 현상을 유지하는 속성을 의미한다.

즉, 외부와의 교류나 체계의 구조 변화가 거의 없는 고정된 평형상태를 말한다. 항상성은 환경과 지속적 상호교환을 하는 체계, 즉 개방체계에 존재하며 체계가 균형을 잃어버렸을 때 일관성을 유지하려는 기능이다.

이는 지속적인 변화 상태에 놓여 있으며, 안정적이지만 정적인 균형이 아닌 역동적인 균형을 유지하는 것을 말한다. 무엇보다 항상성은 어떤 변화를 이루기 전에 체계 자체를 유지하기 위해 노력하는 유지의 속성을 먼저 가지고 있다. 체계이론에서는 다음의 세 가지 주제에 초점을 맞추고 있다.

① 조직을 둘러싼 환경을 강조한다

폐쇄체계이론에서는 조직을 명확히 규정된 목표를 달성하기 위해 설계된 도구로 간주했던 것에 반해, 개방체계이론은 조직이 환경에 둘러싸여 상호작용을 하기 때문에 조직을 설계할 때 일반환경뿐만 아니라 조직과의 직접적인 상호작용에 의해 규정되는 과업환경까지 고려해야 한다는 것을 의미한다.

② 조직은 상호 연결된 하위체계로 구성되어 있다는 것이다

조직 내의 인간, 즉 조직 구성원은 집단이나 부서에 속하고 그 집단이나 부서는 다시 조직에 포함되는 상황에서 조직을 하나의 체계라고 규정한다면, 인간이나 집단・부서는 각각 조직이라는 상위체계에 대한 하위체계가 되는 것이다.

③ 조직 내 여러 종류의 하위체계들을 어떻게 조화시키는가가 중요한 문제이다

조직 내의 하위체계는 그 조직이 직면해 있는 환경의 다양성만큼 다양해져야 하고, 이렇게 다양해지고 차별화된 조직 내 하위체계는 다시 통합되어야 한다는 조직화 원리의 중요성도 부각된다.

체계이론은 투입, 전환과정, 산출, 환류, 환경 등의 개념으로 조직을 설명한다. 이는 **|그림 4-2|**와 같다.

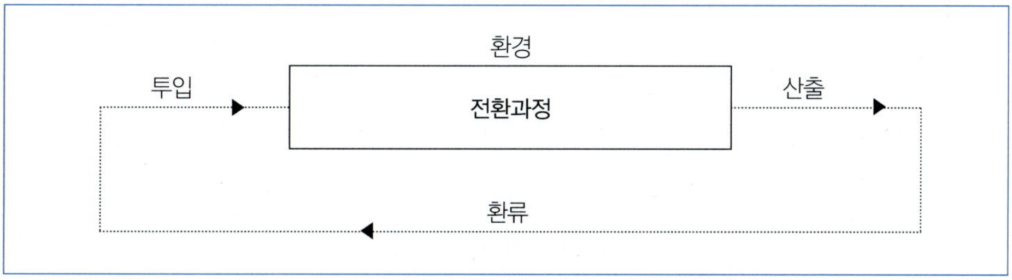

|그림 4-2| 체계(개방체계)로서의 조직

이처럼 조직은 어떤 것이든지 환경과의 투입과 산출이라는 상호작용을 계속하면서 내부에서는 여러 개의 하위체계가 다시 서로 얽혀서 상호작용을 한다. 주요한 다섯 가지 하부체계는 다음과 같다.

① 생산하위체계

모든 조직은 그 조직의 생산과 관련된 과업을 수행해야 하는데, 이 과업은 생산하위체계 안에서 달성된다.

생산하위체계는 조직의 역할과 과업을 설계하는 데 있어 숙련과 합리성의 중요성을 강조하고 서비스 전달과업은 직무기술과 분업의 확립을 통해서 이루어진다.

사회복지행정조직에서 생산하위체계의 기능은 클라이언트에게 서비스를 제공하는 것이다.

특히 생산하위체계는 숙련과 기술을 강조하기 때문에 전문화의 원리가 아주 중요한데 전문화는 목적(purpose), 과정(process), 사람(person), 장소(place) 등 네 가지 영역에서 조직화될 수 있다.

그러나 전문화를 추구하는 과정에서 기술을 지나치게 강조하게 되면 기술이 클라이언트의 욕구를 대치하게 되어 수단과 목적이 전도되는 부정적인 결과를 가져올 수도 있다.

② 유지하위체계

유지하위체계는 개인의 욕구를 조직의 목표에 통합되도록 강조하는 인간관계이론에 기반을 둔다.

유지하위체계의 주요 목적은 현재 상태로 조직의 계속성을 유지하는 것과 조직의 안정 상태를 유지함에 있는데, 이 목적을 위해 사용되는 메커니즘(mechanism)은 활동의 공식화, 보상체계의 확립, 새로운 구성원들의 사회화, 직원 선발과 훈련이다.

사회복지행정조직에서 유지하위체계의 기능은 직원들의 목표를 조직의 목표에 통합되도록 촉진해 주는 것이다.

③ 경계하위체계

경계하위체계는 구조주의 이론에 기초를 둔다. 환경과 환경에 영향을 미치기 위한 장치를 확립할 필요성을 강조하고 조직이 생존하고 발전하기 위해서는 외부환경에서 일어나는 변화를 알고자 노력하고 그 변화에 적절히 반응할 수 있어야 한다고 주장한다.

경계하위체계는 '생산지원'과 '제도화' 체계의 두 요소를 포함하는데, 생산지원의 측면은 협상과 때로는 조직을 통한 다른 조직과의 관계를, 제도화의 측면은 조직의 주변 환경으로부터 지원과 정당성을 확보하는 기능과 관련되어 있다.

사회복지행정조직에서 경계하위체계의 기본 목적은 조직의 외부환경에 영향을 미치는 것에 있는데, 일반적으로 이와 같은 과업은 지역사회의 대표들로 구성된 이사회에 의해 수행된다.

④ 적응하위체계

적응하위체계는 변화하는 환경욕구에 반응하여 조직을 변화시킬 필요성을 인식하고 조직변화를 위한 최적의 대안을 찾기 위해 연구하고 평가해 나가는 것이다.

연구와 계획을 강조한다는 점에서는 합리성과 숙련을 강조하는 고전이론에 기초를 두고 있으며, 환경을 강조한다는 점에서는 구조주의 이론에 기초를 두고 있다.

사회복지행정조직에서 적응하위체계는 변화하는 환경의 요구에 반응해서 조직을 변화시킬 필요성을 인식하고 관리층에 적절한 제안을 하며 새로운 클라이언트의 요구, 새 정부의 요구조건, 자금조달조직의 우선순위에 재빨리 적응하기 위한 연구와 평가가 필요하다. 평가에 있어서 무엇보다 중요한 것은 객관성 확보이다.

⑤ 관리하위체계

관리하위체계는 통제를 강조한다는 점에서 고전이론의 특징을 가지고 있으며, 외부환경을 강조한다는 점에서는 구조주의 이론의 특징을 가지고 있다. 또한 타협을 강조한다는 점에서는 인간관계이론의 특징을 가지고 있다.

사회복지행정조직에서 관리하위체계의 목적은 다른 네 가지 하위체계를 조정하고 통합하기 위해 리더십을 제공하는 것으로 관리하위체계의 기본적인 기능은 첫째, 권한의 활용을 통해 계층 간에 생겨나는 갈등을 해결하는 것, 둘째, 타협과 심의를 통해 하위체계들을 조정하는 것, 셋째, 자원을 증진시키고 필요한 경우 조직을 재구조화하기 위해 외부환경과 조화하는 것 등이 있다.

관리하위체계는 사회복지행정조직의 주요 목적을 클라이언트의 복지로 관심을 환기시킬 책임을 가지고 있다.

2) 상황이론

상황이론은 로렌스와 로쉬(Lawrence & Lorsch)에 의해 처음 사용되었는데, 조직구조와 관리방법은 환경 또는 상황에 맞게 구성되어야 한다는 것을 강조한다.

이것은 조직의 양식과 과정들은 고정적이지 않고 상황적이며 환경에 의존한다는 인식에 기초한다. 상황이론은 고전이론과 인간관계이론에서 제시되는 근본적인 전제를 부정하고 문제를 해결하기 위해서 존재하는 최상의 결정된 방법이라는 것은 없으며, 다만 주어진 상황에 따라 경영적 판단과 행동이 결정되는 것이라 말한다.

여기서 상황이란 조직을 둘러싼 내·외적인 환경을 의미하며, 조직이 잘되기 위해서는 상황에 적합한 조직구조와 형태를 유지하는 것이 바람직하다고 본다.

사회복지행정조직에서 상황이론의 적용은 일차적 관심을 과업보다는 결과에 중점을 두고, 대안적인 구조와 설계에 있어 다양한 선택권을 제공하여 구성원의 능력과 수준에 맞는 적당한 과업을 수행할 수 있도록 하는 것이다.

그렇기 때문에 상황이론에서는 정보공유와 팀 작업을 중시한다.

3) 정치·경제이론

정치·경제이론 또한 상황이론처럼 조직과 환경 간의 상호작용에 초점을 두고 있지만, 역동적인 상호작용의 역할관계에 따라 조직의 성패가 좌우된다는 점을 강조한다.

정치·경제이론에 있어 조직의 생존과 발전에는 두 가지 기본적인 자원이 필수적으로 필요한데, 하나는 합법성과 권력과 같은 정치적 자원이고 또 다른 하나는 생산과 서비스에 요구되는 경제적 자원이다.

정치·경제이론은 서비스 전달체계를 형성하는 데 있어 조직에 직접적으로 영향을 미치는 지역사회 내의 다른 조직과 클라이언트 집단을 포함하는 과업환경의 중요성을 강조한다.

업무환경들은 조직이 필요로 하는 중요한 자원을 통제하고 조직을 통해서 자신들의 목적을 실현시키려 하기 때문에 밀접한 이해관계를 형성하고 있으며, 조직은 정치·경제적으로 환경에 대해서 필요한 자원을 확보해야 하므로 자원에 의존하고 있다.

따라서 정치·경제이론을 '자원의존이론'이라고도 한다.

4) 제도이론

제도이론도 상황이론이나 정치·경제이론과 마찬가지로 조직에 대한 환경의 영향력을 강조하지만, 제도적 환경요소에 초점을 맞추었다는 점에서 차이가 있다.

제도이론에서는 조직의 제도적 외부환경이나 내부 구성원들이 채택하고 있는 가치나 신념체계와 같은 것들을 조직의 행태를 설명하는 데 중요한 요인들이라고 간주한다.

조직의 제도적 외부환경들에는 사회적 여론, 유권자의 관점, 전문적인 지식, 법률과 법원의 판결 등과 같은 것이 있는데, 제도이론에서의 조직은 사회적 정당성을 확보하기 위해서 제도적 환경에서 기대하는 요소나 특성을 조직의 행동이나 구조에 반영하고 정착시켜야 한다고 주장한다.

5) 조직군생태이론

조직군생태이론(population ecology theory)은 조직의 운명은 환경에 달려 있다고 보는 환경결정론적 관점 이론이다. 다른 이론들과는 달리 개별조직이 아닌 보다 거시적 관점에서 조직군에 초점을 맞추며 환경이 조직군의 생존을 결정한다고 본다. 이 이론에 따르면 환경에 적응하는 조직은 살아남고 그렇지 않은 조직은 도태된다.

조직군 생태학 이론은 다윈의 진화론, 특히 적자생존의 논리에 따른 이론이다. 환경은 절대적인 존재이고 조직은 그 절대적인 존재에 의해 선택받는 입장이 된다. 따라서 조직을 움직이는 동력은 조직 내에 있지 않으며, 환경에 조화를 이루려고 하는 조직의 선택을 동력으로 본다. 조직은 3단계를 거쳐 환경과 조화를 이룬다.

첫째 단계는 조직유형의 변이(Variation)다. 새로운 조직군의 등장으로 전체 조직군이 변화하는 것과, 조직성장에 의해 복잡성이 증대되면서 나타나는 부분적인 변형이다. 둘째 단계는 선택(Selection)이 일어난다. 긍정적으로 기능을 수행하는 유형은 선택되고 그렇지 못한 유형은 선택되지 않는 과정을 거치면서 조직은 진화된다. 셋째 단계는 유지(Retention)이다. 선택된 유형의 조직은 계속 남아 조직의 기억장치를 통해 보전, 복제, 재생산된다.

KEY POINT

조직화

① **복지환경 조직화** : 지역주민이 복지 정책을 호응하도록 하는 조직화

② **복지서비스 조직화** : 서비스가 효율적으로 이루어지도록 하는 조직화

외부효과

① **긍정적 효과**
갑이 을을 도와주므로 사회범죄가 일어나지 않는 효과
(강도를 목숨 걸고 잡은 경우 – 사회치안에 기여)

② **부정적 효과**
공해유발 등 혐오시설을 지역에 설치하면 집값이 하락하는 효과
(공해부담금 징수 – 피해주민의 입증 곤란으로 개별보상 어려움)

할거주의

① 자기가 속한 파벌이나 지역의 형편 또는 처지만을 앞세우는 배타적인 경향을 의미
(정치가들의 지역할거주의)

② 할거주의가 만연할 경우 상호 조정·협조가 어렵고, 예산의 낭비 발생 가능

투과성·반투과성 조직

① **투과성 조직**
탈퇴가 자유로운 개방적 조직(자원봉사조직)

② **반투과성 조직**
탈퇴가 부자유스러운 폐쇄적 조직(관료제조직)

탈시설화

시설에서 지역사회로 또는 가정으로 클라이언트를 복귀시키는 것이며, 이는 가장 제약이 적은 환경과 지역사회에 통합된 생활화 복지 이념

폐쇄체제 이론

환경과 상호작용 없음(조직안에서만 해결)

① 관료제 ② 과학적 관리론 ③ 행정관리론 ④ 인간관계론

개방체제 이론

환경과 상호작용(외부의 지식, 자원, 정보 등)

체계이론	5가지 하위체계가 서로 상호작용, 투입·산출로 외부와도 상호작용
상황이론	유기적, 기계적 상황 유형 분류, 외부상황에 의한 관리·기술 영향 강조
정치·경제이론	정치·경제적인 외부환경 중요, 외부환경에 자원 의존(자원의존론과 동일)
제도이론	제도이론(개별조직 분석) 신제도이론(조직군 분석), 제도에 의한 동형화 현상
조직군생태이론	조직군(복수조직)이 분석 단위, 외부환경 영향으로 소멸조직, 생존조직 분석

동형화(isomorphism)이론

① **규범적 동형화** : 전문화 과정을 통하여 네트워크로 정교화하는 과정
② **억압적 동형화** : 공식·비공식 제도 및 규범의 압력에 순응하는 과정
③ **모방적 동형화** : 초점조직이 자발적으로 성공사례를 벤치마킹하는 과정

프로이트·에릭슨 이론

프로이트(Sigmund Freud)	에릭슨(Erik Erikson)
폐쇄체계에 근거함	개방체계에 근거함
초기 아동기에 성격형성	전 생애에 걸친 성격발달
결정적 성격발달	가변적·지속적 성격발달

잔여적·제도적

초 점	잔여적 개념	제도적 개념
도 움	사후에 제공	사전에 제공
낙 인	낙인 부여	낙인 없음
기 간	선별적, 단기적	보편적, 장기적
적 용	공공부조	사회보험

Chapter 05

사회복지행정조직의 기획과 의사결정

05 사회복지행정조직의 기획과 의사결정

제1절 사회복지행정조직의 기획

기획(planning)은 조직이 의도한 사업목표를 달성하기 위하여 미래에 어떤 일을 할 것인가를 결정하는 과정으로 사회복지행정조직에서의 기획은 조직이 환경 및 클라이언트의 욕구변화에 대응하기 위하여 새로운 목표를 설정하고 사회복지의 문제를 해결하기 위해 필요한 미래 활동을 선택해 나가는 의사결정과정이라 할 수 있다.

사회복지행정조직의 활동 청사진으로서 기획은 조직이 제한된 인력과 자원 가운데서 최소의 비용으로 최대의 효과를 거둘 수 있도록 하고, 급변하는 불확실한 환경 속에 조직이 명확한 목표 의식 가운데 대비할 수 있도록 한다.

또한 기획과정은 조직이 외부기관으로부터 정당성과 합법성을 인정받을 수 있도록 하는 증거로서 작용하기도 한다.

즉, 기획은 사회복지행정 조직의 목적을 확인하고 목적 실행에 적합한 구조나 제도를 개발하는 것이며, 조직 내 하위체계들을 조정하거나 통합, 관리하며 지역사회와 긴밀하게 연결될 수 있게 하는 것을 원칙으로 한다.

무엇보다 기획과정은 조직 구성원들로 하여금 아이디어와 창의력을 발휘할 수 있게 함으로써 성원들의 사기진작에도 기여한다. 뿐만 아니라 사회복지행정조직은 정부의 보조금이나 기타 단체의 후원금 등으로 운영되기 때문에 서비스 제공에 있어서 효율성과 효과성을 가시화해야 할 책임을 가지고 있기에 적절한 기획과정이 필요하다.

1. 기획의 개념과 필요성

1) 기획의 개념

기획은 미래에 대한 계획을 수립하기 위한 하나의 과정이다. 기획은 어떤 일을 수행할 때 그것을 왜 해야 하는지, 해야 할 일은 무엇인지, 하는 방법과 시기, 그 일을 책임질 사람은 누군지 등을 구체적으로 정하는 것으로 목표성취를 위한 전략을 결정하는 사업의 준비과정이라 할 수 있다.

기획의 개념은 학자에 따라 다양한데, 길버트와 스펙(Gilbert & Specht)은 기획을 "통찰력, 체계적인 사고, 조사, 행동노선 대안의 선택에서 가치선호의 행사를 통해 문제를 해결하고 장래 일의 방향을 통제하려는 의도적 시도"라 하였다.

이웰(Ewell)은 기획을 "행동이 요청되기 이전에 무엇을 하고 어떻게 할 것인가를 결정하는 것"이라 하였다.

드로어(Dror)는 기획을 "최적의 수단을 통하여 목표를 달성하기 위한 미래의 행동에 대한 일단의 의사결정을 준비하는 과정"이라 하였다.

기획(planning)과 유사한 개념으로서는 '계획(plan), 프로그램(program), 프로젝트(project)'라는 개념들이 있는데, 엄밀히 말하면 첫째, 기획이란 계획을 세워나가는 활동과정에 초점을 두고 여러 가지 대안들 중에서 최적의 대안선택을 준비하는 계속적인 행동이라는 의미가 강하고 포괄적인 개념이다.

둘째, 계획은 어떤 구체적인 사업에 대한 연속적인 의사결정이라는 의미도 있지만, 기획에서 도출된 결론, 즉 기획의 과정을 통하여 나타난 최종 산물이다.

셋째, 프로그램은 기획보다는 다소 하위적인 개념으로서 사업계획과 같은 것을 의미한다.

넷째, 프로젝트는 프로그램보다 하위개념으로서 세부사업계획이나 단위사업계획을 말한다. 기획은 미래지향적, 계속적인 과정, 의사결정과 연결, 목적지향적, 목표와 수단을 연결하는 특성이 있다.

2) 기획의 필요성

사회복지조직에서 기획과정의 필요성이 점점 강조되고 있다. 사회복지조직에서는 목표를 설립하고 그것을 달성하기 위한 준비과정으로서 계획을 세우고 의사결정을 하는 기획과정이 이루어진다.

특히 사회복지조직은 정부의 보조금이나 기타 단체의 기부금으로 운영되기 때문에 기획을 통해 서비스 제공에 있어서 효과적이고 효율적으로 운영하는 기초를 세우고 조직의 책임성과 합리성을 확보하고, 조직원의 사기진작을 바탕으로 조직목표의 불확실성을 감소시키는 데 필요하다. 구체적으로 살펴보면 다음과 같다.

첫째, 효율성 증진이다. 기획은 사회복지 인력과 자원은 한정되어 있으므로 최소의 비용과 노력으로 서비스의 목표를 달성하도록 도와준다.

둘째, 효과성 증진이다. 기획은 문제나 욕구를 해결하는 데 있어 효과를 얻기 위한 사전 계획이다. 계획된 행동을 통해 클라이언트의 욕구충족과 제공된 서비스의 효과성을 얻어낼 수 있다.

셋째, 책임성 증진이다. 사회복지조직은 국가보조금과 민간의 기부금으로 운영되는 경우가 많기 때문에 서비스를 효과적이고 효율적으로 제공할 책임이 있으며, 체계적이고 실행 가능한 기획을 통해 책임성 증진에 이바지할 수 있다.

넷째, 사기진작이다. 조직구성원을 기획과정에 참여시킴으로써 타인으로부터 인정과 성취감을 느끼게 할 수 있다. 서비스가 실제 목표한 바를 달성했을 때 함께 참여했던 조직구성원의 사기가 올라가고 성장하는 계기가 된다.

다섯째, 사회복지 조직의 불확실성의 감소이다. 실천현장은 급변하는 환경과 불확실한 미래 상황 속에 놓여 있다. 기획은 미래에 대한 불확실성을 감소시키고 조직의 목표를 재확인할 수 있다.

여섯째, 문제해결을 위한 합리성 증진이다. 기획은 문제해결과 합리적 의사결정의 근거가 될 수 있기 때문에 합리성을 높여준다.

2. 기획의 유형과 과정

1) 기획의 유형

기획유형은 매우 다양하나 기준에 따라 조직의 위계수준, 시간 차원, 대상에 따른 유형 등으로 구분하고 있다.

(1) 조직의 위계수준에 따른 유형

조직의 위계구조는 조직의 관리 운영을 책임지고 있는 관리층과 실천 활동을 하고 있는 실무자로 구분된다.

맥파랜드(Mcfarland)는 기획의 유형을 조직의 지위나 계층별 역할에 따라 최고관리층(대표이사, 관장, 시설장 등)에서 수행하는 기획, 중간관리층(부서장급)에서 수행하는 기획, 감독관리층(과장, 팀장 등)에서 수행하는 기획, 관리실무자가 수행하는 기획 등으로 구분하였다.

① 최고관리층 : 목표, 정책, 장기적 계획, 조직의 전반적 영역에 따른 기획
② 중간관리층 : 할당 프로그램, 보완적 목표, 정책 등을 기획
③ 감독관리층 : 구체적 프로그램 기획, 일정표, 단기목표, 운영기획
④ 관리실무자 : 일상적 업무 및 사소한 절차에 국한된 업무기획

(2) 시간 차원에 따른 유형

시간에 따라 단기기획과 장기기획으로 유형을 구분할 수 있는데, 1년을 기준으로 하며 조직의 위계수준이 낮은 층에서 높은 층으로 올라감에 따라 단기기획으로부터 장기기획으로 책임이 높아진다.

① 장기기획

1년 이상 5년, 10년 또는 그 이상의 기획으로 조직으로 하여금 창의성과 미래에 대한 비전을 갖게 하며 환경 속에 조직이 존재해야 하는 이유, 가치관 등을 기획한다. 외부환경의 영향을 중시하고 주기적으로 조직의 목적과 목표를 재설정하는 것도 포함한다.

② 단기기획

장기기획에 근거한 1년 미만의 프로그램 기획으로 보통 한 회계연도 내에서 사업을 수립·집행하는 계획으로 구체적·행동지향적인 실행방법에 관한 것으로 현실성이 높은 기획이라 할 수 있다. 기관 하위직에서 상위직으로 올라갈수록, 단기기획에서 장기기획 방향으로 관리책임이 높아진다. 단기기획은 장기기획과 상호 밀접한 관련성을 가지면서 통합적으로 관리되어야 한다.

(3) 대상에 따른 유형

대상에 따른 기획의 유형은 전략적 기획과 관리운영기획으로 구분할 수 있다.

① 전략적 기획

조직의 정체성을 명확히 설정하고 무엇을 왜 하는지를 지시해 주는 기본적인 결정과 행동계획을 수립하기 위한 노력이다.

목표설정, 우선순위 결정, 자원획득 및 분배에 관한 것으로 조직이 다른 조직과 경쟁이 극심한 경우 자원을 확보하기 위하여 조직의 가용 가능한 모든 능력을 기획하고 환경 분석을 통하여 환경변화에 대한 적응과 대처를 기획하는 것을 말한다. 주로 조직의 상위 계층에서 이루어지는 정책적 차원의 기획으로 조직의 기본적인 결정과 행동계획을 수립하기 위해 이루어진다.

② 관리운영기획

획득된 자원으로 조직의 목표를 효과적이고 효율적으로 달성하기 위하여 사용되도록 하는 자원관리에 관한 기획을 말한다. 운영기획은 목표를 실천에 옮기고 자원을 관리하는 것으로 주로 조직의 중간계층 이하에서 이루어진다.

2) 기획의 과정

기획과정은 연속적이고 상호 관련이 되어 있지만 기획자가 누구냐에 따라 달라질 수 있다. 스키드모어(Rex A. Skidmore)는 ❙그림 5－1❙과 같이 7단계로 사회복지행정의 기본 기획을 제시하고 있다. 각 단계는 사회복지행정의 기획과정에서 필수적인 요소로 사회복지서비스 전달의 효율성과 효과성을 확보하기 위해 필요하다. 따라서 모든 기획의 첫 과정은 방향성의 정립이다. 전체를 기획하기 위해서는 목적을 명확하게 하고, 이에 우선순위를 결정하고, 글로 적어 공유하는 것이 먼저 이루어져야 한다.

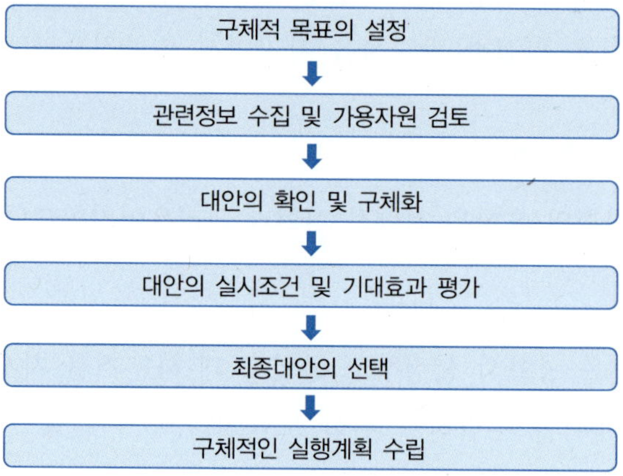

| 그림 5-1 | 기획의 과정

(1) 구체적 목표의 설정

기획의 첫 단계는 구체적 목표의 설정으로 기획의 목표가 명확하고 구체적으로 설정되어야만 주어진 조직의 목표를 수행할 수 있게 된다.

어떤 프로그램의 구체적 목표는 "주어진 기간 내에 계량화될 수 있는 의도된 결과"로서 프로그램에 적합한 것이어야 하고, 목표들 사이에는 내적 일관성이 확보되어야 한다.

목표는 실제적이고 실현 가능성이 있어야 하며, 기대하는 결과가 명확하게 명시되어야 하고 결과를 얻기까지의 시간이 명시되도록 서술해야 한다.

또한 문제해결이나 미래 상태에 비추어 타당성이 있어야 하고, 성취된 결과를 계량화할 수 있어야 한다.

(2) 관련정보 수집 및 가용자원 검토

구체적 목표와 관련된 상황이나 다양한 정보를 수집하고 그 조직이 동원할 수 있는 경제적·사회적·인적자원 등의 가용자원을 검토해야 한다.

여기에서 정보는 특정인의 편견이나 주관이 개입되지 않은 객관적 자료이어야 하며, 가용자원을 검토하는 이유는 대안의 선택 단계에서 그 조직의 능력에 맞는 대안을 선택해야 실질적으로 실행이 가능하기 때문이다.

(3) 대안의 확인 및 구체화

구체적 목표가 설정되고 가용자원에 대한 검토가 이루어진 후에 목표달성을 위한 다양한 방법들이 있는가를 고려하여 대안을 검토하는 것이다.

이때는 창의력이 요구되며 기존에 시행한 적이 있는 제도도 재검토하고 실행 가능한 방법을 다양하고 구체적으로 찾아야 한다.

대화 또는 수집된 정보로부터 목표달성을 위해 대안을 찾을 수 있는데, 새로운 방법을 개발해야 할 경우 브레인스토밍이나 자유로운 자유토의법을 활용하여 참신한 아이디어를 얻을 수 있다.

(4) 대안의 실시조건 및 기대효과 평가

대안의 실시조건 및 기대효과 평가는 앞서 얻어진 여러 가지 대안들에 대한 미래기대 효과를 측정해 보고 장점과 단점을 찾아내어 평가함으로써 최선의 대안을 선택할 수 있도록 하는 과정이다.

(5) 최종대안의 선택

평가한 대안들을 주의 깊게 비교·검토한 후 적절한 비중으로 점수를 주어 우선순위를 정한 후에 평가점수가 가장 높은 대안을 최종안으로 선택한다.

(6) 구체적인 실행계획 수립

목표달성을 위해 선택된 프로그램을 실시하기 위하여 시간과 활동이 연관된 구체적인 계획을 수립해야 한다. 이 단계에서는 단계별 행동이 기록된 청사진 만들기에 해당되며, 대표적인 프로그램 기획방법으로는 시간활동계획도표(Gantt Chart), 프로그램 평가 검토기법(PERT), 월별활동계획카드(Shed-U Graph) 등이 있다.

(7) 변화를 위한 개방성 유지

프로그램의 실제 수행과정에서 더 나은 발전과 편리한 자원을 수반하는 계획일 경우, 언제든 계획을 변경시킬 수 있는 개방성과 융통성을 발휘할 수 있어야 한다.

3. 프로그램 기획기법

효과적이고 효율적인 기획안의 작성을 위해 많이 사용되는 대표적인 프로그램기법으로는 Gantt Chart와 PERT, Shed-U Graph 등은 다음과 같다.

1) 시간별 활동계획도표(Gantt Chart)

매우 간단하게 작성할 수 있는 프로그램 기법의 하나로 1910년 미국의 사업가 헨리 갠트(Henry Gantt)에 의해 최초로 개발되었다. 갠트차트는 '막대그래프차트'라고도 하는데 세로축에는 세부목표와 활동, 프로그램 등 과업을 기입하고 가로에는 일별 또는 월별 기간을 기입한다.

이렇게 두 축을 갖는 그래프상에 각각의 과업을 막대나 화살표 등으로 표기하여 세부목표에 의한 여러 활동들의 계획과 수행이 언제 시작되고 완료되는지를 알게 해주는 도표이다. 갠트차트는 군(軍)조직, 행정조직, 기업체 및 기타 사회단체 등에서 주로 많이 사용되고 있다.

갠트차트는 구성원들의 업무를 지휘·통제하는 기능을 가지고 있으나 개별 활동 간 상호관련성 표시가 불가능하여 상호관계를 알 수 없다는 한계가 있다.

시간별 활동계획도표(Gantt Chart)

Description 기간	Start	Finish	Dur	월 10/1	화 10/2	수 10/3	목 10/4	금 10/5	토 10/6	비 고
1. 가사지원										
세탁서비스	2023-10-01	2023-10-01		■						
반찬전달서비스	2023-10-04	2023-10-04					■			
도시락배달서비스	2023-10-01	2023-10-01		■						
2. 정서지원										
나들이	2023-10-02	2023-10-02			■					
영화상영서비스	2023-10-06	2023-10-06							■	
안부전화서비스	2023-10-01	2023-10-06	6	■	■	■	■	■	■	
3. 건강지원										
방문혈압체크서비스	2023-10-05	2023-10-05						■		
무료안마서비스	2023-10-05	2023-10-05						■		
노인건강체조	2023-10-01	2023-10-06	6	■	■	■	■	■	■	

* 특기사항 : 사랑과 섬김과 친절로써 어르신을 내 부모와 같이!!!

| 그림 5-2 | 시간별 활동계획도표(Gantt Chart) : H복지센터의 독거노인 재가서비스

2) 프로그램 평가 검토기법(PERT)

프로그램 평가 검토기법으로 불리는 PERT(Program Evaluation and Review Technique)는 1950년대 미국 해군의 잠수함 건축과정에서 개발된 것으로 미국의 한 건설회사에서 고안한 주요 경로방법 CPM(Critical Path Method)과 유사하다.

PERT는 기존의 갠트차트에 네트워크 개념을 도입하여 완성한 것으로 어떤 것의 개시 또는 완성 시점, 완수될 일을 화살표로 표시하여 작업 사이의 상호관계와 소요시간을 나타내는 기법이다.

PERT는 명확한 목표를 가진 프로그램을 조직화하고 진행시간표를 작성하고 예산을 세우고 프로그램 진행사항을 추적해 가는 데 유용한 기법으로, 많은 사람들의 활동을 통합하고 특정한 목표를 달성하기 위해 일련의 복잡한 과정을 완수할 때에도 유용하게 쓰인다.

실제 소요비용과 계획된 비용의 비교를 통해 지출 대 수입을 추산할 수 있게 하며, 구성원들로 하여금 프로그램 달성을 위하여 어떠한 활동이 필요한지, 그 소요되는 시간은 얼마인지, 활동 간의 순서는 어떻게 되어 있는지를 전체적인 그림을 통해 볼 수 있게 한다는 장점이 있다.

반면 완성된 PERT 도표가 복잡한 경우에는 이해가 어려우며, 이와 같은 도표의 작성에 많은 시간이 소요된다는 것과 기획된 활동의 실행과정에서 불확실성이 너무 많은 경우에는 PERT의 활용이 어렵다는 단점이 있다. PERT의 사례는 【그림 5-3】과 같다.

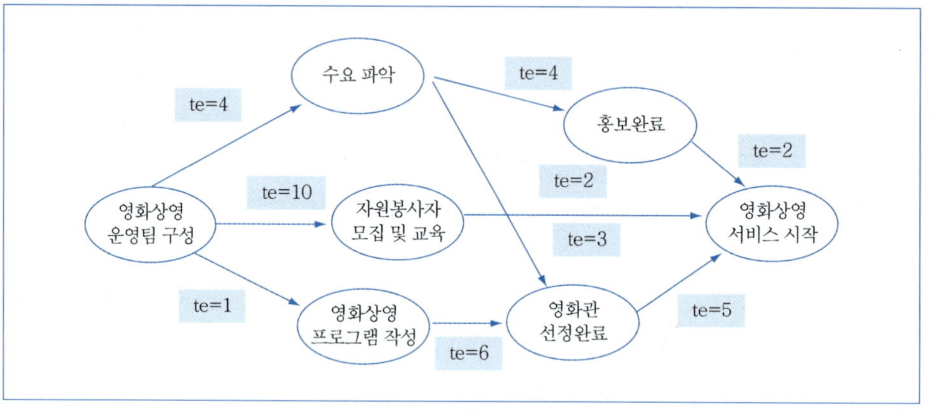

【그림 5-3】 독거노인 영화상영서비스를 위한 PERT

3) 월별활동계획카드(Shed-U Graph)

미국의 레밍턴 랜드(Remington-Rand)라는 회사에서 개발해 낸 것으로 특정 활동이나 업무를 조그마한 카드에 기입하여 월(月)이 기록되어 있는 공간에 삽입하거나 붙이는 방법이다.

월별활동계획카드는 가로축에는 월을 기입하고 해당 월 아래에 과업을 기록하는 체계를 가짐으로써 과업을 시간에 따라 변경하는 것이 용이하고, 한눈에 과업을 확인할 수 있다는 장점을 가진다. 그러나 갠트차트와 마찬가지로 업무 간의 상관관계를 파악하기 어렵다는 단점이 있다. 월별활동계획카드는 【그림 5-4】와 같다.

독거어르신 특별재가서비스 제공계획

7월	8월	9월	10월	11월	12월
1. 여름철 노인건강 강좌 실시 2. 선풍기 전달서비스	1. 여름방학 1380사랑 쌓기 방문	1. 행복한 은빛 아카데미 오픈 2. 풍성한 추석 잔치	1. 영화상영 서비스 2. 가을온천 나들이	1. 어르신 연극 공연 2. 어르신 팔순 잔치	1. 함께나눔 송년잔치 2. 행복한 은빛 아카데미 졸업

그림 5-4 월별활동계획카드(Shed-U Graph)

제2절 사회복지행정조직의 의사결정

기획은 기관의 미래목표를 설정하고 이를 달성하기 위하여 필요한 기관 활동들을 합리적으로 결정해 나가는 과정이기 때문에 기획의 핵심과정은 바로 의사결정이라 할 수 있다.

어떤 조직이든 조직의 운영은 조직의 목표달성 여부와 당면한 문제를 어떻게 해결해 나가는지 여부에 달려 있기 때문이다.

그러므로 의사결정은 조직운영에 있어서 없어서는 안 되는 핵심적인 요인이라 할 수 있다. 이러한 의사결정은 합리성 가운데 이루어져야 하며, 조직 구성원이 참여한 원활한 의사소통이 토대가 되어야 한다.

1. 의사결정의 개념과 유형

1) 의사결정의 개념

의사결정은 조직이 운영되는 가운데 조직의 목표달성을 위하여 또 당면한 문제를 해결하기 위하여 어떻게 조직을 구성하고 인력은 어떻게 배치하며 내・외부의 환경은 어떻게 통제하고 어떤 조정의 노력이 요구되는가? 등의 결정을 내리기 위하여 여러 대안 중에서 가장 최선의 대안을 선택하는 것이라 할 수 있다.

그렇기 때문에 의사결정은 조직운영에 있어서 핵심적인 요인이며 조직은 지속적인 의사결정에 의해 운영된다.

스키드모어(Skidmore)는 의사결정이 기관 구성원의 사기와 밀접한 관계를 갖는다는 것을 지적하였고, 사회복지기관에서 서비스 전달의 효과성을 좌우할 수 있는 중요한 요인임을 강조하였다.

아이브스(Ives)는 의사결정을 "행동노선의 여러 대안 가운데서 하나를 택하는 데 있어 양적이고 질적인 수단을 고려하려는 합리적인 시도"라고 정의하였다.

룸바와 레비(Loomba & Levey)는 "일단의 바라는 목표를 달성하기 위하여 가능한 여러 가지의 대안들 가운데서 하나를 선택하는 과정의 결론"이라고 정의하였다.

에이블스와 머피(Ables & Murphy)는 의사결정을 "조직의 표명된 목표를 가장 잘 달성하기 위하여 여러 가지의 대안들 가운데서 선택하는 것"이라고 정의하였다.

기획과 의사결정은 구별하기가 어렵지만 목적에 따라 구분될 수 있다. 기획은 목표달성이라는 데 목적을 두고 있고 의사결정은 문제해결이라는 데 목적을 두고 있다. 목표달성 안에는 문제해결이 포함되므로 이렇게 볼 때 기획은 여러 의사결정이 체계적으로 이루어지는 과정으로 폭넓은 행정적 기술과 과정이 포함되어 있음을 알 수 있다.

2) 의사결정의 유형

의사결정의 유형은 분석단위, 절차, 방법, 계층, 권한의 분산 정도에 따라 다음과 같이 구분할 수 있다.

(1) 의사결정 분석단위에 따른 유형

의사결정의 분석단위가 개인이냐 집단이냐에 따른 분류로 개인의사결정과 집단의사결정이 있다.

① 개인의사결정

개인의사결정은 개인이 내리는 결정으로 개인의 가치관, 성격, 위험, 문제의 속성 여부 등이 의사결정에 영향을 미치게 된다.

개인의사결정의 장점은 시간이 적게 걸린다는 것이며, 자신의 의견을 제대로 반영할 수 있다는 것이다. 그러나 잘못된 의사결정을 할 때 보완이 어려우며, 대체로 집단의사결정보다 정확도 면에서 떨어진다는 단점이 있다.

② 집단의사결정

집단의사결정은 개인적 결정의 집합체로 조직 내 주요 의사결정이 개인보다 조직의 위계구조나 관리집단을 통하여 이루어지는 의사소통을 말한다.

집단의사결정의 장점은 개인의사결정의 보완이 가능하다는 것이며, 대체로 개인의 의사결정보다 정확도가 높고 어려운 문제를 해결할 때 집단 내 구성원이 가지고 있는 모든 자원을 활용할 수 있다는 것이다.

그러나 집단 전체의 완벽한 통합이란 불가능하므로 소수의 의견이 무시되거나 시간이 많이 소요된다는 단점이 있다.

(2) 의사결정 절차에 따른 유형

의사결정의 절차에 따른 분류로는 정형적 의사결정과 비정형적 의사결정이 있다.

① 정형적 의사결정

조직은 다양한 환경 속에서 활동을 하기도 하지만 반복적인 환경 속에서 활동을 영위하기도 한다. 정형적 의사결정은 일상적이거나 반복적인 업무의 경우 그 대안과 방법을 표준화하여 일정한 절차와 방법에 따라 기계적으로 의사결정이 이루어지는 것을 말한다.

정형적 의사결정은 단순하기 때문에 의사결정에 많은 비용과 노력을 투입하지 않아도 되며, 구조가 명확하여 대안을 평가하는 기준이 분명하다. 주로 조직의 하위계층에 의해 이루어지는 단기적 성격의 의사결정이다.

② 비정형적 의사결정

비정형적 의사결정은 상황이 특수하거나 문제의 성격과 상황 자체가 불확실하고 적당한 해결책이 개발되어 있지 않은 비일상적인 업무의 경우에 과거의 선례나 절차 없이 내려지는 의사결정을 말한다.

최고 경영자가 당면하는 대부분의 중요한 문제들은 거의 비정형적 의사결정을 요구하게 된다. 정형화되지 않은 의사결정을 종종 전략적 의사결정으로 부르기도 하는데, 전략적 의사결정은 주로 조직의 상위 관리자들에 의해 수행된다.

장기적인 예측과 조직 생존과도 관련이 있으며, 위험을 최소화할 수 있는 의사결정이 내려져야 한다.

2. 의사결정의 과정

의사결정과정(decision making process)은 조직의 목표를 달성할 수 있도록 하기 위해서 제시되는 여러 대안들 가운데서 최적의 대안을 선택하는 과정이다. 의사결정과정은 기획과정과 유사한데 다음의 여섯 단계로 제시하고자 한다.

1) 문제의 정의와 욕구규정

문제의 정의와 욕구규정은 의사결정의 첫 단계로 상황을 분석하여 해결되어야 할 문제나 욕구가 어떤 것인가를 찾아내는 단계이다. 의사결정과정은 문제의 제기에서부터 과정적인 차이점이나 불확실성 그리고 모순으로 시작된다. 그러므로 모순성과 불확실성을 최소화하고 당면과제의 해결을 위해서는 문제의 정의나 욕구가 명확하게 규정되어야 한다.

2) 관련정보의 확보

의사결정자가 문제와 욕구를 규정하고 나면 그와 관련된 정보나 자료를 수집하여야 한다. 관련정보를 수집할 때는 이와 관련된 구성원들을 적극적으로 활용해야 하는데 공식적 통로와 비공식적 통로를 모두 활용하여 종합적 판단을 내리는 것이 바람직하다고 할 수 있다.

3) 해결대안의 개발과 평가

의사결정과 관련된 정보가 확보되면 관련 자료를 분석·정리하여 문제해결에 있어 몇 가지 대안을 작성하고, 그 대안의 결과에 대한 평가를 한다.

이 단계에서는 문제를 해결하는 데 성공할 수 있는 실행 가능한 대안들을 제시하여 분석함으로써 전체적인 대안의 평가가 가능하게 된다.

4) 최적의 대안 선택

최적대안의 선택단계이다. 대안 실행에 있어서의 현실적 제약을 고려하면서 각 대안의 장·단점, 성공 가능성 및 예상결과 등을 비교·평가하고, 조직이 선호하는 정책과 목표에 따라 중요도를 비교하면서 우선순위를 정하고, 그것에 입각하여 최선의 대안을 선택한다.

5) 대안의 실행

최선의 선택된 대안을 실행하는 단계이다. 일정한 시간과 노력을 투입하여 대안을 찾는 의사결정은 그것을 실행하는 데 궁극적인 목적이 있기 때문에 대안의 실행도 의사결정단계에 포함되어야 한다.

6) 환 류

의사결정의 결과가 문제를 효율적·효과적으로 해결하였는지 여부를 확인하기 위하여 의사결정의 각 과정 자체와 그 실행과정을 평가하여 의견을 듣는 환류가 반드시 필요하다.

3. 의사결정기법과 모형

1) 의사결정의 기법

의사결정의 유형이 다양하게 구분되는 것처럼 기법 또한 유형에 따라 달라질 수 있다. 여기에서는 조직에서 실무적으로 많이 사용되고 있는 집단의사결정기법들을 살펴보고자 한다.

(1) 브레인스토밍(brainstorming)

브레인스토밍은 여러 명이 한 가지의 문제를 놓고 아이디어를 무작위로 제시하여 그중에서 최선책을 찾아내는 방법이다.

브레인스토밍에서는 6~12명 정도의 사람들이 테이블에 둘러앉아 집단의 리더(leader)가 모든 참여자들이 이해할 수 있도록 문제를 명확히 이야기하고 나면 구성원들은 충분한 시간을 가지고 가능한 한 많은 대안을 자유롭게 이야기한다.

브레인스토밍 기법에는 규칙이 있는데 첫째, 타인의 아이디어에 대해서는 비판을 할 수 없다. 아주 이상한 제안조차도 그대로 두어 모든 구성원이 특별한 것을 생각해 내게 한다. 둘째, 자유롭게 아이디어를 제시할 수 있다. 셋째, 가능한 한 많은 아이디어를 제시하는 것이 좋다. 넷째, 제시한 아이디어를 통합하고 발전시켜 나가야 한다는 것이다.

제시된 모든 대안은 논의와 분석 후에 기록된다. 이와 같은 규칙을 활용하여 최선의 대안이 결정될 때까지 일련의 과정을 반복하는 기법이 브레인스토밍이다. 집단은 브레인스토밍을 통해 창의적인 대안을 개발할 수 있다.

(2) 브레인라이팅(brainwriting)

조직에서 활용되는 아이디어 창출기법으로 브레인스토밍과 유사하지만 그와 비교하여 발언에 소극적인 사람의 참여를 유도할 수 있는 장점이 있다.

독일에서 개발되었으며, 침묵 속에서 진행되며 개인 사고의 특징을 최대한 살릴 수 있는 집단 발상법이다.

브레인라이팅은 집단의 규모와 상관없이 진행되며, 회의 방법은 우선 대집단을 4~5명으로 이루어진 소집단으로 세분화한다.

이렇게 나뉜 소집단은 회의 안건에 대해 적혀 있는 용지를 한 장씩 받고 원탁에 둘러앉는다. 그리고 받아든 용지의 각 줄에 3개의 아이디어(그 이상이어도 무방하다)를 적어 내는 것을 원칙으로 그 용지를 테이블 위에 가져다 놓고 다른 사람이 마치고 가져다 놓은 용지를 다시 집어온다. 그 뒤에 3개의 아이디어를 더 적어 낸다.

다른 사람의 것에 힌트를 얻은 아이디어는 때때로 더욱 창의적이고 기발한 것일 수 있다.

브레인라이팅 과정이 완료될 때쯤이면 모든 참가자가 그 아이디어를 소유하게 되며, 브레인스토밍과는 달리 아이디어를 개별적으로 창출해 종이에 기록하기 때문에 지배적인 개인들의 영향이 줄어든다.

(3) 명목집단기법(nominal group technique)

명목집단기법은 의사결정과정 중에 참석자들로 하여금 논의나 상호 의사소통을 못하도록 한다.

약자로 NGT법이라고 하는데, 이렇게 함으로써 집단의 각 구성원들이 진실로 마음속에 생각하고 있는 바를 끄집어내려는 것이다.

그래서 명목집단기법 의사결정에 참여한 모든 구성원들은 각자 타인의 방해나 영향을 받지 않고 자신의 의견을 제시할 수 있게 된다.

이 기법은 새로운 사실의 발견이나 아이디어를 얻고자 할 때, 정보의 종합이 필요할 때, 최종 결정을 내릴 때 등에 효과적으로 사용된다.

그리고 명목집단기법의 경우 상호간의 대면이 일어나지만, 델파이기법은 직접적인 대면이 일어나지 않는다는 점에서 차이가 있다.

명목집단기법의 과정은 다음과 같다.

① 구성원은 하나의 집단을 형성하지만 논의가 이루어지기 전에 각 구성원은 독립적으로 주어진 문제에 대한 자신의 아이디어를 종이에 적는다.

② 그 다음 각 구성원은 자신의 아이디어를 발표한다. 모든 아이디어가 발표되고 플립차트나 칠판에 기록될 때까지 구성원은 테이블에 앉은 순서대로 돌아가면서 자신의 아이디어를 발표한다. 모든 아이디어가 기록될 때까지는 논의가 이루어지지 않는다.

③ 그런 후에 집단은 그 아이디어에 대해 논의하고 평가한다.

④ 각 집단 구성원은 혼자서 조용히 그 아이디어에 대한 등급을 매긴다. 가장 높은 총점을 얻은 아이디어가 최종적으로 결정된다.

(4) 악마의 주장법(devil's advocate method)

이 기법은 집단을 둘로 나누어 한 집단이 제시한 의견에 대해서 반론자로 지명된 집단의 반론을 듣고 토론을 벌여 본래의 안을 수정하고 보완하는 일련의 과정을 거친 후 최종대안을 도출하는 방법이다.

이때 지명 반론자는 반드시 집단일 필요는 없고 집단 내 2~3명 정도가 반론자의 역할을 담당해도 된다. 중요한 것은 반론자들은 고의적으로 제시된 의견의 단점과 약점들을 지적해야 한다는 것이다.

이러한 과정을 거쳐 선택된 안은 생각할 수 있는 여러 상황에 대한 대응방안까지를 포함하고 약점을 보완하게 되므로 보다 강력하고 현실적용성이 높아진다.

이 방법은 원래 천주교 성인(sainthood) 추대심사에서 추천된 후보의 성인추대 불가 이유를 자료를 통해 주장하도록 공식적으로 역할을 부여받은 사람을 악마(devil)라고 부른 데서 기인한다. 악마의 주장법은 전략적 의사결정을 함에 있어 쉽게 사용할 수 있고 효과가 뛰어나다는 장점이 있다.

(5) 델파이기법(delphi)

델파이기법은 전문가에게 설문지를 보내 전문가의 의견을 얻고, 응답결과를 다른 구성원에게 알린 후 다시 수정한 설문지를 통해 의견을 받는 등, 일련의 절차를 거쳐 적당한 해결책을 얻을 때까지 계속적으로 반복하여 최종결정을 내리는 방법이다. 여러 지역 전문가의 의견을 취합하는데 유용하나 시간과 비용이 많이 든다는 단점이 있다. 델파이기법의 과정은 다음과 같다.

① 문제설정
② 첫 번째 설문지 시행, 응답처리
③ 응답결과를 다른 구성원들에게 알림
④ 종합・요약된 다른 사람의 응답을 본 뒤 두 번째 설문지에 각각의 수정된 응답 제시, 정리
⑤ ②~④의 과정을 적당한 해결책이 얻어질 때까지 반복함

2) 의사결정의 모형

사회복지행정에서 의사결정이란 행정목적을 달성하기 위해 최선의 방안을 선택하는 행위로 의사결정을 할 때 인간의 합리성을 어느 정도로 인정하느냐에 따른 구분이다.

(1) 합리모형

합리모형(rationality model)은 합리성을 의사결정의 기준으로 하는 모형으로서 인간은 누구나 이성과 합리성에 근거하여 행동을 결정하고 이에 따라 행동한다는 것이다. 따라서 인간은 이성에 의해 완전한 정보를 가지고 가장 합리적

인 선택을 한다는 것을 전제로 한다. 합리모형은 최소의 비용으로 최대의 효과를 얻으려는 최적성(optimizing point)에 근거하여 그중에 가장 좋은 것을 선택한다는 주장이다.

합리적 결정은 다음과 같은 절차에 의하여 이루어진다. ① 달성할 목적이나 목표를 설정, ② 관련된 모든 자료 수집, ③ 수집된 자료 분석, ④ 활용 가능한 대안 제시, ⑤ 각 대안들에 대한 평가로 우선순위 선정, ⑥ 대안의 최종 선택, ⑦ 최적대안의 실천이다.

합리모형은 이상과 같은 절차와 단계를 거치면 완전히 객관적이고 합리적인 선택이 이루어진다고 본다.

그러나 행정의 경우에는 현실적으로 서로 이해관계에 얽혀서 정치적 타협의 결과로 행정부의 정책결정에 영향을 미치는 것을 배제할 수 없기 때문에 규범적이고 이상적인 접근방법인 합리모형을 현실적으로 적용함에는 어려움이 있다.

(2) 만족모형

현실적이고 심리적 만족에 입각한 만족모형(satisfying model)은 사이몬(Simon)과 마치(March)가 합리모형을 수정한 것으로서 "제한된 합리모형"이라고도 한다. 현실적인 인간은 인지능력의 한계 때문에 '최적의 대안' 대신에 '현실적으로 만족스러운 대안'을 선택할 수밖에 없다는 것이다.

따라서 의사결정권자는 제한된 합리성에 입각하여 모든 정책대안과 정책수단들을 검토하는 것이 아니라, 그들 가운데 몇 개를 검토하고 어느 정도 만족할 만한 결과를 낼 수 있는 대안을 선택하여 결정하게 된다.

그러나 이와 같은 만족모형도 비판의 대상이 되지 않는 것은 아니다. 왜냐하면 대안선정에 있어서 어느 정도가 만족할 만한 수준인가에 대한 객관적인 척도가 없기 때문이다. 따라서 보편적으로 적용하기에는 한계가 있다.

(3) 점증모형

점증모형(incremental model)은 린드블롬(Lindblom), 윌더브스키(Wildavsky) 등에 의해서 주장된 이론으로서, 이 모형은 의사결정가가 모든 대안을 검토하고 현행의 목표를 신중하게 생각하고 현실을 인식하여 그것보다 약간 향상된 수준에서 의사결정을 하는 것을 말한다. 예를 들어, 국가의 예산편성은 전년도 예산을 위주로 약간 증액되는 범위 내에서 편성되는 것을 들 수 있다.

점증모형은 일반적으로 복잡하고 불확실하며 갈등이 높은 문제를 다룰 때 실제적으로 유용한 접근방법으로 기존 상황과 유사한 소수의 대안을 각각의 결과와 계속해서 비교함으로써 의사결정자들은 행동방안을 결정한다.

그러나 점증모형은 미국을 비롯한 선진국과 같이 정치나 사회가 안정되고 상대적으로 균형을 이루고 있는 구조에서는 적용할 수 있겠지만, 혁신적이고 개혁적인 변화가 많은 개발도상국가나 우리나라와 같이 전체와 균형이 상대적으로 약하여 정책결정자 자신의 판단이 크게 작용할 가능성이 높은 사회에서는 적용 가능성이 희박하다.

(4) 혼합모형

혼합모형(mixed scanning model)은 에치오니(Etzioni)에 의하여 제시된 모형으로서 합리모형과 점증모형 두 이론의 장점들을 취하여 혼합한 모형이다.

혼합주사모형이라고도 한다. 혼합모형은 우선 기본적인 방향 설정과 같은 것은 합리모형의 방법을 채택하고 이렇게 기본 목표가 설정되면 특정 문제에 대한 세부적 결정은 점증모형을 택하여 적용한다.

혼합모형은 세부적인 결정이 기본적 결정의 범위 속에서 점증적으로 이루어지게 됨으로써 보다 현실적이라는 평가를 받고 있다.

(5) 최적모형

최적모형(optimal model)은 드로어(Dror)가 제시한 의사결정모형이다. 정책결정에 합리적 요소와 초합리적 요소를 모두 포함해 정책결정체제의 성과를 최적화하려는 의사결정모형을 말한다.

최적모형은 합리모형이 지나치게 완벽성을 추구하여 비현실적일 수 있는 부분과 점증모형의 타협적, 보수적 성격 등 너무도 현실지향적인 부분을 비판하기 위한 이론이다.

최적모형은 합리적 분석만이 아니라 결정자의 직관적 판단도 중요한 요소로 간주하고 있으며, 계량적 분석뿐만 아니라 질적 분석도 중시하고 경제성을 감안한 합리성을 추구하며 집행과정이나 그 정보교류에 대한 지속적인 평가를 통하여 정책결정능력을 최적의 수준까지 향상시킬 수 있다는 것이다. 그러므로 최적모형은 목표나 대안의 환류과정(feedback process)을 중요시한다.

그러나 현실적으로 최적수준의 정책결정이 안 되는 이유는 첫째, 정책결정을 향상시키려는 노력의 부족, 둘째, 직원이 고수하는 기득권으로 인한 보수성, 셋째, 정보와 자료의 부족, 넷째, 목표의 불명확성, 다섯째, 평가와 시정조치의 경시 때문이라고 생각된다.

(6) 쓰레기통 모형

쓰레기통 모형(garbage can model)은 의사결정이 어떤 일정한 규칙에 따라 이루어지는 것이 아니라 마치 쓰레기통에 던져 넣은 쓰레기들이 뒤죽박죽 엉켜 있는 것과 같이 우연히 이루어지는 것을 말한다.

쓰레기통 모형은 조직의 구성단위나 구성원 사이의 응집성이 아주 약한 혼란 상태에서 이루어지는 의사결정의 특징적 측면을 강조하는 모형이다.

사회 내의 신념체계, 가치체계가 바뀌거나 정치체제가 바뀌는 등의 좀 더 복잡한 상황, 즉 '조직화된 무정부 상태' 속에서 조직이 어떠한 결정행태를 나타내는가를 설명하기 위한 모형이다.

쓰레기통 모형은 극도로 불합리한 집단결정에 대한 대표적인 이론모형이라 할 수 있으며, 복잡하고 급격한 변화가 일어나는 상황을 설명하는 데 적합한 모형이라고 볼 수 있다.

즉, 행정기관・법원・대학・조직 등 대부분의 주요 조직에서 조직의 목표와 선호에 일관성이 결여되어 있으며, 결정체계상의 혼란과 조직화된 무정부 상태에 놓여 있는 경우가 많은데, 이때 목표를 달성하기 위해 사용하는 기술은 분명하지 않으며, 오히려 시행착오에 의존하거나 과거의 경험에서 우연히 얻은 교훈에 의해 정책을 결정하게 된다는 것이다.

그러나 여러 가지 의사결정과 관련된 요소들이 무질서하게 쓰레기통 속에 들어 있으면 언젠가는 의사결정으로 전환된다는 것은 가능성이 희박하다는 비판을 받는다.

KEY POINT

기획의 과정(스키드모어의 이론)

목표 설정 → 자원 고려 → 대안 모색 → 결과 예측 → 계획 결정
→ 구체적 프로그램계획 수립 → 변화를 위한 개방성 유지

기획 · 계획

① 기획
목표를 달성하기 위하여 미래에 할 일을 결정하는 것(계획의 전 단계)

② 계획
목표에 따라 수립된 방침을 실현 가능 및 계량화하는 것(기획의 후 단계)

자산조사

수급자 선정을 위하여 소득과 재산을 조사(공공부조에 적용)
① 급여비용 감소(부정수급자 감소로 예산절감)
② 행정비용 과다(운영비용 과다)

- 단점
  조사받는 대상자의 낙인감(수치감) 조성
- 장점
  행정비용은 많이 소요되지만 부정수급자 감소로 전체예산은 절감

환류(Feedback) 분류

체계의 산출물이 환경에 영향을 미치며 다시 체계로 돌아와 산출의 결과에 영향을 주는 반복과정

① 정적환류
새로운 행동이나 변화를 수용해 그 변화를 유지하게 하는 역할을 함
(수정 및 중단 없이 계속 진행)

② 부적환류
위기상황으로 진전되는 것을 멈추고 원래로 되돌아가게 하는 작용을 함
(중단하고 수정 및 대안을 찾음)

브레인스토밍(Brainstorming)

① 아이디어 창출 방법으로 일정한 주제에 대하여 참석자의 자유로운 발언을 통해 창의 있는 의견을 최대한 찾아내는 방법
② 문제 해결에 있어 짧은 시간에 탁월한 효과

브레인라이팅(Brainwriting)

① 아이디어에 대해 생각하고 사용할 기회를 모두에게 동등하게 제공하기 때문에 집단적 합의에 대한 압력을 제거시키는 장점의 방법
② 소극적인 사람들의 아이디어 창출 때 효과

명목집단방법

개인은 다른 사람과 상호작용이 이루어지지 않는 상황을 조성하여 문제에 대해 개별적으로 중요성에 따라 등급화 및 정리하여 제시하는 방법

델파이방법

다양한 전문가집단의 지식과 능력을 결합하여 의사결정에 반영하기 위해 익명성을 보장하고, 반복조사를 하여 통제된 피드백 방식을 활용하는 방법

의사결정이론 모형

모 형	주요 내용	관련학문
합리모형	완전한 정보 경제적 합리성, 최적 대안 선택	경제학
만족모형	인지적 접근 제한적 합리성, 심리적 대안	심리학
점증모형	사회진화론 다수의 의견, 점진적 수정	정치학
혼합모형	상황적 혼합 합리모형(근본) + 점증모형(세부)	사회학

최적모형 – 동태적 상황의 직관력, 통찰력, 창의력, 경륜의 초합리적 결정
쓰레기통 모형 – 조직화된 무규범 상태, 순서 없이, 구성원 민감성 적은 의제

Chapter 06

사회복지행정과 인간관계

06 사회복지행정과 인간관계

'인간은 사회적 동물이다'에서 '인간'은 홀로 존재할 수 없으며 반드시 두 사람 이상의 집단이나 조직을 이루고 생활하는 존재임을 의미한다. 인간은 조직 속에서 각자의 욕구를 충족하면서 자신들의 목표를 실현한다.

개인은 자신의 지식이나 기술을 조직에 제공하고 조직은 개인에게 지위와 역할을 제공해 주는 서로 밀접한 상호작용을 해왔다. 그렇지만 개인의 목표와 조직의 목표가 항상 일치하는 것이 아니기 때문에 마찰과 갈등을 가져오기도 하고 어느 한쪽이 희생되기도 한다.

사회복지행정조직에서는 이러한 마찰과 갈등을 줄이며 상호 공존과 조화를 이루기 위해 조직 내 인간관계의 연구가 활발히 이루어지고 있으며, 사회복지행정조직이 추구하는 목적을 달성하기 위해서는 조직 구성원들의 인간관계를 어떻게 유지・관리・동기화시키느냐에 따라 다르게 나타날 수 있다.

제1절 동기부여와 인간관계

1. 동기부여의 개념

동기부여는 원래 심리학의 동기부여(motivation) 개념에서 비롯된 것으로 개인이 어떤 목표 달성을 위해 행동하고 방향을 잡고 유지하는 것을 말한다. 즉, 동기부여란 특정한 방식으로 행위를 하게 만드는 충동적인 힘이며 강력한 목표지향성을 지닌다. 인간의 모든 행위는 이러한 동기부여를 바탕으로 이루어진다.

스티어스(Steers)와 포터(Porter)는 동기란 인간행동을 활성화시키는 동인이며, 인간의 행동방향을 설정하거나 목표를 지향하도록 경로화시키며, 인간행동을 유지 또는 지지시키는 측면이라 하였다.

이러한 동기부여는 근무의욕을 북돋고 사기를 진작시켜 업무의 생산성을 향상시키며 나아가 사회복지서비스 제공에 있어 효과성과 효율성을 높이기 위한 중요한 요소이다.

2. 동기부여의 이론

동기부여이론은 욕구이론과 과정이론으로 분류할 수 있다. 욕구이론은 어떤 욕구를 충족시키면 동기가 유발될 것인가에 관심을 두는 이론이며, 동기화된 행동을 유발 또는 촉진시키는 여러 가지 요인에 관심을 둔다.

과정이론은 특정한 욕구를 어떻게 충족시킬 것인가에 역점을 두며, 행동을 유발하는 요인뿐 아니라 동기가 부여되는 행동과정, 선택과정에 대해 설명하는 것이다.

1) 욕구이론

(1) 매슬로우(Maslow)의 욕구단계이론

개방체제 욕구이론을 주장한 학자인 매슬로우(Maslow)는 모든 개인이 가지고 있는 일련의 욕구에 바탕을 두고 인간 욕구 단계이론을 1943년 새롭게 정립하였다. 인간의 행동은 욕구에 의하여 동기가 유발되는 것이며, 이러한 인간의 욕구를 생리적 욕구, 안전의 욕구, 사회적 욕구 또는 소속욕구, 자아존중의 욕구, 자아실현의 욕구 등 5단계로 분류하였다.

5단계 욕구 : 자아실현의 욕구(self-actualization needs)

↑

4단계 욕구 : 자아존중의 욕구(esteem needs)

↑

3단계 욕구 : 사회적 욕구(social needs)

↑

2단계 욕구 : 안전의 욕구(safety needs)

↑

1단계 욕구 : 생리적 욕구(physiological needs)

┃그림 6-1┃ 매슬로우(Maslow)의 욕구단계

① 생리적 욕구는 인간의 가장 기본적인 하위욕구로 의·식·주, 수면, 성욕, 배설 등이 이 욕구의 범주에 해당된다. 직무 관련 동기로 보면 임금이나 보수가 여기에 해당된다고 볼 수 있다.

② 안전의 욕구는 충족된 생리적 욕구를 박탈당하지 않으려는 욕구로 정신적·육체적 안전을 얻고 싶어 하는 욕구이다. 직무 관련 동기로 보면 노동조합의 가입과 보험·연금 등이 여기에 해당된다.

③ 사회적 욕구는 사회적 존재로서 어떤 집단에 소속하거나 수용되고 싶어 하는 욕구이다. 직무 관련 동기로 보면 공식적·비공식적 집단에의 참여를 들 수 있다.

④ 자아존중의 욕구는 자기존중과 다른 사람들로부터 존경을 받고 싶어 하는 욕구를 말한다. 직무 관련 동기로 보면 승진과 연수회 참여 등을 들 수 있다.

⑤ 자아실현의 욕구는 자신의 잠재적 역량을 최대로 발휘하여 자신이 성취할 수 있는 모든 것을 이루려는 욕구이다.

이와 같은 욕구의 실현형태는 지극히 다양하기 때문에 사람에 따라 다르게 취급되고 대우받아야 한다는 것이다. 따라서 동기부여를 하기 위해서는 구성원들의 욕구가 무엇인가를 이해하고 업무기회를 통해서 그들의 욕구를 충족시킬 수 있도록 도움을 제공해야 한다는 것이다.

매슬로우(Maslow)는 인간의 욕구란 위계적 특성을 지니고 있어서 하위욕구에서 출발하여 그것이 충족되면 점차 상위욕구로 올라가며, 욕구충족이란 대개 상대적이고 완전한 욕구충족이 있을 수 없기 때문에 항상 무엇인가를 원하게 된다는 것이다.

인간행동에는 몇 가지 욕구가 서로 연관되어 복합적으로 작용하며, 충족된 욕구는 약해지며 동기유발로서의 의의를 상실한다.

그러나 인간의 욕구실현은 매슬로우가 이야기하는 것처럼 계층대로 충족되는 것이 아니라 개인의 성격이나 문화에 따라 다를 수 있다. 이러한 비판에도 불구하고 많은 학자들은 매슬로우의 욕구단계이론을 기초로 하여 인간관계이론을 정립하고 있다.

(2) 허즈버그(Herzberg)의 동기-위생이론

1950년대 허즈버그(Herzberg)는 피츠버그(Pittsburgh) 지방의 산업체에서 약 200명의 기술자 및 회계사를 대상으로 조사 연구한 결과로서 인간은 두 가지의 욕구범주, 즉 만족요인과 불만족요인을 가지고 있다는 사실을 발견했다.

만족요인은 직무 그 자체와 관련 있고 불만족요인은 직무환경과 관련되는데, 이들 두 요인은 서로 독립적이면서도 배타적인 성격을 띠고 있다는 것이다.

허즈버그(Herzberg)는 동기－위생이론에서 조직에서 일하는 사람들을 만족시키는 두 가지 요소로는 동기요인과 위생요인이 있는데, 동기요인은 만족요인이고 위생요인은 불만족요인이라 하였다.

동기요인은 직무수행에 있어서 적극적인 동기를 주는 만족요인으로 직무상의 성취감, 안정감, 보람 있는 직무, 책임감, 자기성장 및 발전 등을 말하는데, 허즈버그(Herzberg)는 이들 요인이 직무만족에 긍정적인 영향을 주고 생산능력의 증대를 가져온다고 보았다.

동기요인의 특성은 이러한 요인이 충족되지 않아도 불만은 없으나 일단 충족되면 만족에 영향을 줄 수 있고 일에 대해 적극적인 태도를 유발하게 된다.

위생요인은 주로 조직의 정책, 관리・감독, 보수, 대인관계, 근무조건 등으로 업무 수행하는 작업환경이나 작업조건과 관련된 것으로 사람들이 직무에 관한 불만족을 미리 예방할 수 있는 환경적인 조건으로 불만족요인이라고도 부른다.

이러한 위생요인들은 인간에게 높은 동기를 부여하는 것은 아니지만 불만족을 감소시키는 요인으로 작용한다.

(3) 알더퍼(Alderfer)의 ERG이론

알더퍼(Alderfer)의 ERG이론은 매슬로우의 다섯 단계의 욕구이론이 현실적인 조직생활에 적용하기 모호하다면서 존재(Existence)의 욕구, 관계(Relatedeness)의 욕구, 성장(Growth)의 욕구 등 세 단계의 핵심적 욕구로 통합하여 ERG이론이라 하였다.

존재의 욕구란 자신의 존재를 확보하는 데 필요한 생리적 욕구와 안정의 욕구를 포함한 것이다. 조직에서의 보수, 직업안정성, 근무조건 등이 여기에 속한다. 매슬로우의 생리적 욕구와 물리적 안전욕구에 해당한다.

관계의 욕구란 개인이 주변 사람들과 의미 있고 만족스러운 사회적 관계를 맺고 싶은 욕구로서 직무 내 · 외적 상호 인간관계에 관련된 모든 욕구로 다른 사람과의 감정의 교류와 상호 의존성에서 만족을 얻고자 하는 것이다.

상사나 부하, 동료와의 인간관계나 가족, 친구들과의 인간관계가 여기에 속한다. 관계욕구는 매슬로우의 안전욕구와 사회적 욕구, 그리고 존중의 욕구를 일부 포함한다.

성장의 욕구란 최고수준의 욕구로서 존경과 자아실현의 욕구를 포함한다. 개인과 직무에 대한 계속적인 성장과 발전에 대한 욕구로 잠재능력의 개발 및 확장 등 개인의 성장과 관련된 욕구이다. 성장의 욕구는 매슬로우의 존중의 욕구와 자아실현 욕구에 해당한다.

ERG이론의 경우 욕구단계이론과 같이 인간은 존재의 욕구로부터 시작하여 관계의 욕구를 거쳐 성장의 욕구에 이른다는 단계적 욕구충족에는 동의하나 다음 단계의 욕구가 동기적인 행동을 일으키기 위해서 그 이전 단계의 욕구가 반드시 완전하게 충족되어야 한다고 보지는 않는다.

즉, ERG이론에서는 개인의 한 시점에서 한 가지 이상의 욕구가 동시에 발생할 수 있다고 본다.

(4) 맥그리거(McGregor)의 X, Y이론

맥그리거(McGregor)는 매슬로우의 욕구단계이론을 바탕으로 X이론과 Y이론을 제시하였다.

X이론에 의하면, 인간은 본래 게으른 존재로 일을 하기 싫어하며 야망이 없고 책임지기 싫어하고 지시받기를 좋아한다.

또한 대부분의 사람들은 조직문제의 해결에 창의적이지 못하고 그렇기 때문에 조직목표의 달성을 위해서는 엄격히 통제되고 강제되어야 하며, 동기부여는 생리적 욕구나 안전욕구 수준에서만 가능하다.

Y이론에 의하면, 인간은 일을 놀이와 같이 자연스러운 것으로 생각하고 목표달성을 위해 자기통제가 가능하며 창의성을 지니고 있다.

동기부여는 생리적 · 안전적 욕구수준은 물론 사회적 존경과 자기실현의 욕구수준까지도 가능하며, 적절한 동기가 부여되면 자율적으로 일한다.

맥그리거(McGregor)에 의하면, 현대 산업사회는 생리적 욕구나 안전의 욕구가 대체로 만족된 상태라고 전제하였다.

따라서 오늘날의 사회는 사회적 욕구나 존경의 욕구 및 자기실현의 욕구가 강하게 요청되고 있는 사회이므로 조직 구성원을 X이론에 의하여 관리를 하게 되면 피동성 · 저항성 · 무책임성만 나타나게 된다는 것이다.

따라서 맥그리거는 인간의 본능과 관리전략에 관한 전통적 관점에 바탕을 둔 X이론은 새 시대의 요청에 부적합할 뿐만 아니라 잘못된 것이라고 비판하고, 이상적이라고 생각되는 Y이론을 제시함으로써 앞으로의 관리체제는 Y이론에 따라야 한다고 주장하였다.

그러나 맥그리거(McGregor)의 X, Y이론은 복잡한 인간을 어떻게 X와 Y라는 두 가지 이론으로 대변할 수 있느냐? 하는 것과 작업 상황에 따라서는 관리전략도 달라질 수 있다는 비판의 여지를 갖고 있다.

X, Y이론의 보완으로 룬드스테트(Lundstedt)와 오우치(Ouchi)가 전개한 Z이론이 있다. Z이론은 X이론이 권위주의적 관리를 대변하고 Y이론이 민주적 관리를 대변한다면, Z이론은 자유방임형의 관리방식을 지칭한다.

Z이론은 특수분야에 종사하는 사람, 예를 들어 과학자나 학자들에 관한 관리이론이다. X와 Y이론에 포함시킬 수 없는 인간의 단면을 부각시키기 위해 사용한 이론으로, 자유방임적이고 고도로 자율적이며 관리자는 구성원의 자유의지에 따라 행동하도록 분위기만 조성한다.

(5) 아지리스(Argyris)의 미성숙－성숙이론

아지리스(Argyris)는 조직의 체계를 관료적·권위적 가치체계와 인간중심적·민주적 조직문화로 구분하였다. 전자는 조직 구성원을 미숙한 상태로 묶어 놓으려는 미성숙 이론으로 후자는 조직 구성원이 성숙할 수 있도록 계속적인 성장을 촉진하는 성숙이론으로 구분하여 고찰하였다.

미성숙 이론은 조직 구성원을 X이론의 가정에서 보고 자율성을 최대한으로 제한하여 구성원들에게 의존적이며 종속적인 행동을 강요하는 이론이다.

성숙이론은 조직 구성원을 Y이론의 가정에서 보고 구성원에게 성숙할 수 있는 기회를 제공함으로써 구성원들의 자질향상과 자기실현을 할 수 있도록 성숙을 조장하는 이론이다.

아지리스(Argyris)는 조직원의 동기유발을 위해서는 조직 구성원을 성숙인으로 취급하여야 하고 조직에 대해 인간중심적·민주적 조직문화를 기대하나 그렇지 못한 경우 조직 구성원의 동기를 저하시키고 악순환을 발생시킨다고 보고 있다.

특히 사회복지기관의 복지서비스전달자는 성숙이론이 전제된 사명감이나 봉사정신이 요구된다.

(6) 브래드쇼(Bradshaw)의 사회적 욕구이론

브래드쇼(Bradshaw)는 욕구인식에 따라 규범적 욕구, 감지된 욕구, 표현된 욕구, 비교적 욕구 등 네 가지로 분류하였다.

① 규범적 욕구는 전문가의 전문적인 판단에 따라 규정된 사회적 조건과 상황에서 정의한 욕구를 의미하는 것으로 전문가의 객관적인 사실 파악에서 비롯되며 이 욕구의 측정은 전문가의 고유영역이다.

② 감지된 욕구는 욕구상태를 느끼고 있는 당사자의 느낌에 의해 인식되는 것으로 욕구를 가진 당사자가 생각하는 욕구이다.

③ 표현된 욕구는 사람들이 어떤 서비스가 필요하다고 인지하는 욕구를 의미하며 욕구를 가진 당사자가 실제 상황에서 표현하는 욕구이다.

④ 비교적 욕구는 특정 집단성원의 욕구를 그 집단과 유사하다고 인식되는 다른 집단성원의 욕구와 비교할 때 나타나는 욕구이다. 즉, 욕구를 가진 사람과 비슷한 처지에 있는 다른 사람의 욕구를 비교하여 서비스 수준의 차이를 파악하기 위해 사용된다.

〈표 6-1〉 학자들의 욕구 제 이론

<table>
<tr><th>매슬로우
(Maslow)</th><th>허즈버그
(Herzberg)</th><th>알더퍼
(Alderfer)</th><th>맥그리거
(McGregor)</th><th>아지리스
(Argyris)</th></tr>
<tr><td>생리적 욕구</td><td rowspan="3">위생요인</td><td rowspan="2">존재욕구</td><td rowspan="3">X이론</td><td rowspan="3">미성숙인</td></tr>
<tr><td>안전의 욕구</td></tr>
<tr><td>사회적 욕구</td><td>관계욕구</td></tr>
<tr><td>자아존중의 욕구</td><td rowspan="2">동기요인</td><td rowspan="2">성장욕구</td><td rowspan="2">Y이론</td><td rowspan="2">성숙인</td></tr>
<tr><td>자아실현의 욕구</td></tr>
</table>

2) 과정이론

(1) 아담스(Adams)의 공정성 이론

아담스(Adams)의 공정성 이론은 자신의 '산출/투입'보다 준거가 되는 다른 사람의 '산출/투입'이 클 때, 비형평성을 자각하게 되고 형평성 추구 행동을 작동시키는 동기가 유발된다는 것이다.

동기부여에 있어서 중요한 요소는 구성원 개개인이 보상체계가 공정하다고 인식하고 있는지의 여부이다.

조직원들은 다른 사람의 투입대비 산출 비율과 자신의 투입대비 산출을 비교하여 형평에 맞게 보상을 받으면 공정성을 지각하지만, 형평에 어긋난 보상을 받는 경우 불공평을 느끼게 되고 그 차이를 줄이는 방향으로 동기가 부여된다는 것이다.

즉, 자신이 처해 있는 상황을 타인과 비교할 때 공평성 여부가 만족・불만족에 대한 규정요인이 되는 것이다.

따라서 조직원들은 타인과의 관계에서 공정성을 유지하는 방향으로 동기부여를 한다. 여기서 투입은 보상을 기대하고 조직에 투여한 능력・기술・교육・경험・사회적 지위 등이며, 산출은 투입에 대한 결과로서 개인이 받은 수익이나 비용(보수, 승진, 직무만족, 학습기회) 등을 말한다.

이와 같이 사회복지기관의 관리자는 급료나 승진과 같은 보상이 배분될 때마다 공정성을 검토하고 보상에 관련된 각 개인과 의견을 교환하며 그 효과를 검토하고 동기부여 측면에서 공정성을 가지고 있는지 검토하면, 보상배분의 공정성과 직무만족을 유지할 수 있다는 것이다.

(2) 브룸(Vroom)의 기대이론

브룸(Vroom)의 기대이론은 어떤 일을 하게 되는 사람의 동기는 적극적이든 소극적이든 간에 자신의 노력의 결과에 대해 스스로 부여하는 가치에 의해 결정된다.

또한 자신의 노력이 목표를 성취하는 데 실질적으로 도움을 줄 것이라는 확신을 갖게 될 때 더욱 크게 동기부여를 받는다는 뜻이다.

즉, 동기부여란 어떤 사람의 활동에 거는 기대가치와 그의 목표가 성취될 수 있다고 믿는 인지된 확률의 산물이다.

브룸(Vroom)에 따르면, 인간이 행동하는 방향과 강도는 그 행동이 일정한 성과로 이어진다는 기대의 강도와 실제로 이어진 결과에 대해 느끼는 매력에 달려 있다고 보고 있다. 사람은 행동에 앞서서 행동의 결과에 대해 생각하고 특정의 결과가 이루어질 확률을 고려해서 행동하며, 그 선택은 결과를 초래하는 인지된 매력에 의해 영향을 받는다고 가정한다.

즉, 동기부여의 힘=기대×유의성인 것이다. 이때 기대나 유의성 중 어떤 하나만이라도 0에 가까우면 동기부여는 거의 발생하지 않는다.

제2절 리더십과 인간관계

1. 리더십의 정의

리더십(leadership)에 관한 연구는 20세기 초부터 많은 학자들의 관심의 대상이 되어 왔다. 모든 집단이나 조직은 지도력의 발휘, 즉 리더십에 따라 동기유발, 직무태도, 직무만족에 큰 영향을 받는다.

또한 리더십은 활용하는 사람들의 관점에 따라, 그리고 적용하는 환경에 따라 매우 다양하게 정의되고 있다.

초기의 리더십(leadership) 연구는 리더(leader)의 중심역할을 강조하였으나 오늘날의 리더십은 주어진 상황에서 조직 구성원에게 여러 가지 요인들을 제공하여 동기부여시킴으로써 조직목표를 달성하는 기능과 조직의 구성원들로 하여금 동기를 부여하고 조직목표 달성에 자발적으로 협조하도록 하는 리더십의 과정을 강조한다.

버나드(Barnard)는 "리더십이란 조직적인 노력을 하는 사람들이나 그들의 활동을 이끄는 개인행동의 특성"이라고 말하고 있으며, 최근의 상황이론에서는 리더십을 "어떤 주어진 상황에서 조직목표의 달성을 위해 개인 및 집단을 조정하여 행동하게 하는 영향력"이라고 정의하고 있다.

또한 스토그딜(Stogdill)은 리더십의 정의를 ① 집단과정의 초점, ② 퍼스낼리티(personality)의 효과, ③ 복종을 유도하는 기술, ④ 활동 또는 행동, ⑤ 설득의 형태, ⑥ 영향력 행사, ⑦ 권력관계, ⑧ 목표달성의 수단, ⑨ 상호작용 효과, ⑩ 분화된 역할, ⑪ 조직구조의 주도와 유지 등 11가지로 요약하면서 리더십이란 목표의 설정과 달성을 위한 집단행동에 영향을 미치는 과정으로 보고 있다.

리더십(leadership)의 정의를 정리해 보면, 목표의 설정과 달성을 위하여 개인이나 집단에 영향력을 행사하고 과업수행을 위하여 지휘하고 조정하는 능력이며, 목표를 달성하도록 동기화하는 행동이다.

이처럼 리더십은 조직성과에 영향을 미치는 중요한 요소이면서 관리자에게는 조직의 목표를 달성하게 유도하는 활동의 핵심이 된다.

2. 리더십의 필요성

많은 전문가들이 고용되어 있는 사회복지조직에는 전문가의 자율성 욕구와 조직의 통제욕구 사이의 부단한 긴장이 존재하며, 이와 같은 긴장으로 인해 구성원들은 조직의 규칙과 규정을 준수하도록 동기부여할 리더십을 필요로 한다.

또한 끊임없이 변하는 주위의 환경적 변화에 대응하여야 하고, 구성원들의 목표가 조직의 목표와 일치하지 않을 때, 구성원의 목표와 조직의 목표 사이에 가능한 한 많은 일치를 가져올 수 있도록 하기 위해 리더십이 필요하다.

또한 사회복지서비스 분야에 있어서 새로운 기술 또는 새로운 구조의 도입과 같은 중요한 내부적 변화는 이와 같은 변화가 조직에 통합될 수 있도록 리더십을 필요로 한다.

3. 리더십의 유형

리더십의 유형에는 여러 가지의 유형들이 있다. 권위에 따라, 조직계층상의 수준에 따라 그 유형들은 다양하다.

1) 권위에 따른 분류

카리슬(Carlisle)은 조직체가 권위를 어떻게 사용하느냐에 따라 리더십의 유형을 지시적 리더십, 참여적 리더십, 자유방임적 리더십으로 나누었다.

(1) 지시적 리더십

권위적 리더십으로 지시적이라고도 하며, 모든 의사결정을 지도자 자신이 독단적으로 행하고 구성원에게는 명령과 복종만을 요구하는 리더십이다.

이 유형은 업무처리가 신속하고 정책집행의 통일과 일관성을 가지고 있다는 장점이 있으나, 구성원에게 무조건 복종만을 요구함으로써 조직원의 자발적인 협력을 기대할 수 없고 사기저하를 초래할 수 있다.

(2) 참여적 리더십

민주적 리더십으로 모든 의사결정에 구성원의 자발적인 참여와 중요한 정책이나 문제의 해결에 있어 다수 구성원들이 함께 검토하고 해결하는 형태이다.

이 유형은 구성원들에게 적극적인 동기부여와 사명감을 부여하여 조직의 발전 자체를 구성원 자신의 발전과 동일시시켜 근무의욕과 업무수행능력을 높일 수 있으며 사기가 높아진다.

(3) 자유방임적 리더십

모든 의사결정의 권한을 구성원들에게 위임하는 형태로 지도자가 극히 소극적으로 조직 활동에 참여하며, 심지어 업무수행의 목표와 방법까지도 구성원들이 세우도록 한다.

이러한 유형은 구성원들 간의 능력이 전반적으로 우수하고 업무의 내용이 고도로 전문화된 전문가 중심의 집단에서는 유리하나, 그렇지 못한 경우 리더의 통제나 영향력이 매우 적어 일처리가 늦어지거나 조직의 위계질서가 무너지기 쉽다.

2) 조직계층상 수준에 따른 유형

(1) 최고관리층의 리더십

최고관리층이란 조직을 이끌어 갈 전반적인 책임을 지고 있는 사람들로서 조직 외부의 다양한 이익집단과 지역사회와의 상호연관을 가져야 하며, 조직 내·외부 환경의 변화에도 적절히 적응하여 조직을 이끌어 나가야 한다.

이러한 과업수행을 할 때 최고관리층은 조직의 기본적인 임무를 설정하고, 외부의 이해관계집단과 교섭하고 중재하여 조직의 정체성을 확립한다. 서비스 기술을 선정하고 내부구조를 발전시키고 유지하며 변화를 주도하고 수행하는 등 중요한 의사결정을 하여야 한다.

(2) 중간관리층의 리더십

중간관리층이란 조직의 한 부서를 책임지고 있는 계층으로서 이들은 하위관리자와 최고관리층 사이의 수직적 연결과 같은 수준의 타 부서와의 수평적 연결 역할을 하며, 조직원들의 욕구를 조직의 목표에 통합시키는 인간관계기술이 있어야 한다.

(3) 하위관리층의 리더십

하위관리층이란 일선 사회복지사들을 관리하고 접촉하는 슈퍼바이저, 조정자, 팀 리더의 역할을 수행하는 계층으로서, 일선 조직원들의 프로그램 수행을 감독·위임하고 부족한 지식과 기술을 제공해 주며 개인적인 성과를 평가한다.

이들에게는 직원과 자원을 효율적으로 활용할 수 있는 전문지식과 보상과 제재와 분배가 공평하도록 해야 하는 형평에 관한 기술이 일선 조직원들의 동기부여 및 조직의 일체감을 발전시키는 데 필요하다.

4. 사회복지행정조직에서의 리더십

1) 리더(Leader)의 자질과 원칙

트렉커(Trecker)는 리더(leader)란 충분한 실증적 지식과 기술습득, 분석능력이 필요하다고 하였으며, 스키드모어(Skidmore)는 유능한 리더(leader)는 지속력과 끈기를 가져야 하며, 조직의 효과적인 운영을 위해 시간의 중요성을 알아야 하고, 개방적인 자세로 상대편의 의견을 경청하고, 사고의 유연성을 가지고 조직원들이 창의적인 활동을 할 수 있도록 이끌어야 한다고 하였다.

이러한 자질과 함께 리더가 지켜야 할 원칙으로는 모든 일에 규칙과 절차를 따르고, 결정사항에 대한 이유와 타당성을 솔직하게 공개적으로 밝히며, 조직의 가치와 우선순위 및 개인의 권리와 의무를 명확히 해야 한다.

또한 타인에 대한 관심과 구성원의 성장과 교육에 대해 책임감을 가지며, 최종적인 결정을 내리기 전에 구성원들의 의견을 경청해야 한다.

2) 사회복지조직의 리더십

조직의 성격에 따라 리더의 역할도 다르다. 즉, 기업의 최고경영자는 최대의 이윤을 추구하는 것이며, 공공조직의 리더는 일관성 있는 정책집행이 가장 중요한 기준이 된다.

반면 사회복지조직의 리더는 클라이언트와 지역사회에 제공되는 서비스 및 활동의 질로써 평가받게 된다. 따라서 사회복지조직은 무형의 휴먼서비스를 상위가치로 하는 조직으로 이에 부합하는 리더십이 필요하다.

사회복지조직의 리더는 구성원들이 규칙과 규정을 준수하도록 동기부여하고 이익집단이나 지역사회의 환경의 변화에 대응할 능력이 필요하다.

그리고 새로운 기술의 도입이나 새로운 직원의 채용 등을 통해 구조적 변화가 조직에 통합될 수 있게 하는 리더십이 필요하며, 조직의 목표와 개인의 목표가 일치할 수 있도록 유도할 수 있어야 한다.

사회복지조직의 지도자는 수립한 목표달성을 위해 동원 가능한 모든 실천기술을 활용하여 조직의 리더뿐 아니라 조직 구성원 전체의 능력을 증진시켜 조직 내의 업무만족도와 사기를 진작시켜야 한다.

또한 지도자는 문제해결 능력뿐 아니라 조직의 안정을 위협하는 정치・경제・사회적 원인들을 분석하고 대비책을 마련하여야 한다.

위기는 조직을 붕괴시킬 수도 있고 한 단계 발전의 계기로 삼을 수도 있다. 탁월한 리더는 상황에 따라 적절한 방안을 제시하여 구성원들로 하여금 스스로 문제의 원인을 찾고 해결할 수 있는 능력을 갖추도록 하는 사람이다.

제3절 의사전달과 인간관계

1. 의사전달의 개념 및 중요성

의사전달이란 사람과 사람, 사람과 컴퓨터, 조직 구성원 사이에 정보, 데이터, 메시지 등을 주고받는 행위를 말한다.

즉, 의사전달은 한 사람이 다른 사람에게 자신의 사고와 감정을 전달하는 쌍방의 과정이다. 한 사람 이상의 사람들 사이에 사실, 생각, 의견 또는 감정의 교환을 통하여 공통적 이해를 이루고 수용자 측의 의식이나 태도 또는 행동에 변화를 일으키게 하는 일련의 행위이며, 이러한 상호교류과정에서 의사전달의 매개로 언어, 그림, 동작 등을 사용한다.

사회복지 조직에서의 의사전달은 조직의 한 구성원으로부터 다른 구성원에게로 상호 이해가 될 수 있는 언어, 기호, 동작 등을 통하여 사실이나 생각 또는 감정 등을 전달함으로써 상대방의 생각이나 행동, 태도에 영향을 미치는 쌍방의 과정이라 할 수 있다.

조직 내의 관리자와 구성원이 서로 무엇을 생각하고 느끼며 무엇을 요구하는가를 명확히 이해할 수 있을 때 기관의 업무는 효과적으로 수행될 수 있다.

스키드모어(Skidmore)는 의사전달의 중요성으로 효과성·효율성, 포괄적 이해, 긍정적 사기진작을 들고 있다. 과거 고전적 행정이론에서는 의사전달의 중요성에 관심을 두지 않았으나 인간관계적 접근이 대두되면서 의사전달은 조직의 효과성을 좌우하는 중요한 변수로 파악되었다.

또한 의사전달의 기능은 조직 내에서 합리적 의사결정의 수단이고 자발적인 근무의욕과 사기를 높일 수 있는 수단이며, 관리자와 조직원들의 원활한 의사소통과 조정의 수단이 된다.

2. 의사전달의 원칙과 과정

1) 의사전달의 원칙

의사전달의 원칙은 학자에 따라 여러 가지 견해가 있다.

트레커(Trecker)의 의사전달의 원칙은 의사전달의 양과 질이 적절하고 적시에 이루어져야 하며, 피전달자가 정확히 이해할 수 있어야 하고, 적응성과 통일성이 조화를 이루어 피전달자의 반응을 얻어야 한다고 하였다.

레드필드(Redfield)의 의사전달 효율화의 일반원칙을 살펴보면 다음과 같다.

첫째, 명확성(clarity)의 원칙이다. 의사전달의 내용은 명확한 용어와 간결한 문장을 사용해서 정확하게 이해할 수 있도록 해야 한다.

둘째, 일관성(consistency)의 원칙이다. 의사전달은 앞뒤가 일관되고 모순되어서는 안 된다.

셋째, 적기적시성(timing and timeliness)의 원칙이다. 의사전달은 알맞은 시기와 때를 놓치지 말아야 하며, 충분한 시간적 여유를 두고 전달되어야 한다.

넷째, 분포성(distribution)의 원칙이다. 정보는 전달자로부터 피전달자에게 올바르고 고르게 전달되어야 한다.

다섯째, 적당성(adequacy)의 원칙이다. 의사전달은 적정량을 기해야 하며, 너무 많거나 너무 적은 경우에는 피전달자의 이해를 방해한다.

여섯째, 적응성과 통일성(adaption and uniformity)의 원칙이다. 적응성이란 의사전달의 융통성과 현실부합성 등을 말하며, 통일성이란 의사전달이 전체로서 통일된 의견의 표현이 되게 하는 것이다.

일곱째, 관심과 수용(interest and acceptance)의 원칙이다. 의사전달은 피전달자가 의사전달의 내용에 대하여 관심을 가지고 그것을 수용할 때 효과적인 의사전달이 이루어진다. 그러므로 권위 있고 신뢰성 있는 의사전달이 이루어져야 한다.

2) 의사전달의 과정

스키드모어(Skidmore)는 의사전달의 과정을 공유, 이해, 명확화의 과정으로 나누었다. 이 모든 과정은 쌍방적인 과정으로 사회복지기관에서는 특히 중요하다.

첫째, 공유(sharing) 과정, 즉 메시지를 보내고 받는 과정을 말한다. 이것은 언어적·비언어적인 다양한 방식을 통해서 행해지며, 수직적·수평적으로 나타난다.

둘째, 이해(understanding) 과정, 즉 메시지를 이해하는 과정으로, 말하여진 내용과 들리는 내용이 동일함을 의미하는데, 양자가 다르면 의사전달이 이루어지지 않은 경우이다.

셋째, 명확화(clarifying) 과정, 즉 메시지를 명확히 하는 과정으로, 들은 내용을 정확히 이해하기 위한 질문이나 반복의 과정이다.

3) 의사전달의 유형

의사전달의 유형으로는 제도적 절차 유무에 따라 공식적·비공식적 의사전달과 전달방향에 따라 수직적·수평적 의사전달, 언어의 유무에 따라 언어적·비언어적 의사전달로 구분된다.

(1) 제도적 절차 유무에 따른 분류

① 공식적 의사전달

공식적 조직에서 공식적인 의사전달의 통로와 수단을 통해서 의사가 전달되며 육하원칙에 의거 법제화, 공식화되어 의사를 전달한다.

공식적 의사전달의 목적은 조직의 구성원들에게 조직의 목표 및 정책결정과 지시 이행을 전달하거나 관리자에게 보고하는 형태이다. 의사전달 방법으로는 문서뿐만 아니라 구두로도 전달할 수 있다.

의사전달이 공식화되면 권한관계가 명확해지고 책임소재가 분명한 반면, 소통이 느리고 융통성이 없는 경우에는 비공식적인 의사전달을 통해 이를 보완해 주는 것이 바람직하다.

② 비공식적 의사전달

조직의 비공식적 집단 내에서 비공식적인 통로를 통하여 이루어지는 의사전달이다. 풍문이나 소문의 형태로 나타나고 조직 내 비공식적인 집단에서 발생하며, 공식적인 의사전달이 제약된 조직일수록 활발하게 나타난다. 그러나 관리자가 임의로 통제할 수 없고, 사실 확인 방법이 한정되어 있지만 조직 구성원의 감정을 알 수 있어 관리자에게 유익한 수단이 되기도 한다.

이 방법은 사용하는 사람의 목적에 따라 순기능과 역기능을 가지고 있으며, 제도적 의사전달체계가 공급하지 못하는 유익한 정보나 사회심리적인 만족감을 높여주는 기능을 하므로 무조건 억제하는 것은 바람직하지 않다.

(2) 전달방향에 따른 분류

① 수직적 의사전달

조직 내 상하계층 간에 쌍방적으로 이루어지는 의사전달 형태로 상의하달적 의사전달과 하의상달적 의사전달로 이루어진다. 상의하달적 방법으로는 명령과 일반적인 정보전달이 있으며, 문서와 구두에 의해 이루어진다. 하의상달적 방법은 보고, 면접, 조사, 제안제도 등이 있다. 보고는 가장 기본적이고 공식적이며 하달한 명령에 대한 결과를 보고하는 수단이기도 하다. 면접은 조직원의 평소 욕구와 감정을 행정에 반영하는 방법이며, 조사는 주로 질문지법이나 참여식 방법에 의하여 이루어지고 있으며, 제안제도는 조직구성원의 업무환경의 개선에 관한 의견이나 아이디어 등을 받아 채택하고 이를 보상하는 제도이다.

② 수평적 의사전달

상하관계가 아닌 수평적 관계에 있는 동일 계층 간의 의사전달을 의미한다. 조직원끼리 자연스럽게 이루어지는 의사소통형태이며, 의사전달방법으로는 회의, 청취, 토론, 자문, 자체 발표회, 사전심사제도, 회람 등이 있으며 조직의 규모가 전문화되어 있는 집단에 유용하다.

(3) 언어 유무에 따른 분류

① 언어적 의사전달

말이나 글로써 표현되는 의사전달의 형태로서 구성원들의 언어를 통해 자신의 생각이나 감정, 계획, 기술 등을 교환할 수 있다. 사실만을 강조하여 감정적 요소를 파악하지 못할 수 있고 다른 사람과의 전달과정에서 와전될 수도 있다.

② 비언어적 의사전달

종종 언어적 의사전달보다 무시되는 경향이 있으나 몸짓, 눈짓, 말의 속도, 높낮이 등 경우에 따라 언어적 전달보다 더욱 비중 있고 효과적으로 전달될 수 있다. 특히 사회복지에서 매우 중요한 의사전달 방법이다.

정확한 의사전달을 위해서는 언어적·비언어적 의사전달 둘 다에 세심한 주의를 기울여야 한다.

제4절 갈등이론

1. 갈등의 개념과 특성

갈등에 대한 개념 정의는 갈등이 발생하는 관계나 상황이 복잡하고 다양하기 때문에 연구자의 목적이나 강조하는 측면에 따라 포괄적이고 다양하다.

토마스(Thomas)는 갈등이란 어떤 개인이 관심을 가지고 있는 것에 대해서 다른 사람이 부정적으로 영향을 주거나 영향을 줄 것으로 지각할 때 일어나는 과정이라고 정의하였다.

마일즈(Miles)는 갈등이란 어떤 개인이나 집단의 목표지향적 행동이나 기대가 다른 집단 구성원에 의하여 좌절되거나 방해를 받았을 때 나타나는 상태라고 정의한다.

특히 사회복지조직에서는 갈등이 단순히 조직 구성원인 사회복지행정가나 사회복지사 개개인의 문제에 국한되는 것이 아니라 복지서비스의 수혜대상자인 클라이언트에게 제공되는 복지서비스에까지 영향을 미치기 때문에 사회복지조직에서는 아주 중요한 관리기능이다.

과거 전통적 관점에서 갈등은 조직관리의 잘못이나 불화조장자들에 의해 조장되어 조직을 저해하거나 목표달성을 방해하는 것으로 보았다.

그래서 갈등은 불필요하고 해로운 존재로 제거되어야 한다고 생각했다. 그러나 현대적 관점에서는 조직 내에서 갈등은 피할 수 없는 것이며 때로는 조직 관리에 필요한 것으로 보고 있다.

집단 간의 갈등은 그 갈등의 정도에 따라 긍정적인 요인이 되기도 하고 부정적인 요인이 되기도 한다. 즉, 지나친 갈등은 조직에 부정적인 영향을 주나 적절한 갈등은 구성원에게 최선의 행동을 유발하게 한다.

그러므로 행정관리자는 갈등을 무조건 억제하거나 제거하는 것이 아니라 해로운 점은 최소한 줄이고 이로운 점은 최대한 활용하여 조직의 목표달성에 적절히 이용하여야 한다.

2. 갈등발생요인

갈등요인을 알아보는 것은 갈등관리에서 반드시 필요한 과정이다. 집단 내의 갈등은 여러 가지 요인들이 복합적으로 작용하며 그 원인과 연구방법도 학자에 따라 다양하다.

왜냐하면 조직을 구성하고 있는 모든 요소들은 갈등 요인이 될 수 있으며, 이들 요인은 개인의 심리적 특성과 사회적 특성에 따라서 동일한 갈등상황에서도 달리 나타날 수 있다.

무어(Moore)는 사회적 갈등의 원인을 관계상의 문제, 가치상의 갈등, 정보의 불일치, 구조적 문제, 이해상의 갈등으로 분류하였다.

또한 월튼(Waltton)과 듀튼(Dutton)은 과업의 상호의존성, 과업의 일방적 의존성, 고도의 수평적 분화, 한정된 자원, 성과기준 및 보상체계의 차이, 성원들의 이질성, 지위 불일치, 역할 불만족, 의사소통의 왜곡 등을 갈등의 원인으로 보았다.

조직 내부의 갈등요인으로는 조직 시스템의 복잡성과 자원 희소성에 따른 목표와 수단의 긴장, 불충분한 정보로 인한 의사결정에서 발생한다고 보았고, 조직 외부의 갈등은 관할 당국 및 지역사회 등을 포함한 조직 시스템의 환경 연계성에서부터 발생한다고 보았다.

3. 갈등관리의 방법

갈등관리 방법에는 갈등관리와 갈등해소 방법이 있다. 갈등관리란 갈등이 적정 수준을 유지하도록 관리해야 한다는 의미이고, 갈등해소는 적정 수준 이상의 갈등을 해소시킨다는 의미이다.

볼딩(Boulding)은 갈등관리 방법으로 서로 화해하고 다른 가치관과 의견을 가지면서도 좀 더 나은 이익을 위하여 타협하고 관련된 집단이 아닌 제3의 집단에 의해 평가를 받는 것으로 제시하고 있다.

토마스(Thomas)는 경쟁의 승패로 갈등을 해결하는 방법과 공동의 이익을 도모하는 협력의 방식으로 갈등을 해결하는 방법, 갈등을 억압하거나 회피함으로써 갈등을 해결하는 방법, 상대방의 이익을 위하여 자신의 이익을 희생하여 해결하는 적응의 방법, 갈등 당사자들이 일부를 포기하면서 일부를 얻는 타협의 방식 등 다섯 가지 갈등처리 방법을 개념화하였다.

토마스(Thomas)는 어느 것을 선택하는 것이 효과적인가는 갈등의 상황에 따라 다르며 갈등관리 방법을 상대편의 희생 위에 자기의 목적을 달성함으로써 갈등을 제거하는 승 – 패 전략, 양편 모두 패자가 되는 전략으로 부정적인 기능에도 불구하고 갈등을 제거하기 위해 사용되는 패 – 패 전략, 양편 모두 만족스럽게 수용됨으로써 갈등이 제거되는 승 – 승 전략으로 나누었다.

제5절 선별주의와 보편주의

선별주의와 보편주의의 원리는 복지서비스 제공 기준에 관한 가치들이다. 보편주의가 사회복지 급여를 사회적 권리차원에서 모든 사람에게 주어져야 함을 강조하는데 반해, 선별주의는 개인의 욕구에 기초한 복지급여를 강조한다. 이때 개인의 욕구는 정부의 소득 및 자산에 대한 조사에 기초한다.

1. 선별주의

선별주의는 잔여적 개념으로 복지의 사회적 급여가 소수의 사회적 약자를 대상으로 제한적으로 주어진다. 사회보장급여를 저소득층에 효과적으로 집중시키기 위해 소득 및 재산조사, 기타 필요사항을 엄격한 조사에 바탕을 두고 수급자격요건에 해당하는 사람들에게만 선별적으로 급여를 제공하는 것을 원칙으로 한다.

선별주의는 국가의 개입과 역할이 최소 수준으로 제한되는 대신 가족과 공동체, 시장이 욕구충족과 자원배분의 최적 수단으로 강조된다. 국가의 개입은 개인과 가족, 자원봉사 등이 모두 실패할 경우에만 허용된다. 이런 경우에도 주요 목표는 자활의 증진에 있다.

선별주의는 최소한의 자원으로 최대의 효과를 거둔다는 효율성의 가치를 반영한다. 하지만 실제로는 사회적 낙인이 발생하며 특정 사람에게만 서비스가 제공된다는 측면에서 공평성과 편익성의 가치에는 위배된다는 단점이 있다.

선별주의 복지의 대표적인 국가는 미국이며, 신자유주의 경제정책을 실시하고 있는 국가의 공통적 특징이기도 하다.

우리나라의 사회복지정책 및 서비스에는 아동에 대한 의무교육과 같이 보편주의 관점이 강하게 적용하는 부문도 있고, 국민기초생활보장제도와 같은 공공부조는 선별주의 성향이 대부분이라 할 수 있다.

2. 보편주의

보편주의는 제도적 개념으로 사회적 급여가 모든 국민들에게 하나의 사회적 권리로서 인정되고 있다. 보편적으로 평등한 급여를 원칙으로 삼아야 한다는 생각이 보편주의이며, 그 전형적인 예로는 사회보험 급여를 들 수 있다.

대상자의 서비스 이용 자격과 조건을 부여하지 않고 누구에게나 서비스를 제공하므로 공평성과 접근성의 가치를 반영한다.

따라서 소득수준에 관계없이 보편적인 사회급여를 제공해야 한다는 제도로 필요를 충족시키는 데 가족과 시장보다는 국가의 적극적 역할이 극대화된다. 사회 구성원 대부분이 혜택을 입기 때문에 수급자와 비수급자 간의 구분이 무의미해진다. 사회복지를 둘러싼 계층대립이 약해지는 대신 사회 구성원 사이의 연대와 결속이 강조된다.

보편주의 복지의 대표적인 국가는 북유럽의 핀란드, 스웨덴 등으로 이 국가들은 국민의 조세부담이 많다는 특징이 있다. 그러나 이 제도는 운영의 효율성이 높다는 장점이 있다. 하지만 모든 국민에게 서비스를 제공하는 데에는 비용이 많이 들며, 한정된 자원을 꼭 필요한 부분에 효과적으로 사용하는 데에는 한계가 있어 선별주의적 관점이 대두되었다.

KEY POINT

매슬로우(Maslow) 욕구론

단 계	욕 구	내 용	동일 용어
5단계	자아실현 욕구	자신의 재능, 능력, 잠재력 등을 최적의 실현	
4단계	자아존중 욕구	긍정적인 자아상, 자신감, 자기존중과 타인존중	자존의 욕구
3단계	사랑의 욕구	감정의 자유로운 표현, 자애로움, 수용과 친밀함	소속의 욕구
2단계	안전의 욕구	신체적 · 정서적 · 정신적인 안전과 안락, 안정	
1단계	생리의 욕구	생존에 필요한 물, 공기, 의식주, 성, 수면 필요	생존적 욕구

브래드쇼(Bradshaw) 욕구론

욕 구	내 용	동일 용어
규범적 욕구	사회복지사 등 전문가의 결정 기초생활수급자 결정 등	
인지적 욕구	조사하여야 알 수 있는 상황 내면에 느끼고만 있는 욕구	느껴진 욕구, 감촉적 욕구 감지적 욕구, 체감적 욕구
표현적 욕구	인지적 욕구가 겉으로 나타난 욕구	표출된 욕구
상대적 욕구	비슷한 상황에서의 차이 해결 욕구	비교적 욕구

시장의 실패 · 정부의 실패

① 시장의 실패

인간이 필요한 경제활동을 시장에 맡길 경우 자원의 비효율적 배분과 불공정한 소득분배

(과다 공급 및 과소 공급 문제를 해결하기 위하여 정부의 개입)

② 정부의 실패

시장의 실패를 해결하기 위한 정부의 개입이 오히려 효율적인 자원배분의 저해 현상 초래

(관료제의 경직성, 과다한 행정비용, 정치적 제약 등이 실패원인)

학자들의 이론 요점

매슬로우	허즈버그	알더퍼	맥그리거	아지리스
생리적 욕구	위생요인	존재욕구	X이론	미성숙인
안전의 욕구				
사회적 욕구		관계욕구		
자아존중의 욕구	동기요인	성장욕구	Y이론	성숙인
자아실현의 욕구				

갈등발생요인

① **조직 내부갈등** : 시스템의 복잡성, 목표와 수단의 긴장, 의사결정과정

② **조직 외부갈등** : 조직 시스템의 외부 환경(관련당국 및 지역사회 등)

열등처우원칙

수급자는 비수급자(자력생활자)보다 낮은 생계비로 급부하여야 한다.

① 개정구빈법(1834년) 최초 적용(배지 착용 등 낙인감)

② 중세시대에서는 선거권 박탈

균등처우원칙

수급자의 급여 수준은 전국 어디에서나 균일하게 급부하여야 한다.

① 빈민처우의 전국적 통일로 인한 행정합리화

② 구빈행정의 중앙집권화

선별주의 · 보편주의

선별주의	보편주의
잔여적(일부 국민)	제도적(모든 국민)
자산조사	자격확인
공공부조	사회보험
목표효율성 높음	운영효율성 높음
재분배 효과 높음	재분배 효과 낮음
낙인감 문제	오남용 문제

Chapter 07

사회복지행정조직과 인적자원관리

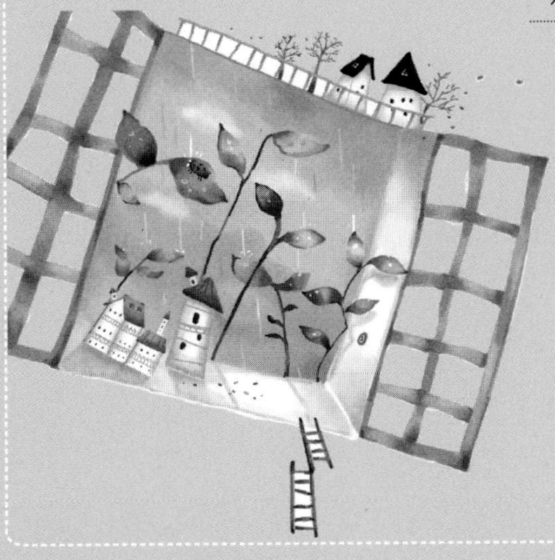

07 사회복지행정조직과 인적자원관리

제1절 사회복지행정조직의 인적자원관리

1. 인적자원관리의 개념

현대사회의 대규모 조직들은 조직에 참여하는 인력을 관리할 인사제도를 필요로 한다. 일반적으로 정부의 인사기능을 인사행정, 사기업의 인사기능을 인사관리라고 한다.

사회복지행정조직에서 인사관리란 기관의 목표를 효과적으로 달성하기 위하여 사회복지업무에 필요한 인적자원을 동원하고 관리하는 기능이다.

즉, 유능한 인재를 사회복지행정조직에서 발굴하고 그들의 능력을 계속적으로 개발·관리하여 높은 근무의욕을 유지시켜 기관의 목표를 가장 효과적으로 달성할 수 있게 관리하는 것이다.

또한 사회복지행정조직에서는 다른 형태의 조직과는 달리 조직 구성원들을 통해서 조직이 자원을 확보하고 클라이언트에 대한 개입의 효율성과 효과성을 제고할 수 있다.

그렇기 때문에 자원의 활용과 관리가 조직의 성과에 미치는 영향이 큰 현대사회에서 인적자원관리는 기관의 생존과 발전에 있어서 다른 어느 자원보다 중요한 역할을 한다.

2. 인적자원관리의 목적과 기능

인사관리는 인적자원의 관리를 통해서 사회복지행정조직의 목표를 달성할 뿐 아니라 사회복지행정조직의 유지와 적응에 필요한 기능을 수행한다.

슐러(Schuler)는 조직에서 인적자원을 관리하는 목적으로 조직의 생산성 향상과 조직 작업생활의 질 고양, 인적자원 이용과 관련된 필요한 법과 규칙의 준수, 개선된 기업관계의 개발, 모든 수준에서 의사소통과 합의점의 개발 등을 제시한다.

특히 사회복지행정조직에서 인적자원관리의 주된 목적은 효율적이고 적합한 서비스를 필요로 하는 사회적 약자인 클라이언트의 복지를 증진시킬 수 있도록 자질과 능력을 갖춘 직원을 양성하는 것이다.

인적자원관리의 주된 기능은 직원채용의 관리, 능력발전의 관리, 근무의욕의 관리, 근무규율의 관리 등이다.

이러한 인적자원관리는 공정하고 객관성을 갖춘 투명하고 열린 시스템으로 운영되어야 하며, 조직의 구성원이 자신의 진로를 선택할 수 있고 목표달성을 위해 유연하게 이루어져야 한다.

3. 인적자원관리의 과정

인적자원관리는 사회변화에 대응하기 위하여 빠르게 변화하고 있는 분야로 사회복지행정에 있어 중요한 관리 분야이다.

시대의 흐름에 따른 환경과 조직체 그리고 구성원 행동이 복잡해짐에 따라 인적자원관리는 좀 더 전문적이고 세분화가 필요하다. 인적자원관리 과정은 조직원의 모집, 선발, 임용과 함께 평가까지를 포함하는 연속적인 관리과정이다.

1) 모 집

모집이란 선발을 전제로 채용에 대한 정보를 제공하여 기관에 유능하고 적절한 후보자들이 지원하도록 유도하는 과정이다.

직원을 모집하는 데 활용되는 절차순서는 먼저 충원계획, 모집해야 할 직위에 대한 직무분석(job analysis)을 하고 직무의 종류 및 내용 등을 중심으로 직무명세서(job description)를 작성하는 것이다.

다음으로는 자격 있는 후보자들이 지원할 수 있도록 일간지, 사회복지 신문, 사회복지와 관련된 각종 월간 및 계간지, 취업 정보기관 사이트 등에 모집공고를 통하여 모집을 알린다.

모집공고에 포함될 내용으로는 직무명칭, 직무분류 및 봉급범위, 근무지역 및 직무부서, 직무명세서, 시험 및 면접일시, 신청절차, 지원신청 마감일시 등이 있다.

2) 선 발

선발에서는 조직의 요구와 채용될 사람의 요구를 함께 고려하여야 한다. 따라서 조직에 대한 충성심과 조직의 요구에 기초하여 선발되어야 하며, 전문성과 원만한 인간관계, 클라이언트 및 직원들을 보호할 수 있는 능력이 고려된 사람을 선발해야 한다. 특히 모집과정의 초기 단계의 직무에 대한 조직의 요구와 기대에 대한 세심한 배려가 있어야 한다.

먼저 이들 지원자들에 대한 정보는 이력서, 추천서, 시험, 인터뷰를 통하여 얻을 수 있으며, 선발의 방법으로는 서류, 시험, 면접 등이 있다. 그중 시험이 가장 많이 쓰이는 방법이다.

표준화된 시험방법으로는 필기시험, 실기시험, 면접시험이 있으며, 시험선발과정에는 객관도, 타당도, 신뢰도, 난이도가 있어야 한다.

시험이라는 것은 때로는 아주 불완전한 것 같이 보이기도 하지만 이것은 직원선발과정에서 중요한 부분이다.

따라서 지속적으로 시험 장치를 개선하고 새로운 선발을 발전시켜 나가는 것은 사회복지행정가들에게 던지는 도전이다.

3) 임 용

선발을 통하여 합격자가 결정되면 합격자를 성적순으로 기재하는 임용후보자명부를 작성한다. 임용후보자명부는 직급별로 시험성적순에 따라서 작성하되, 훈련성적 · 전공분야 등 기타 필요한 사항을 기재한다.

상급자는 임용된 새로운 직원에게 조직의 목적, 구성, 직원, 이사회, 기관이 속한 지역사회 등과 관련된 내용을 알려주고 설명해 줄 기회를 제공하며 이런 기회를 활용하여 직원에게 분명한 목적의식과 책임의식을 심어주는 좋은 기회로 활용한다.

또한 보수, 부가급부, 근무시간, 휴가, 위원회의 구조, 직원개발계획 등 직무에 관한 정보와 의무를 설명해 확실한 역할과 책임의식을 갖도록 한다.

4) 평 가

직원들의 직무수행 정도를 평가하는 것은 조직이나 프로그램의 운영과 관리를 위해서 필요하다. 이런 평가로 인해 직원들은 그들의 조직에 대한 노력과 기여도를 상급자로부터 인정받는 계기가 되고 그들이 활동한 것에 대한 피드백을 받게 된다.

업무평가의 궁극적 목적은 직원의 업무능력 개발에 있으며, 평가결과는 직원의 승진, 해고, 보상 및 임금을 결정하는 데 기초 자료로 활용된다.

보상에는 임금 · 봉급의 인상 등 물질적인 보상과 심리적 · 상징적인 보상으로 비금전적인 혜택이 있다. 이러한 보상은 인사관리의 핵심적인 요소로 업무에 대한 직원의 동기를 고취시키고 조직의 목표달성을 보다 촉진시키는 데 매우 중요한 역할을 한다.

보상의 유형은 어느 한 형태로 통일하는 것보다는 다양한 유형을 다양하게 고려하는 것이 바람직하다.

제2절 직원능력개발을 위한 교육

1. 직원능력개발의 의의

직원능력개발은 지속적인 교육과 훈련을 통해 조직원의 전문지식과 기술, 태도의 수준을 향상시켜 자기발전뿐만 아니라 사회복지조직이 제공하는 서비스의 효과성을 높이고 바람직한 가치관과 태도를 갖도록 변화시키기 위한 교육과 훈련과정을 말한다.

직원능력개발의 목적은 조직 구성원들의 기술과 지식을 향상시켜서 클라이언트에게 제공하는 서비스의 질을 높이고, 교육훈련을 통해 습득한 새로운 지식과 기술로 직무수행능력을 향상시키며, 업무의 자신감으로 근무의욕을 고취하고 사기를 앙양시키는 데 있다.

또한 업무능력의 향상은 승진과 연계되어 경력발전에 도움을 줄 수 있고, 올바른 가치관과 태도로 공직사회가 안고 있는 병폐현상을 시정하고 능동적이고 적극적인 역할을 담당할 유능한 직원을 양성하는 것이다.

이러한 직원능력개발의 효과를 높이기 위해서는 직원이 필요로 하는 훈련의 필요성에 대한 욕구조사와 직원의 준비상태를 점검하고 효과적인 교육훈련 프로그램과 훈련방법을 마련해야 한다.

그리고 훈련 종료 후 훈련내용이 실제 업무에 반영되어 효과를 보았는지, 훈련의 목표가 적절히 달성되었는지를 평가하는 것도 훈련효과를 높이는 데 필요하다.

2. 직원능력개발을 위한 교육훈련의 종류

1) 오리엔테이션(Orientation)

오리엔테이션은 신규로 채용된 직원에게 조직과 조직의 서비스 및 지역사회를 소개하는 적응훈련 또는 기초훈련의 과정이다.

조직의 역사, 목적, 기본 정책, 규정, 조직구조, 급여, 보상체계 등이 소개된다. 오리엔테이션은 조직에 속하기 위한 첫 관문이며, 조직의 장이나 부서의 장에 의해서 이루어진다.

2) 일반직원 훈련

일반직원 훈련은 직무수행 개선을 위한 교육훈련으로 현재 근무하고 있는 직원들에게 필요한 새로운 기법 등을 습득시켜 직무능력을 향상시키기 위한 것이다.

일반직원 훈련은 보수훈련의 형태를 띠며, 기관 내 자체 프로그램을 마련하거나 기관 외 특정한 연수 프로그램을 이용하기도 한다. 직업훈련은 장기적이고 지속적으로 실시되어야만 훈련의 효과를 볼 수 있다.

3) 감독자 훈련

감독자 훈련은 슈퍼바이저(supervisor)들에 대한 훈련과정으로 일선에 지도할 대상이 있는 감독자를 대상으로 업무수행에 필요한 지식, 리더십, 의사전달, 인간관계, 인사관리 등 전 분야에 걸친 훈련내용을 담고 있다.

훈련방법으로는 강의, 회의 및 토의, 사례발표 등이 있으며 주로 회의가 많이 이용되고 있다.

4) 관리자 훈련

관리자 훈련은 슈퍼바이저(supervisor)보다 높은 최고계층에 속하는 중급·고급 관리자에 대한 훈련이다.

조직발전을 좌우하고 모든 조직 구성원의 활동에 영향을 미치므로 이들의 훈련이 많이 강조되고 있으며, 정책 수립과 리더십과 같은 능력이 다른 직원들보다 더 많이 요구된다.

정책수립능력은 합리적으로 목표와 정책 및 계획 등을 판단하고 결정할 수 있는 것이며, 리더십은 조직의 발전을 유도하고 촉진하며 직원들 간의 관계를 잘 조정할 수 있으며 동기부여를 해주도록 하는 것을 말한다.

교육방법으로는 사례발표, 회의, 토의, 신디케이트(syndicate)가 많이 이용된다.

3. 직원능력개발의 교육훈련 방법

직원능력개발은 프로그램에 따라 직원훈련이 이루어지며, 직원의 직무역량을 증대시키고 근무사기를 높이며 조직혁신과 조직안정에 기여한다.

또한 직원의 직무에 관한 지식, 기술, 행동을 학습시키는 계획된 노력이다. 직원능력을 개발할 수 있는 방법은 다양하다.

1) 강 의

강의는 교육 대상자가 많거나 비교적 단시간 내의 교육훈련의 성과를 이끌어 내고 싶을 때 사용하는 방법이다.

강사 위주의 일방적인 교육훈련이 되기 쉬우므로 실습, 현장훈련 및 사례연구를 통한 다양한 강의방법을 모색하는 것이 바람직하다.

2) 포 럼

특정 주제에 관하여 새로운 자료와 견해를 제공하여 관심을 높인 후 각자의 의견을 표명하도록 촉진하는 토론회다. 주로 사람들이 잘 모르는 주제에 대해 전문가가 정보를 제공하고 그에 대한 의견을 교환한다. 직원 모두가 발언할 기회를 공정하게 부여해야 한다.

3) 패널토의

특정 주제에 대한 전문지식을 가진 패널구성원이 의도적인 대화의 형식으로 토의하는 것이다. 사회자의 진행에 따라 특정 주제에 상반된 견해를 대표하는 사람들이 청중 앞에서 자유롭게 토론하고 연수자들은 그 토의를 듣는 학습방식이다. 참가자 대표는 3~5명 정도이며 특정 문제를 중심으로 좌담회 형식으로 토론을 한 후 전체 참가자와 질문이나 의견을 교환한다.

4) 순환보직

일정한 시일의 간격을 두고 직장 내 다양한 업무를 수행할 수 있는 능력개발을 위해 다른 부서로 발령을 내는 것이다. 이러한 훈련방법은 여러 보직을 담당하는 과정에서 시야와 경험을 넓히고 관리능력을 향상시키는 장점이 있으나, 전보가 빈번히 이루어지는 경우 업무수행의 전문성과 능률성을 저하시키고 행정의 일관성을 해칠 우려가 있다.

5) 보수교육

교육이 끝난 직원들을 대상으로 전문성을 유지하고 향상시키기 위해 계속적으로 필요에 맞게 교육하는 것을 의미한다. 직원의 상황에 맞는 교육을 융통성 있게 할 수 있으나 장기적인 철저한 계획과 교육기관 및 복지조직의 긴밀한 협조가 요구된다.

6) 사례발표

직원들이 돌아가면서 사례를 발표하고 이에 대해 다른 직원들이 평가와 토의를 하는 방식이다. 사례발표를 통해 직원들이 직무에 대한 이해와 능력을 향상시키며 사례에 대해 체계적으로 개입에 대한 적절한 기법 등을 배울 수 있다. 또한 구체적인 사례를 통해 실제적인 상황과 유사한 경험을 할 수 있어 분석적 사고능력과 더불어 문제에 대한 해결능력도 키울 수 있다. 직원개발의 공통적인 방법으로 현장에서 사례발표가 활용된다.

7) 역할연기

역할연기는 교육대상자로 하여금 여러 직원 앞에서 2인 또는 그 이상의 직원이 어떤 사례, 사건을 구체적인 상황에 근거하여 실제 연기를 하도록 하는 것으로 사회복지실천 기술을 향상시키기 위한 훈련이나 인간관계 훈련에 효과적이다. 역할연기 후 여러 사람들이 연기자들의 연기를 평가하고 토론하여 마지막으로 사회자가 결론을 내는 방식이다.

8) 신디케이트

10명 내외의 소집단으로 나누어 각 집단별로 동일한 문제를 토의하여 해결 방안을 작성하고 다시 전체가 모인 자리에서 각 집단별로 문제해결 방안을 발표하고 토론하여 하나의 합리적인 문제해결 방안을 모색하는 방법이다.

제3절 슈퍼비전

1. 슈퍼비전의 의의

슈퍼비전(supervision)의 어원은 '위에서 내려다보다', '감독하다', '통제하다'인데, 말의 의미처럼 어떤 상급자와 하급자의 관계에서 상급자가 감독하고 지도하는 의미보다는 서비스를 효과적이고 효율적으로 전달하기 위하여 지식과 기술을 잘 사용할 수 있도록 도움을 주는 활동이다.

슈퍼바이저(superviser)의 역할은 슈퍼바이지(supervisee)를 지지하고 또한 이들에게 용기를 북돋워 주며 정보를 제공하고 말을 들어주는 것이다. 따라서 사회복지조직에서 슈퍼바이저는 직원들의 일을 조직하고 모니터하며, 평가하고 정서적이고 사회적인 지지까지도 제공하며, 업무담당자들의 전문성 개발에도 기여하고 있다

2. 슈퍼비전의 기능과 슈퍼바이저의 조건

1) 슈퍼비전의 기능

사회복지 슈퍼비전(supervision)이란 슈퍼바이저(superviser)가 사회복지사들의 기술개발과 개인의 전문적 성장을 도움으로써 업무를 효과적으로 수행하고 클라이언트에 대한 서비스의 질을 증진시키도록 하는 것으로 행정적, 교육적, 지지적 기능으로 나누어 볼 수 있다.

(1) 행정적 기능

사회복지사들로 하여금 기관의 정책과 절차를 정확하고 효과적이며 적절하게 수행하도록 하는 것으로, 기관에서 근무하고 있는 사회복지사들에게 작업환경의 구조화와 업무수행에 필요한 접근법을 제공해 줌으로써 효율적으

로 이용할 수 있게 돕는 과정이라 할 수 있다. 이러한 행정기능에는 직원의 채용과 선발, 사례의 배당 및 업무분담, 의사소통의 촉진, 직무수행의 책임성, 사업 프로그램 평가에 관한 것이 포함되고 있다.

(2) 교육적 기능

교육적 슈퍼비전의 핵심은 사회복지사의 지식과 기술을 향상시키는 것이다. 다양한 서비스 실천이론 및 모델에 대한 교육을 통해 사회복지사의 문제해결과 실천기술 향상을 도모한다. 교육적 기능의 주요 내용은 학습의 촉진, 훈련 및 교육, 경험과 지식의 공유, 정보제공, 안내, 명확화, 문제해결에 대한 원조, 조언 및 제안 등이 있다.

(3) 지지적 기능

사회복지사의 사기와 일에 대한 만족감을 쟁점으로 사기의 진작과 기관에 대한 소속감과 직무수행에 있어 안정감을 느끼도록 돕는 과정이며, 감정적으로 소진된 사회복지사에게 사회적 지지를 제공하는 것이다.

2) 슈퍼바이저의 조건

스키드모어(Skidmore)는 효과적인 슈퍼비전을 하기 위해 슈퍼바이저는 다음과 같은 조건을 구비하여야 한다고 제시한다.

① **자질과 지식 구비** : 슈퍼바이저는 특정 서비스에 대한 전문적인 지식과 기관에 대한 종합적인 지식을 갖추어야 한다.
② **실천기술과 경험 구비** : 슈퍼바이저는 자신이 클라이언트에 대한 문제를 해결해 본 경험과 기술을 갖추고 있어야 한다.
③ **개방적 접근의 허용** : 슈퍼바이저는 필요시 언제든지 하급자가 쉽게 접근하여 질문하고 적절한 지도를 받을 수 있는 기회를 마련해야 한다.
④ **지속적인 관심과 진지한 자세** : 슈퍼바이저는 기관, 하급자, 자신과의 역동적 관계에 대하여 진실하고 지속적인 관심을 가져야 한다.

⑤ **솔직한 태도** : 슈퍼바이저는 하급자가 제기한 질문이나 문제해결에 대한 해답을 모르거나 제시할 수 없을 때는 자신의 입장을 솔직히 밝히고 또한 실수가 있을 때도 그것을 솔직히 인정할 수 있어야 한다.

⑥ **긍정적인 보상** : 사람은 인정받고 칭찬받기를 갈망하기 때문에 가능하면 감사와 칭찬의 태도를 가지고 하급자의 동기를 유발하고 전문성의 개발을 도모하여야 한다.

3. 슈퍼비전의 모형

슈퍼비전의 모형은 주로 왓슨(Watson)의 6가지 모형, 스키드모어(Skidmore)의 7가지 모형, 코울쉐드(Coulshed)의 6가지 모형 등으로 구분되고 있다. 첫째, 개인 대 집단 슈퍼비전은 슈퍼바이저 1인이 몇 명에게 슈퍼비전을 주는가? 둘째, 직접 대 간접 슈퍼비전은 직접 슈퍼바이저를 만나느냐? 셋째, 공식적 대 비공식적 슈퍼비전은 슈퍼비전이 체계화 되어 있는가?에 따른 분류이다.

코울쉐드(Coulshed)의 슈퍼비전 모형을 살펴보면 <표 7－1>과 같다.

〈표 7-1〉 **코울쉐드(Coulshed)의 슈퍼비전 모형**

구 분	내 용
개인 슈퍼비전	• 슈퍼바이저 1인이 사회복지사 1인에게 슈퍼비전(일반적 형태) • 슈퍼바이저 없이 비슷한 수준의 사람이 1 : 1로 도와주는 형태
집단 슈퍼비전	• 슈퍼바이저 1인이 다수의 사회복지사에게 슈퍼비전 • 슈퍼바이저 없이 다수가 서로 도와주는 형태
직접 슈퍼비전	• 슈퍼바이저 1~2인이 사회복지사 관찰
간접 슈퍼비전	• 사회복지사의 설명을 듣고 서술한 기록, 역할연기나 모의실험을 통해 슈퍼비전
공식적 슈퍼비전	• 슈퍼비전이 준비되고 목적과 목표가 있고 슈퍼비전이 가능한 조직하에서 특정 장소에서 이루어지는 경우
비공식 슈퍼비전	• 준비되지 않은 상태에서 슈퍼비전

4. 미래의 슈퍼비전

사회복지행정은 서비스 제공 기관을 중심으로 클라이언트에게 어떠한 형태로 서비스를 전달하느냐 하는 문제를 중심으로 변화와 개선이 이루어져 왔고, 또 앞으로도 이루어질 것이다.

유능한 슈퍼비전이 되려면 슈퍼바이지에게 전문적으로 발전할 수 있는 기회를 주는 것과 내담자에게 보다 효과적인 상담서비스를 제공하는 것 사이에 적절한 조화를 유지해 나가는 것이 필요하다.

또한 교육, 상담, 자문 등을 거치면서 각 회기마다 내담자가 적절한 도움을 받고 있는지, 내담자에게 적절하게 상담자가 반응하였는지, 현 회기가 전 회기와 어떤 연관이 있는지, 다음 회기의 계획은 어떤 것들이 있는지 등의 평가와 감독도 중요하다.

따라서 사회복지에 대한 국가의 책임이 증대됨에 따라 국가에 의한 사회복지사업에 대한 지도·감독도 강화될 것으로 본다.

하지만 사회복지에 대한 국가책임의 증대는 사회복지사업의 자율성을 침해하는 결과를 가져올 수 있다. 사회복지에 대한 국가의 지도·감독은 적절한 자율성과 책임성을 보장할 수 있는 범위 내에서 최소화되어야 한다.

제4절 사회복지사의 소진관리

1. 소진의 개념

소진(burnout)은 일반적으로 오랫동안 사람들과의 밀접한 관계를 유지하는 과정에서 받게 되는 계속적이고도 반복적인 정서적 압박의 결과로서 인간에 대한 서비스를 주로 담당하는 종사자들 사이에서 나타나는 신체적·정서적·정신적 고갈상태를 말한다.

소진의 원인은 사회복지전문직이 가지고 있는 특성, 개인적 요인, 클라이언트 요인, 업무환경적 요인으로 인해 생겨난다.

사회복지사들은 끊임없이 클라이언트에게 감정을 이입하지만 그 감정의 흐름은 일방적인 것이어서 때로는 박탈감을 느끼거나 탈진하게 되며, 빠른 성공이나 비현실적인 기대, 직업의 지나친 몰두와 같이 개인적 성향이 소진을 쉽게 일으킨다.

또한 소진은 조직 안에서의 직무와 깊은 관련이 있다. 사회복지조직 내의 역할모호성과 역할갈등, 업무과다, 낮은 보상, 자신의 존재에 대한 과소평가, 과도한 책임의식, 자율성의 결핍 등은 사회복지사의 소진을 일으킨다.

소진 전문가 마슬락(Maslach)은 소진의 요인으로 업무량, 시간 압력, 역할 갈등, 역할 모호성, 사회적 지지의 결여, 피드백의 결여, 자율성의 결여, 의사결정과정에의 참여의 결여를 들었다.

에델위치와 브로드스키(Edelwich & Brodsky)에 의하면, 소진은 일반적으로 사회복지사들이 교육훈련의 장으로부터 전문직이라는 구체적 직업환경의 현실적인 어려움으로 옮겨갈 때 필연적으로 겪게 되는 자기직업에 대한 이상과 열정 및 목적의식이나 관심을 점차적으로 상실하는 과정이라고 설명하고 있다.

이와 같은 소진은 크게 네 단계를 거친다.

① **열성의 단계** : 희망과 정열을 가지고 많은 시간과 노력을 투자하는 단계

② **침체의 단계** : 보수 · 근무시간 · 근무환경에 신경을 쓰고 개인적인 욕구충족을 중요시하는 단계

③ **좌절의 단계** : 자신의 직무수행능력과 업무 자체의 가치에 대한 의문을 가지며 클라이언트와의 직접적인 접촉을 피하고 피로, 두통, 복통 등의 경험을 호소하는 단계

④ **무관심의 단계** : 정신적 · 신체적으로 기권 상태에서 클라이언트에게 무관심해지거나 아예 그 직업을 떠나는 단계

일반적으로 소진을 경험하는 사회복지사들은 직업에 대한 만족도가 낮은 것으로 알려져 있다. 다시 말해 소진 수준이 높을수록 직무만족도가 낮을 확

률이 높고, 반대로 소진 수준이 낮을수록 직무만족도가 높을 가능성이 크다는 것이다.

2. 소진의 예방

사회복지전문직을 수행해 나가는 데 있어서 소진은 개인적으로 사회복지사를 소진시킬 뿐만 아니라, 클라이언트에 대한 서비스의 질을 결정하고 사회복지사의 효율성과 기관의 효과성에 부정적인 영향을 주게 된다. 이처럼 소진은 단순히 개인의 문제로 끝나는 것이 아니라 클라이언트에게 제공되는 서비스와 기관에까지 부정적인 영향을 주기도 한다. 직원의 이직과 전직은 새로운 인력의 충원에 따른 비용이 발생하며 소진을 겪는 사람은 동료에게도 부정적인 영향을 준다. 동료들과 갈등을 하거나 직무과업을 혼란시키기 때문이다. 또한 소진은 스트레스와도 연결되어 건강에도 부정적 영향을 준다. 소진의 가장 일반적인 결과는 정신적 역기능으로 불안, 억압, 자존감의 감소 등과 같은 정신건강상의 부정적 결과를 초래할 수 있다. 조직의 매니저는 직원의 소진이 발생하지 않도록 유념해야 한다.

소진을 예방하기 위해서는 스트레스의 관리 및 전문적 효율성을 증진시킬 수 있는 방법이 필요하다. 그 방법으로는 근무시간의 선택, 직무 공유, 자원봉사의 활용을 통해 과중한 업무를 피하고, 소통의 강화, 직원의 인정 등 자율성을 극대화하여 효과적인 의사결정의 자유권을 부여하는 것이다.

또한 개별기관 차원의 소진 대응책으로는 조직의 배열을 적극적으로 변동시켜 갈등상황을 제거하고, 조직의 순기능적인 갈등을 조장하여 구성원으로 하여금 갈등상황에 적응하도록 시키는 것이다.

사회복지사의 소진을 예방하고 관리하기 위하여 사회복지법인 또는 사회복지시설에 종사하는 사회복지사는 보수교육을 받도록 하여 가치관 형성 및 전문지식 습득에 도움이 되도록 하고 있다.

제5절 사회복지사의 사기앙양과 임파워먼트

1. 사기앙양

사기(morale)는 '조직 구성원들이 조직의 공동목표를 달성하기 위하여 자발적으로 협동하는 근무의욕'이다.

특히 사회복지행정의 입장에서 본다면 복지서비스를 담당하고 있는 사회복지행정가나 사회복지사는 적극적인 봉사자로서 높은 근무의욕과 창의적이고 발전지향적인 인간상이 기대되므로 사기는 인적자원관리의 중요한 영역이라 할 수 있다.

화이트(White)에 의하면, "사기란 인간이 스스로 택한 영역에 있어서의 직무나 업적에 대한 자부심에서 나타나는 지적 내지는 도덕적 만족감 때문에 자기의 직무에 자발적으로 전력을 쏟는 일종의 심리상태"라고 하였다.

기온(Guion)은 "사기란 개개인의 욕구가 충족되는 정도이며, 또한 개개인의 만족은 자신의 종합적인 작업환경에서 얻어지는 것이라고 보는 정도"라고 하였다.

사기는 자발적 · 개인적 성격을 띠고 있을 뿐 아니라 집단적 성격을 띠고 있기 때문에 협동성, 단결력, 단체정신 등의 내용들이 포함된다.

그러나 사기는 개인적 · 집단적 범위에만 국한되는 것이 아니고, 국가사회라는 보다 넓은 의미에서의 사회적 성격을 지닌다.

즉, 사기는 자기직무에 대한 사회성을 지녀야 하는 것으로 자기의 직무가 사회에 공헌하고 봉사한다는 자부심과 사회로부터 인정을 받는다는 인정감을 전제로 한 근무의욕이다.

따라서 사기는 일정한 사회적 가치 내지는 사회적 역할과 결부되어야 한다. 사기앙양 방법으로는 보수, 연금제도, 인사상담제도, 고충처리, 제안제도가 있다.

2. 임파워먼트(Empowerment)

임파워먼트(empowerment)란 실무자들의 업무수행능력을 제고시키고 관리자들이 지니는 권한을 실무자에게 이양하여 그들의 책임범위를 확대시킴으로써 구성원들이 보유하고 있는 잠재능력 및 창의력을 최대한 발휘하도록 하는 관리방법이다.

사회복지에서 임파워먼트 개념은 1976년 출판된 솔로몬(Solomon)의 저서에서 시작되었는데, 노인을 대상으로 문제중심이 아닌 강점중심으로 개입하여 클라이언트의 잠재력과 자원을 인정하고 클라이언트에게 건강한 삶을 결정할 수 있는 권한 혹은 힘을 부여하는 것이다.

사회복지 분야의 역량강화는 사회복지사가 클라이언트에게 권한을 부여하는 것과 관리자가 구성원에게 권한을 부여하는 것이다. 이러한 임파워먼트 실천을 위해서는 리더의 역할이 중요하다.

리더(leader)는 사회복지기관이 아무리 어려운 상황에 처하더라도 이를 극복할 수 있다고 생각하고, 아무리 무능한 직원도 기본적인 능력과 자질이 있다고 생각하며, 사회복지기관의 문제점을 하나의 도전이라 생각하고 그 해결을 위해 노력한다.

최근 들어 각 개인의 능력을 충분히 발휘할 수 있는 조직구조가 필요하다는 점에서, 임파워먼트 실행을 통해 직무몰입을 최대화할 수 있고, 업무수행상 문제점과 해결방안을 잘 알고 있는 실무자가 클라이언트에게 적절한 대응을 함으로써 지시, 감독, 감시 등에 필요한 비용과 시간을 줄일 수 있으며, 신속하고 탄력성 있는 서비스를 제공할 수 있다고 본다.

KEY POINT

자유 분류

① 소극적 자유
어떤 행동을 함에 국가로부터 제한 및 간섭을 받지 않는 자유(정부정책 회피)

② 적극적 자유
국가에 대해 참정권, 역할 등 적극적으로 요구할 수 있는 자유(정부정책 참여)

신디케이트(Syndicate)

동일주제를 10명 내외의 소집단별로 나누어 토의 후 다시 전체의 자리에서 해결 방안을 모색하는 방법

소진(burnout)현상

어떤 일에 지나치게 집중하다 보면 어느 시점에서 갑자기 신체적 · 정신적인 극도의 피로감으로 인해 무기력증, 자기혐오, 직무거부 등에 빠지는 현상

가계도 · 생태도 · 사회도

① **가계도** : 과거로부터 2~3세대 내 가족관계 도표(수직적 관계 파악)
② **생태도** : 현재 클라이언트 주변의 상황도표(수평적 관계 파악)
③ **사회도** : 집단 내 구성원들 간의 상호작용 도표(사회집단 내 친밀관계 파악)

슈퍼비전의 3대 요소

기 능	내 용
교육적 기능	• 교육의 핵심은 사회복지사의 지식과 기술 능력 향상 • 교육을 통해 다양한 문제해결과 실천기술 향상 도모
행정적 기능	• 관리자로서 기관의 규정과 절차에 맞는 서비스 제공 • 사례관리 및 서비스 제공을 감독 · 평가하는 역할
지지적 기능	• 워커의 스트레스를 제거하고 동기와 사기 진작 • 워커의 직무만족을 위하여 지지와 개별적 욕구에 관심

슈퍼바이저 · 슈퍼바이지

① 슈퍼바이저는 슈퍼비전을 수행하는 사람
② 슈퍼바이지는 슈퍼비전을 제공받는 사람

임파워먼트(Empowerment)

① 권한을 부여하는 것, 또는 힘을 주는 것, 그리고 역량을 강화하는 것을 의미
② 사회복지에서는 자신의 삶에 대한 자활력을 증가시켜 인간다운 삶의 역량을 강화

권고기관 · 의결기관

1. 권고기관
   국민권익위원회
   ① 행정심판
   ② 부패방지
   ③ 국민고충 처리

2. 의결기관
   중앙생활보장위원회
   ① 생활보장사업의 기본 방향 및 대책 수립
   ② 소득인정액 산정방식의 결정
   ③ 급여기준의 결정(최저생계비의 결정)

노블레스 오블리주(Noblesse Oblige)

높은 신분에 따르는 도덕상의 의무를 말하며, 지도자나 상류층은 그 지위와 신분에 맞는 책임과 의무를 솔선수범해야 한다는 의미

실적주의

① 실력이 있고 적절한 자격이 있는 공무원을 임용하는 제도로 엽관주의나 정실주의와는 상반되는 제도이며 실적제라고도 부름
② 오늘날 미국이나 영국에서도 실적제도로 공무원을 임용함을 원칙으로 하고 있으나 아직도 엽관주의나 정실주의는 시행되고 있음

정실주의 · 엽관주의

구 분	정실주의	엽관주의
공직임용	학연 · 지연 · 혈연 등으로 친분을 중시	선거나 정당에의 충성도와 공헌도 중시
공직교체	일부교체	대량교체
발달국가	영국	미국

Chapter 08

재정관리

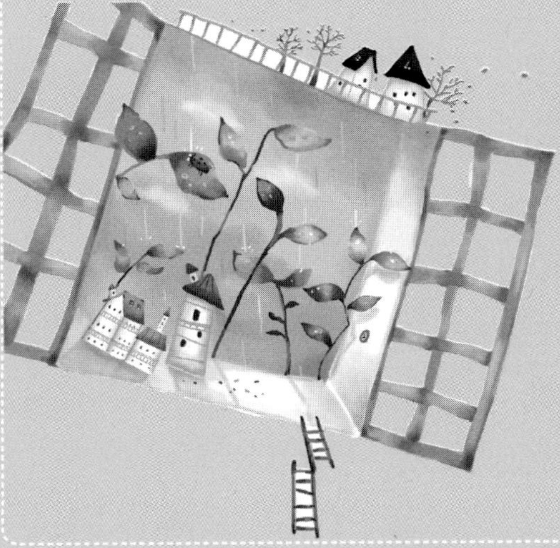

08 재정관리

재정관리란 자본 운용에 관한 경영자 또는 관리자의 재무활동을 의미한다. 재정관리는 조직이 목표달성을 위해 필요한 물적자원을 동원하고 활용하는 과정이며, 물적자원에 동원되는 세입과 자원의 활용을 의미하는 지출로 구분된다. 기관의 목표달성을 촉진하고 법과 윤리 및 지역사회의 수준과 일치하는 방향에서 재원과 다른 부족한 자원을 통제하고 계획적으로 사용하는 것을 재정관리라 할 수 있다.

사회복지조직에서의 재정관리란 클라인트의 욕구를 충족시키는 데 필요한 경비를 조달 · 관리 · 활용하는 일련의 활동을 의미한다. 따라서 사회복지조직에서도 재정자원은 가장 중요한 부분으로 정부의 예산과 정부 차원의 복지기금(생활보호기금, 의료보호기금, 재해보호기금, 사회복지사업기금 등), 민간단체 및 개인을 통해서 재정자원을 획득하고 있어 투명한 예산관리에 대한 책임이 막중하다. 재정관리활동에는 기부금, 모금, 교부금, 수수료 징수 등이 있다.

사회복지조직은 다른 조직에 비해 자원 의존성이 매우 높은 편으로 대부분의 사회복지조직의 재정자원은 충분하지 못하다. 원활한 사회복지서비스를 제공하기 위해서는 안정적인 재정자원의 확보가 매우 중요하며, 확보된 재정자원을 효율적으로 관리하고 운용해야 할 필요가 있다.

합리적이고 효율적인 재정관리를 위해서는 사회복지행정가는 예산수립, 예산집행, 회계, 감사 등에 대한 지식과 기술을 습득 · 적용할 줄 알아야 한다.

무형의 서비스가 이루어지는 사회복지조직의 재정관리는 다른 조직들과는 다른 특성을 가지고 있으며, 사회복지조직의 모든 활동에 영향을 미치고 있다.

우리나라의 사회복지조직의 재정관리는 「사회복지법인 및 사회복지시설 재무 · 회계 규칙」의 적용을 받고 있다.

제1절 재정관리의 개념

재정관리(financial management)는 재무관리 또는 재무행정으로 혼용되어 사용되고 있으며, 조직이 목표달성을 위해 필요한 재정자원을 합리적이고 계획적으로 동원하고 배분하며, 효율적으로 사용하고 관리하는 과정을 의미한다.

사회복지조직의 재정자원은 일반적으로 보조금과 기부금, 서비스 이용료 수입 등이 대부분을 차지하고 있기 때문에 외부자원을 확보하기 위해 많은 노력과 시간을 투자할 수밖에 없다. 또한 재정관리는 조직의 생존과 직결되고 정부를 비롯한 자원제공자들이 조직의 투명성을 요구함으로써 그 중요성이 부각되고 있다.

사회복지조직의 재정관리 특성에 대해 하센펠드(Hasenfeld)는 다음과 같이 제시하고 있다 .

첫째, 사회복지조직은 일반적으로 재정자원의 지속적인 조달을 직접적으로 통제할 수 없으며 통제하려고 하지도 않는다. 사회복지조직은 합법적으로 위임된 서비스라 할지라도 재정할당 정도를 스스로 정할 수 없고 입법기관에서 정해주어야 한다. 이는 사회복지조직이 예산과 관련된 정책결정과정에 참여할 수 있는 권한을 제한당하고 있음을 의미한다.

둘째, 사회복지조직은 매우 다양한 재정자원을 가지고 있다. 예를 들면, 정부보조금, 재단지원금, 협찬후원금, 기부금, 서비스 요금, 대여, 상품 판매를 비롯한 수익사업에 의한 수입 등 다양하며, 이러한 각각의 유형들은 사회복지조직의 특성에 따라 중요성의 비중이 달라진다.

셋째, 사회복지조직은 다양한 재정자원을 확보하기 위해 특별한 업무를 수행해야 한다. 재단에 사업제안서(business proposal)를 제출하거나, 정부와 계약관계를 맺거나, 기부자에게 후원금을 요청하거나, 사회복지서비스 대상자들에게 이용료를 지불하게 하거나, 기부금품을 모집하거나, 특별행사를 조직하는 등의 다양한 재정자원의 확보를 위한 전략을 추진해야 한다.

이처럼 사회복지조직의 재정자원과 관련된 업무는 매우 다양하다. 따라서 사회복지행정가는 조직의 목표달성을 위하여 조직들 간의 결합과 상호작용에 대해 전략적으로 관리할 수 있어야 한다.

재정관리는 일반적으로 예산안을 계획하고 확정하는 예산수립단계, 수립된 계획대로 예산을 집행하는 예산집행단계, 예산을 집행하면서 기록·정리하는 회계단계, 예산집행내역을 정산하고 평가하는 회계감사단계로 이루어지며, 이들의 관계는 서로 관련성을 가지고 순환적으로 이루어진다.

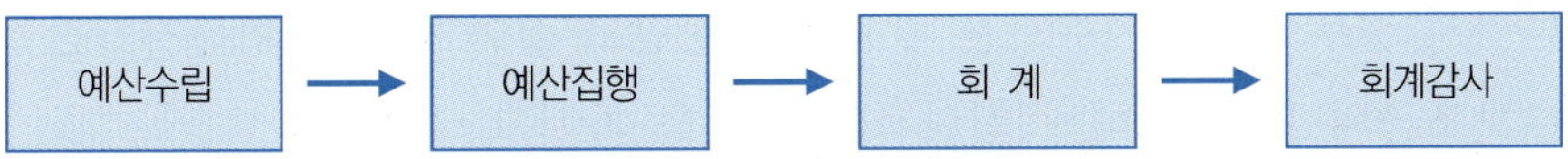

▌그림 8-1▐ **예산수립과정**

제2절 재정자원의 유형

재정자원의 주된 수입원은 보조금, 기부금, 서비스 이용료 등으로, 이를 구체적으로 살펴보면 다음과 같다.

1. 보조금

1980년대 들어 신자유주의가 세계적인 추세로 나타나면서 정부부문은 축소되는 반면, 민간부문의 영역은 확대되어 왔다. 이의 일환으로 비영리부문(non-profit sector)은 정부와 협력관계를 유지하면서 정부로부터 필요한 재정지원을 받으며 발달해 왔다.

사회복지 분야의 전달체계를 분류하면 정부는 재정지원을 담당해 온 반면, 다양한 민간사회복지조직들은 서비스를 산출하여 전달하는 역할을 수행하여 왔다.

보조금은 사회복지조직의 중요한 재원으로 정부보조금과 민간보조금이 있으며, 정부보조금이 많은 비중을 차지하고 있다. 정부보조금은 지속적이고 안정적이라는 장점이 있지만, 사업내용을 제한하거나 강제적인 재정보고를 요구함으로써 사회복지조직은 업무량이 많아지고 재량권을 제한받는 등 적지 않은 외적 통제를 받는다.

따라서 정부로부터 자유로운 활동을 보장받고 싶어 하는 사회복지기관들은 정부보조금의 활용에 대해 회의적인 시각을 가지고 있다.

민간보조금은 민간재단이나 사회복지기금으로부터의 보조금으로 사회복지조직의 특정 사업이나 프로그램을 중심으로 공모를 통해 이루어진다.

따라서 성공적인 재정자원의 확보를 위해서는 다양한 재정자원의 출처에 대한 정보와 사업제안서(business proposal) 작성능력이 필요하다.

2. 기부금

기부금은 개인이나 조직으로부터 나오는 사적인 기여로 소액기부에서부터 억만장자의 기부까지 다양하며, 대부분의 사회복지조직들은 후원자들의 자발적인 기부금을 확보하기 위해 많은 노력을 하고 있다.

최근에는 기부금에 대한 세제혜택이 확대되었고, 조직의 노력 여하에 따라 기부금 정도가 달라지기 때문에 행사, 전화, 개인방문, 모금 캠페인 등 다양한 방법을 동원하여 홍보를 하고 있다.

그러나 기부금 확보는 쉬운 일이 아니어서 사회변화와 개인들의 심리 및 행동의 변화분석을 바탕으로 접근전략을 세워야 하며, 기부가 일회성으로 그치지 않고 지속적으로 이어질 수 있는 방안을 모색해야 한다.

〈표 8-1〉 사회복지법인 재무 · 회계규칙상의 후원금 관리

조 항	내 용	실무내용
제41조의2	후원금의 범위 등	① 법인의 대표이사와 시설의 장은 후원금의 관리에 따른 아무런 대가 없이 무상으로 받은 금품 기타 자산의 수입 · 지출 내용과 관리에 명확성이 확보되도록 하여야 한다. 시설거주자가 받은 개인결연후원금을 당해인이 정신질환 기타 이에 준하는 사유로 관리능력이 없어 시설의 장이 이를 관리하게 되는 경우에도 또한 같다.
제41조의4	후원금의 영수증 발급 등	① 법인의 대표이사와 시설의 장은 후원금을 받은 때에는 「소득세법 시행규칙」 제101조 제20호의2에 따른 기부금영수증 서식 또는 「법인세법 시행규칙」 제82조 제7항 제3호의3에 따른 기부금영수증 서식에 따라 후원금 영수증을 발급하여야 하며, 영수증 발급목록을 별도의 장부로 작성 · 비치하여야 한다. ② 법인의 대표이사와 시설의 장은 금융기관 또는 체신관서의 계좌입금을 통하여 후원금을 받은 때에는 법인명의의 후원금전용계좌나 시설의 명칭이 부기된 시설장 명의의 계좌를 사용하여야 한다. 이 경우 후원자가 영수증 발급을 원하는 경우를 제외하고는 영수증 발급을 생략할 수 있다.
제41조의5	후원금의 수입 및 사용내용 통보	법인의 대표이사와 시설의 장은 연 1회 이상 해당 후원금의 수입 및 사용내용을 후원금을 낸 법인 · 단체 또는 개인에게 통보하여야 한다. 이 경우 법인이 발행하는 정기간행물 또는 홍보지 등을 이용하여 일괄 통보 할 수 있다.
제41조의6	후원금의 수입 · 사용결과 보고 및 공개	① 법인의 대표이사와 시설의 장은 회계연도 종료 후 15일 이내에 별지 제19호 서식에 의한 후원금 수입 및 사용결과보고서(전산파일을 포함한다)를 관할시장 · 군수 · 구청장에게 제출하여야 한다. ② 시장 · 군수 · 구청장은 제1항에 따라 제출받은 후원금수입 및 사용결과보고서를 제출받은 날부터 20일 이내에 인터넷 등을 통하여 3개월 동안 공개하여야 하며, 다만, 후원자의 성명(법인 등의 경우는 그 명칭)은 공개하지 아니한다. ③ 제2항에 따른 공개는 「사회복지사업법」 제6조의2 제2항에 따른 정보시스템에 게시하는 것으로 갈음할 수 있다.
제41조의7	후원금의 용도 외 사용금지	① 법인의 대표이사와 시설의 장은 후원금을 후원자가 지정한 사용용도 외의 용도로 사용하지 못한다. ② 보건복지부장관은 후원자가 사용용도를 지정하지 아니한 후원금에 대하여 그 사용기준을 정할 수 있다. ③ 후원금의 수입 및 지출은 예산의 편성 및 확정절차에 따라 세입 · 세출 예산에 편성하여 사용하여야 한다.

3. 서비스 이용료

서비스 이용료는 클라이언트가 제공받은 서비스에 가격을 지불하는 것으로 전체 비용을 지불할 수도 있고 일부분만을 지불할 수도 있다.

사회복지기관에서 서비스를 받는 클라이언트들에게 이용료를 받는 것이 정당한지에 대한 논란은 계속되고 있다. 이러한 서비스 이용료는 다음과 같은 장점을 지니고 있다.

① 클라이언트의 서비스 선호가 표명되므로 사회복지조직은 이를 확인하면서 서비스 산출활동의 규모를 정할 수 있다. 즉, 효율적으로 서비스 활동을 할 수 있는 것이다.

② 서비스 산출에 소요되는 비용은 서비스 이용자들에게 공정하게 할당된다.

③ 클라이언트가 선택하여 요금을 지불하고 서비스를 받음으로써 사회복지기관은 자신의 성과와 활동에 필요한 정보를 환류(feedback)받게 된다.

④ 자발적으로 요금을 지불한 클라이언트는 이미 해당 서비스에 대해 가치를 부여하고 있으므로 서비스 활동에 더욱 협조적이며 목적지향적이다.

그럼에도 다음과 같은 단점이 있다.

① 사회복지조직이 이러한 요금을 징수하는 경우 이에 대한 저항이 있을 수 있다.

② 클라이언트는 여러 가지 면에서 어려운 처지에 있는데, 이들로부터 요금을 징수하는 것은 비현실적인 면이 있다.

서비스이용료의 종류는 다음과 같다.

① **참가비** : 프로그램에 참여할 때 지불하는 일정액

② **공평부담이용료** : 전체 비용을 참가자 수로 나눈 이용료

③ **고정이용료** : 서비스의 변화에 상관없이 동일한 양의 액수를 지불

④ **지불능력이용료** : 클라이언트의 지불능력을 고려한 이용료

⑤ **제3자요금** : 제3자에 의해서 클라이언트에게 제공된 서비스의 이용료가 지불되는 방식

제3절 예산수립

1. 예산수립의 개념

예산이란 정부가 1회계연도의 사업을 위해 동원하고 사용할 세입과 세출의 내용을 담고 있는 계획서를 말한다. 즉 예산이란 일정기간에 있어서의 국가의 수입과 지출에 관한 예정적 계산으로 정의할 수 있다.

예산수립 과정은 정부가 정책목표를 달성하기 위하여 제한된 재정자원을 배분하는 주기적인 의사결정 과정이며, 예산운영은 정부의 정책을 형성하고, 프로그램을 실행하며, 전략과 관리통제를 확립하기 위한 정책결정 과정이다.

따라서 이러한 예산은 적은 공적자원을 국가나 지역사회의 요구에 따라 배분하는 정치적인 성격을 띤다. 또한 공공사업과 서비스를 제공하는 방법과 수단 그리고 정부의 활동을 효율성과 공평성이라는 측면에서 평가하는 기준이 되기도 한다.

사회복지예산은 사회복지조직이 1회계연도 동안에 세입과 세출 간의 균형을 고려하여 조직의 목표를 금액으로 표시하는 세입과 세출에 관한 예정적인 계산이라 할 수 있다. 사회복지예산은 사회복지조직의 운영과정, 정책 및 프로그램의 요약이라 할 수 있으므로 조직이 어떻게 기능하는가를 가장 잘 알려주는 자료가 될 수 있다. 사회복지예산이 운영되는 기간은 1회계연도, 즉 정부의 회계연도와 동일한 1년(1. 1 ~12. 31)이다.

2. 예산수립의 과정과 절차

조직에서 꼭 필요한 사업이라 할지라도 그에 따른 재정능력이 없으면 실행이 불가능하기 때문에 예산수립에 있어서 우선적으로 고려해야 할 것은 재정상태를 검토하는 것이다.

이러한 재정계획은 현재의 충분한 재정상태를 의미하는 것이기도 하고 앞으로 예상되는 재원조달능력을 뜻하기도 한다.

그러므로 현재의 재정상태가 충분하지 못하다 할지라도 사업실행기간 동안에 예상되는 재원조달통로가 있다면 사업계획을 실행할 수 있다.

그러나 이러한 경우 예상되는 재원의 조달이 확실하지 못하면 사업을 실행하는 데 무리가 생기고 기관의 목적 달성에 차질이 생기게 될 것이다.

따라서 사업계획에 따르는 재정적 부담을 미리 조사하여 그러한 부담을 기관이 감당해 낼 수 있는가를 평가하는 것이 중요하다.

재정계획 다음으로 이루어지는 재원조달은 기관의 존립에 필수불가결한 요건으로, 특히 사회복지조직에서의 재원조달은 주로 정부보조금과 기부금, 서비스 이용료 등을 통해서 이루어지며, 조직의 목적달성을 위하여 지속적인 재원조달방안을 가지고 있어야 한다.

예산수립과정의 마지막은 이용 가능한 재원을 각 부서와 프로그램에 할당하는 재원배분으로 이 과정 역시 재원조달 못지않게 중요하다. 왜냐하면 재원배분에 관한 의사결정에서 여러 가지 요인들이 많이 개입될 수 있기 때문이다.

또한 각 사업부서의 대표자들은 어떻게 해서든 많은 예산을 배정받으려 할 것이므로 부서 간의 알력과 갈등을 초래하게 되고, 이러한 상황이 발생하면 효율적인 사회복지예산이 마련될 수 없고 기관의 목적달성도 어려워진다.

그러므로 이를 방지하기 위해 예산편성에서 각 사업부서의 대표자 간에 협상과 합의가 이루어지도록 해야 한다. 따라서 예산과정은 타협과 협상의 산물이라 할 수 있다.

「사회복지법인 및 사회복지시설 재무·회계 규칙」을 기준으로 예산편성절차를 살펴보면 다음과 같다.

법인의 회계는 당해 법인의 업무 전반에 관한 법인회계, 당해 법인이 설치·운영하는 사회복지시설회계와 법인이 수행하는 수익사업에 관한 회계로 구분한다. 사회복지법인의 대표이사는 회계연도 개시 1개월 전까지 예산편성지침을 정하여야 한다.

또한 법인 또는 시설의 소재지를 관할하는 시장·군수·구청장은 특히 필요하다고 인정되는 사항에 관하여는 예산편성지침을 정하여 매 회계연도 개시 2개월 전까지 법인 및 시설에 통보할 수 있다.

법인의 대표이사는 회계별 예산을 편성하여 이사회의 의결을 거쳐 확정하고, 이를 매 회계연도 개시 5일 전까지 관할 시장・군수・구청장에게 제출하여야 한다.

예산에는 예산총칙, 세입・세출명세서, 추정대차대조표, 추정수지계산서, 임・직원 보수일람표, 당해예산을 의결한 이사회 회의록 또는 해당 예산을 보고받은 시설운영위원회 회의록 사본이 첨부되어야 한다.

또한 법인과 시설의 회계별 세입・세출예산의 개요를 시・군・구, 법인, 시설의 게시판에 20일 이상 공고하여야 한다.

예산은 집행부가 편성하여 사회복지법인 이사회에 제출한 후 이사회의 승인에 의해 최종적으로 확정된다는 점에서 예산의 뒷받침을 받는 서비스 활동이 사회복지조직의 설립목적에 부합하도록 하고 있다.

이사회가 재정적 활동을 허용하는 범위 내에서만 집행부는 예산을 집행할 수 있으며 임의로 변경할 수 없다.

그러므로 이사회에 의한 예산승인은 사회복지조직 전반에 대한 지침임과 동시에 예산안에 이사회의 의도를 담는 관리・감독의 과정이기도 하다.

〈표 8-2〉 **예산편성절차**

활동내용	활동주체	기 한
필요하다고 인정되는 사항에 관하여는 예산편성요령을 법인에 통보	시장・군수・구청장	회계연도 개시 2개월 전까지
법인 및 시설의 예산편성요령 작성	법인의 기획예산부서	회계연도 개시 1개월 전까지
회계별 예산편성(법인회계, 시설회계, 각 업무부서 예산요구서 작성)	법인의 각 업무부서	–
예산안의 이사회 의결	법인이사회	예산안 편성완료 시
의결된 예산안을 시・군・구청장에 제출	법인 대표이사	회계연도 개시 5일 전까지
법인과 시설의 회계별 세입・세출예산의 개요를 시・군・구, 법인, 시설의 게시판에 20일 이상 공고	시・군・구청장 법인 대표이사 시설장	20일 이상

3. 예산모형

예산모형은 예산수립 시 무엇을 가장 중요한 요소로 결정하느냐에 따라 분류되는데, 예산수립의 효율성을 높이기 위해 한 가지 모형만을 사용하는 것이 아니라 필요에 따라 여러 가지 모형들을 결합하여 사용하기도 한다.

본 장에서는 품목별 예산(LIB : Line Item Budget), 성과주의 예산(PB : Performance Budget), 계획예산(PPB : Planning Programming Budget), 영기준 예산(ZBB : Zero Based Budget)에 대해 살펴보기로 한다. 각 예산모형의 특성에 따라 정리하면 <표 8−3>과 같다.

〈표 8-3〉 **예산모형**

모형 특성	품목별 예산 (LIB)	성과주의 예산 (PB)	계획예산 (PPB)	영기준 예산 (ZBB)
정 의	• 구입하고자 하는 물품 또는 서비스별로 편성하는 예산(투입중심 예산)	• 활동을 기능별 또는 프로그램별로 구분한 후에 이를 다시 세부 프로그램으로 나누고 각 프로그램의 단위원가와 업무량을 계산하여 편성하는 예산(과정중심 예산)	• 목표달성을 위한 장기적 기본계획을 수립하고 기본계획을 연차적으로 실행하기 위하여 프로그램별로 편성하는 예산(산출중심 예산)	• 전년도 예산을 전혀 고려하지 않고 계속 프로그램 또는 신규 프로그램의 정당성을 매년 새로이 마련하고 다른 프로그램과의 경쟁적 기반 위에서 우선순위를 정하여 편성하는 예산
특 징	• 전년도 예산이 주요 근거가 됨 • 회계계정별로 구입품목별로 편성 • 통제적 기능이 강함 • 회계자에 유리한 예산임	• 단위원가 × 업무량 =예산으로 계산함 • 장기적 계획을 고려하지 않음 • 효율성을 중시함 • 관리기능이 강함 • 관리자에게 유리한 예산임	• 장기적인 계획(planning)과 단기적 예산편성(budgeting)을 구체적인 프로그램 실행계획(programming)을 통하여 유기적으로 연결시킴 • 장기적 계획을 전제로 함 • 목표를 분명히 하고 달성을 강조함 • 계획기능이 강함 • 계획자에 유리한 예산임	• 매년 프로그램 목표와 수행능력을 새로 고려함 • 목표달성을 위한 다양한 프로그램을 고려함 • 사업의 비교평가에 기초하여 우선순위를 정하여 프로그램을 선택함 • 성과(결과)의 한계 증가량에 관심을 둠 • 의사결정기능이 강함 • 소비자에게 유리한 예산임

장 점	• 지출근거를 명확히 하므로 예산통제에 효과적임 • 회계에 용이함	• 목표와 프로그램을 분명히 이해할 수 있음 • 자금분배를 합리적으로 할 수 있음 • 프로그램별 통제가 가능함 • 프로그램의 효율성을 기할 수 있음	• 목표와 프로그램을 분명히 이해할 수 있음 • 자금분배를 합리적으로 할 수 있음 • 장기적 프로그램 계획을 신뢰할 수 있음 • 프로그램 계획과 예산수립의 괴리를 막을 수 있음 • 프로그램의 효과성을 높일 수 있음	• 예산절약과 프로그램의 쇄신에 기여함 • 재정운영과 자금배분의 탄력성을 기할 수 있음 • 관리에의 참여를 확대할 수 있음 • 자금의 배분을 합리화할 수 있음 • 프로그램의 효율성과 효과성을 기할 수 있음
단 점	• 예산의 신축성을 저해할 우려 있음 • 예산증대의 정당성 부여의 근거가 희박함 • 결과나 목표달성에 대한 고려 부족 • 프로그램 내용을 알기 어려움 • 효율성을 무시함	• 예산통제가 어려움 • 비용산출의 단위설정과 비용책정이 어려움 • 효과성이 무시됨	• 목표설정이 어려움 • 결과에만 치중하므로 과정을 상대적으로 무시함 • 권력과 의사결정이 중앙집중화되는 경향이 있음	• 효과적 의사소통, 의사결정, 프로그램 평가에 대한 관리자의 훈련이 필요함 • 정치적 · 심리적 요인을 무시함 • 장기계획에 의한 프로그램 수행이 곤란함

1) 품목별 예산

품목별 예산(LIB : Line-Item Budget)은 단순하면서 간편하기 때문에 가장 오랜 기간 사용되어 온 예산모형으로, 수입과 지출의 품목별로 소요될 비용을 단순히 목록화하는 방법으로서 사회복지기관에서 가장 많이 사용되고 있다.

품목별 예산은 전년도 예산을 근거로 일정한 양만큼 증가시켜 나가는 것으로 점진주의적 특징을 가지고 있다.

품목별 예산의 장점은 전체 예상 지출 항목들을 수직으로 나열하여 사용하기에 간편하고 단순하며, 지출근거가 명확하므로 예산 통제에 효과적이고 지출 항목 파악이 쉽기 때문에 회계책임을 분명히 할 수 있는 것 등의 장점이 있다. 반면 단점으로는 전년도 예산을 기준으로 하여 예산 증감의 신축성이 없으며, 지출 항목 파악은 쉽지만 전반적인 인상률을 적용하므로 예산 증감 기준의 타당성이 희박하다. 즉, 품목별 예산은 비록 투입물에 대한 통제를 유지하는 데 필요한 정보를 담고 있으나(예를 들어, 인건비에는 얼마가 들고, 건물유지비에는 얼마가 드는지 등), 각 투입물 항목들에 대해 돈이 왜 쓰여지는지에 대한 정보(예를 들어, 그와 같은 인건비가 왜 필요한지에 대해)를 알 수는 없다. 이는 품목별 비용들을 산출물과 지출의 목적에 연계할 수 있는 방법이 갖추어져 있지 않기 때문이다.

그로 인해 단순한 품목별 예산안은 자원제공처가 의사결정을 위해 필요로 하는 충분한 정보를 제공할 수 없다는 취약점을 가지고 있다. 따라서 사회복지조직에서 품목별 예산모형만을 사용하는 것은 한계가 있으므로 다른 예산모형과 결합하여 사용하는 것이 바람직하다.

〈표 8-4〉 품목별 예산의 예

지출항목	2026년도 예산	2027년도 예산
급 여	8,650만 원	9,082만 원
임차료	2,500만 원	2,500만 원
공과금 및 관리비	1,000만 원	1,100만 원
식품비	5,000만 원	5,300만 원
소모품비	500만 원	525만 원
교통비 및 여비	40만 원	42만 원
홍보비	30만 원	33만 원
잡 비	20만 원	25만 원
계	1억 7,740만 원	1억 8,607만 원

2) 성과주의 예산

성과주의 예산(PB : Performance Budget)은 기능주의 예산(Functional Budget) 또는 프로그램 예산(Program Budget)이라고도 부르는데, 1910년에 미국행정부가 구성한 태프트위원회(Taft Commission)에서 처음으로 도입되어 행정부의 각 부서에서 사용하였다.

이 예산형태는 경제성과 효율성을 기초로 하여 종전과는 다른 포괄적인 실행예산을 수립할 것과 프로그램이나 기능의 관점에서 예산을 분류하는 성격을 가졌다.

이 예산은 품목별 예산에서 다루지 않는 산출물에 대해서도 다루고 있다. 품목별 예산이 인건비나 건물유지비 등과 같은 투입물의 비용을 강조하는 반면, 성과주의 예산은 수행하는 업무에 중점을 둔 관리지향적 예산 시스템으로 다양한 산출물에 관심을 갖게 한다. 따라서 성과주의 예산은 새로운 서비스를 제공하기 위해서 현행 프로그램을 수정하는 비용을 사정하는 데 유용하며, 목표와 프로그램을 분명히 알 수 있어 그 성과가 한눈에 파악되므로 각 기관의 생산성 향상 노력을 유도할 수 있고 정부 예산을 장기적인 목표와 결부시킬 수 있다.

성과주의 예산은 비용의 평가에 있어서 이전에 수행되어 왔던 기준을 따르지 않고 효율성을 근거로 하여 예산편성에 대한 평가를 한다. 사업계획을 세부사업으로 분류한 다음 각 세부사업을 "단위당 원가 × 업무량 = 예산액"의 방식으로 예산을 편성한다.

이러한 방식은 단위원가를 계산하여 자금을 배분함으로써 합리성을 도모할 수 있으며, 프로그램의 통제가 용이하고 프로그램의 효율성을 기할 수 있다는 장점이 있다. 반면 품목별 예산제도에 비해 많은 시간과 노력이 소요되며 업무측정 단위가 잘못 설정될 경우 예산 편성과 예산 사용 기관의 활동을 왜곡시킬 수 있다. 특히 사회복지조직의 업무가 주로 무형의 서비스를 제공하기 때문에 프로그램 단위를 정하는 것과 비용계산이 용이하지 않아 단위원가를 정확히 측정하기 어려울 수 있으며 수량화하기 어려운 사업에 대해서는 적용이 어렵다는 단점이 있다.

예를 들어, 상담에서는 클라이언트를 단위로 할 것인지 아니면 시간을 단위로 할 것인지, 입양에서는 입양된 아동의 수, 입양신청 아동의 수 중에서 어느 것을 단위로 정해야 가장 적합할 것인지는 논란이 있을 수 있다.

〈표 8-5〉 성과주의 예산의 예

<table>
<tr><th>담당부서</th><th colspan="2">세부사업명</th><th>예 산</th><th>비 고</th></tr>
<tr><td rowspan="14">상담기획부/
기획부</td><td>집단상담</td><td>프로그램 진행비용
2만 원×4회×18개
= 144만 원</td><td>144만 원</td><td></td></tr>
<tr><td>문화체험</td><td>견학비용
2만 원×15명×3회×18개
= 1,620만 원</td><td>1,620만 원</td><td></td></tr>
<tr><td>대학원 자원봉사자
활동비</td><td>15만 원×10개월×18개
= 2,700만 원</td><td>2,700만 원</td><td></td></tr>
<tr><td>부모 · 가족의
집단활동 및 교육</td><td>활동 및 교육비용
3만 원×4회×18개
= 216만 원</td><td>216만 원</td><td></td></tr>
<tr><td>사례관리자 공동교육</td><td>다과비용
5만 원×4회×1팀 = 20만 원</td><td>20만 원</td><td></td></tr>
<tr><td>워크숍</td><td>0.7만 원×2식×180명
= 252만 원
기타 운영비 = 150만 원</td><td>402만 원</td><td></td></tr>
<tr><td>사례관리자
공동 슈퍼비전</td><td>다과비용
5만 원×4회×3팀 = 60만 원</td><td>60만 원</td><td></td></tr>
<tr><td>자원봉사자 교육</td><td>교재 및 다과비용
2만 원×3회×18개
= 108만 원</td><td>108만 원</td><td></td></tr>
<tr><td rowspan="2">자원봉사자 슈퍼비전, 평가</td><td>슈퍼비전 진행비용
1만 원×4회×18개 = 72만 원</td><td rowspan="2">360만 원</td><td rowspan="2"></td></tr>
<tr><td>평가 진행비용
8만 원×2회×18회
= 288만 원</td></tr>
<tr><td rowspan="3">자원개발</td><td>사무국 진행비용
4만 원×4회 = 16만 원</td><td rowspan="3">196만 원</td><td rowspan="3"></td></tr>
<tr><td>기관별 회의비
3만 원×3회×18개
= 162만 원</td></tr>
<tr><td>기관별 진행비용
1만 원×1회×18개 = 18만 원</td></tr>
<tr><td>소 계</td><td></td><td></td><td>5,826만 원</td><td></td></tr>
</table>

3) 계획예산

계획예산(PPB : Planning Programming Budget)은 1954년 미국의 랜드회사(RAND Corporation)에서 개발한 것으로서, 장기적인 사업계획을 수립하고 그것을 실행하기 위해 당해 연도의 사업계획과 이를 뒷받침하는 예산을 통합하여 수립하는 예산이다.

계획예산을 도입하기 위해서는 선행조건이 필요한데, 첫째, 장기적 계획의 사업목표가 명확히 제시되어야 하고, 둘째, 조직체가 이러한 목표를 달성하는 데 있어서 가장 능률적인 대안(실행 프로그램)을 선택할 능력이 있어야 하고, 셋째, 장기적 계획을 뒷받침할 수 있는 사업재정계획이 있어야 한다.

계획예산은 장기적인 관점을 가지고 예산편성을 하기 때문에 자원배분을 합리적으로 할 수 있으며, 미래지향적인 계획을 예산과 연계시킬 수 있다는 장점이 있다.

그러나 계획예산과 관련된 단위사업에 대한 모든 정보를 가지고 있어야 한다는 현실적 어려움이 있을 뿐만 아니라, 계획기능이 강화되면 최고결정자에게 권한이 집중되는 성향이 강하다는 단점도 있다.

〈표 8-6〉 **계획예산의 예**

사업목표	형평사회 구현				
1차년도 탈빈곤 기반 구축	사업	최저생계비 확립	차등보호 도입	준빈곤층 보호	의료보호 확립
	예산	6,000억 원	2,000억 원	6,000억 원	4,000억 원
2차년도 노령빈곤 해결	사업	비연금노인 지원	양로시설 확충	요양시설 확충	장기요양보험 도입
	예산	5,000억 원	6,000억 원	6,000억 원	3,000억 원
3차년도 농어촌 빈곤 해결	사업	농어민정년제 도입	농촌형 양로보호	농촌형 요양보호	자연재해보험 도입
	예산	5,000억 원	5,000억 원	5,000억 원	5,000억 원
4차년도 도시빈곤 해결	사업	비정규직 지원	빈곤근로자 지원	빈곤영세상 지원	–
	예산	6,000억 원	7,000억 원	7,000억 원	–
5차년도 형평조세개혁	사업	조세개혁	소득공제 확립	재분배구조	–
	예산	7,000억 원	7,000억 원	6,000억 원	–

4) 영기준 예산

영기준 예산(ZBB : Zero Based Budget)은 1969년 미국의 텍사스 인스트루먼트(Texas Instrument)사의 파이어(Pyhrr)에 의해 개발되었으며, 1973년 주정부예산 편성 등에서 사용되었다.

영기준 예산은 예산편성에 있어서 전년도 예산을 기준으로 하는 점증주의를 극복하고 모든 사업의 능률성·효과성을 종합적으로 재검토하여 그 사업의 존속, 확대, 폐지 여부를 분석·검토하여 사업의 우선순위를 결정하고 이에 따라 예산을 편성한다.

영기준 예산의 1차적 초점은 필요성과 능률성이 현저히 떨어지는 사업에 예산을 관행적으로 배분하는 것을 저지함으로써 자원이 낭비되는 것을 막는 데 있다.

즉, 전년도 사업을 영(zero)으로 가정한 채 모든 사업을 새롭게 다시 시작한다는 관점에서 사업의 목적과 방법 및 자원을 종합적으로 검토하도록 하는 것이다.

모든 신규사업을 처음 시작할 때처럼 조직 내 각 부서로 하여금 담당하고 있는 모든 사업에 대해 비용·편익분석을 통하여 자세히 분석하고 자원배분의 필요성을 입증하도록 하고 있다.

이 예산에서 중요하게 생각하는 것은 첫째, 현재의 프로그램은 효율적이고 효과적인가? 둘째, 현재의 프로그램은 우선순위가 높은 다른 프로그램에 예산을 배정하기 위하여 중단해야 하는가? 아니면 프로그램에 대한 예산을 줄여야 하는가이다. 영기준 예산의 편성절차는 다음과 같은 4단계로 이루어진다.

첫째, 예산결정단위를 확인한다. 독자적으로 의사결정을 할 수 있는 의미 있는 단위(일반적으로 프로그램 운영팀 등이 될 수 있음)를 확인한다.

둘째, 의사결정단위를 분석한다. 각 결정단위에서는 프로그램을 어느 수준에서 어떻게 수행할 것인가에 대한 의사결정대안을 세 가지 정도 개발한다.

이러한 대안은 다른 의사결정단위의 대안들과 비교하여 예산배분결정을 할 수 있도록 문서로 정리되어야 한다.

이는 의사결정단위의 목표, 활동, 비용과 편익, 업무량, 업무측정, 목표달성을 위한 대안, 업무수행의 예상결과(각 대안의 수준에서 어느 정도 효과가 있을 것인가) 등을 분석한 것이다.

의사결정의 세 가지 대안은 일반적으로 의사결정단위가 할 수 있는 최저 수준의 활동과 소요예산, 현행과 같은 수준의 활동과 소요예산, 현행 수준 이상의 소요예산이 된다.

셋째, 각 대안의 비교 및 우선순위 부여이다. 각 의사결정단위의 대안을 다른 의사결정단위의 대안들과 비교하여 우선순위를 부여한다.

넷째, 대안에 대한 예산배정수준 결정이다. 우선순위에 따라 적합한 대안들을 선택한다. 그러나 어떤 결정단위의 대안은 폐기될 수도 있기 때문에 결정단위마다 대안이 반드시 하나씩 선택되지 않을 수도 있다.

영기준 예산의 장점은 예산절약과 프로그램 쇄신에 기여하고 재원의 합리적인 배분으로 재정운영과 예산배정에 탄력성을 기할 수 있으며 나아가서 프로그램의 효과성과 효율성을 높일 수 있다는 장점이 있다.

반면에 프로그램의 우선순위를 정하는 데 어려움이 있을 수 있고, 예산의 합리성을 강조하다 보니 정치적·심리적인 요소가 무시될 수 있는 단점이 있다.

4. 예산집행

예산집행은 예산을 면밀하게 편성하여 편성한 대로 행해지고 있는지를 확인하고 필요에 따라 지도·조정하는 일을 말한다. 예산안이 통과되면 예산은 자원을 확보하기 위한 역할에서 조직의 업무수행을 통제하는 도구이자 기준이 되고 책임성을 판단하는 역할로 전환된다.

예산수립과정에서는 행동을 위한 계획이었지만 예산집행과정에서는 계획이 실천되기 위한 지침 역할을 하게 되는 것이다.

예산수립이 잘 되었다 하더라도 예산집행을 제대로 하지 못한다면 예산수립의 의미가 상실되고 따라서 사회복지조직의 목표를 효과적·효율적으로 달성하기 어려울 뿐만 아니라 나아가서 조직의 발전과 존속에 부정적인 영향을 미칠 가능성이 있다. 따라서 예산집행에 대한 관리가 반드시 포함되어야 한다.

예산집행은 수입과 지출에 관한 단순한 관리나 통제로서의 의미만 가지는 것이 아니고 회계통제, 프로그램 관리통제, 인사관리 통제, 산출통제, 관리행위 통제라는 의미도 가지고 있다.

1) 예산집행의 개념과 원칙

예산집행(budget execution)을 할 때에는 「국가재정법(예산회계법)」, 「사회복지법인 및 사회복지시설 재무・회계 규칙」 등에 따라야 한다. 예산집행이란 세입・세출예산이 담고 있는 정책목표와 프로그램들을 성취하는 데 필요한 수입과 지출을 실행하는 일체의 행위를 말한다.

모든 예산은 사업을 수행해서 업적을 올려야 할 많은 계획들을 내포하고 있는데, 이러한 사업계획을 실천에 옮기는 것이 예산집행인 것이다.

예산안이 통과되면 배정된 금액 이상의 지출행위를 해서는 안 되며, 예산안을 심의・확정한 본래의 의도를 충실히 구현하고 재정적 한계를 준수하여야 한다.

그러나 예산의 신축성을 유지하기 위하여 재정관리에서는 예산의 이용(移用)・전용(轉用) 등이 허용되고 있다. 이러한 예산을 집행하는 과정에서 다음과 같은 원칙들이 준수되어야 한다.

① 개별화의 원칙

통제체계는 개별기관 그 자체의 제약조건, 요구사항 및 기대사항에 맞게 고안되어야 한다.

② 강제의 원칙

재정통제 체제는 강제성을 띠는 어떤 명시적인 규정이 있어야 한다. 강제성이 없는 규칙은 효과성이 없다. 강제성은 때로는 개별성을 무시할 수 있으나 규칙의 동일한 적용을 통한 공평성과 활동을 공식화하는 것이다.

③ 예외의 원칙

규칙에는 반드시 예외사항을 고려해야 하고 그러한 상황에 적용되는 다른 규칙도 명시되어야 한다.

④ 보고의 원칙

통제체계는 보고의 규정을 두어야 한다. 재정활동에 대한 보고의 원칙이 없으면 재정 관련 행위를 공식적으로 감시하고 통제할 수 없다. 예를 들어, 예산의 내용이나 개인적 유용, 항목변경 등의 사실들이 있는데도 보고되지 않으면 재정활동에 큰 문제가 생길 수 있는 것이다.

⑤ 개정의 원칙

규칙은 많은 경우 일정한 기간 동안만 적용할 수 있도록 제한되어 있거나 적용할 때 부작용이 나타날 경우를 대비하여 일정한 기간이 지난 후에는 규칙을 새로 개정할 수 있어야 한다. 예를 들어, 여비, 연료비 등은 물가상승과 연계되어 있으므로 일정 기간마다 개정되어야 한다.

⑥ 효율성의 원칙

통제에는 시간과 비용이 많이 드는 경우가 있다. 통제는 비용과 노력을 최소화하는 정도에서 이루어질 수 있어야 한다. 예를 들어, 보고서의 수를 많게 하거나 통제업무를 위해 인원을 새로 증가시키는 것은 비효율적이 되는 경우가 많으므로 효율성에 항상 유의하여야 할 것이다.

⑦ 의미의 원칙

효과적인 통제가 되기 위해서는 규칙, 기준, 의사소통 및 계약 등은 관계되는 모든 사람들이 의미 있게 잘 이해할 수 있도록 전달되어야 한다. 그러므로 규칙은 명확하게 쓰이고 통제자료는 쉽게 얻을 수 있어야 하며, 절차의 분류와 해석을 위한 것도 명확히 쓰여야 한다.

⑧ 환류(feedback)의 원칙

재정통제 체계에 관한 규칙, 기준, 의사소통, 계약 등을 적용할 때 발생할 수 있는 여러 가지의 부작용 및 장단점 등을 관련자들로부터 들을 수 있기 때문에 개정과 개선의 기초가 되어야 한다.

⑨ 생산성의 원칙

재정통제는 서비스가 효과적이고 효율적으로 전달될 수 있도록 하기 위한 수단이므로 이로 인하여 서비스 전달이라는 생산성에 장애와 갈등이 발생하지 않도록 유의하여야 한다. 예를 들어, 청소년 프로그램에서 장비의 훼손, 남용, 도난을 방지하기 위하여 장비를 단단히 자물쇠로 잠근다면 문제가 될 수 있다.

2) 수입과 지출

수입(import)은 모든 세입예산을 의미하는데 사회복지조직에서의 수입은 정부보조금, 이사의 부담금과 법인의 수익사업 등의 법인수입, 외부단체의 지원보조금, 일반성금과 결연후원금 등의 기부금, 일시차입금과 은행이자 등의 기타 수입이 여기에 해당된다. 수입과 지출에 관한 업무는 법인의 대표이사와 시설장이 관리하지만 소속직원에게 위임할 수 있다.

사회복지조직의 수입절차는 물품판매 수입이나 봉사료의 경우 채무자, 수입발생 원천, 금액 등에 관하여 필요한 조사를 수행하고 수입결의서를 작성한 후 서면으로 채권이행을 청구한다. 그리고 채무자로부터 수입금을 수납하면 영수증을 발행하고 지체 없이 금융기관에 예치하여야 한다.

지출이란 채무이행에 있어서 최종행위인 현금의 지급을 의미한다. 지출행위를 할 때에는 지출결의서를 작성하여 시설장이나 법인대표 또는 상급기관의 결재를 받아야 한다. 지출은 지출사무를 관리하는 자(법인대표 및 시설장) 및 그 위임을 받아 지출명령이 있는 것에 한하여 지출원이 행하며, 지출명령은 예산의 범위 안에서 하여야 한다.

지출은 상용의 경비 또는 소액의 경비지출을 제외하고는 예금통장에 의하거나 「전자문서 및 전자거래기본법」 제2조 제5호에 따른 전자거래로 행하여야 한다. 또한 지출원은 상용의 경비 또는 소액의 경비지출을 위하여 100만원 이하의 현금을 보관할 수 있다. 지출결의서에 의하여 금전을 지출할 때에는 세금계산서, 간이세금계산서, 영수증 등을 교부받아야 한다.

3) 결 산

결산(closing)이란 일정기간(회계기간 또는 사업연도)이 경과한 시점의 재정상태 및 일정기간 동안의 경영성과를 파악하고, 재무상태의 변동을 밝히기 위해 장부마감을 하고 결산서를 작성하는 절차를 말한다. 따라서 한 회계연도 내에서 발생한 모든 수입과 지출을 확정적인 계수로 표시하는 예산과정의 마지막 절차로서 이사회의 의도대로 예산집행이 이루어졌는지, 예산집행의 목표가 달성되었는지를 확인하는 과정이라 할 수 있다. 또한 결산결과를 다음 해의 예산에 반영하기 위한 과정이다.

결산은 집행부가 심의·의결기관의 의도대로 예산을 집행하였는가를 사후적으로 감독하는 것이기 때문에 이것은 집행부의 책임을 해제시켜 주는 역할을 할 뿐만 아니라 감독관청의 감독을 유도하는 역할도 한다.

사회복지법인의 대표이사는 법인회계와 시설회계의 세입·세출보고서를 작성하여 이사회의 의결을 거친 후 다음 연도 3월 31일까지 시장·군수·구청장에게 제출한다. 시장·군수·구청장이 결산보고서를 제출받은 때에는 20일 이내에 시·군·구의 게시판과 인터넷 홈페이지에 20일 이상 공고하고, 법인의 대표이사가 해당 법인 및 시설의 게시판과 인터넷 홈페이지에 20일 이상 공고하도록 하여야 하며, 신문 또는 정기간행물에 게재하는 것으로 갈음할 수 있다.

「사회복지법인 및 사회복지시설 재무·회계 규칙」 제20조에는 결산 보고서에 첨부하여야 할 서류가 규정되어 있다.

5. 회 계

회계(accounting)는 재정적 거래를 분류·기록·요약하고 그 결과를 해석하는 표준화된 방법으로 회계활동으로는 기록업무, 정리업무, 재정보고서 작성 등이 있다. 이를 구체적으로 살펴보면 다음과 같다.

1) 기록업무

기록업무는 수입과 지출에 관한 다양한 기록장부를 준비하여 회계원칙에 따라 장부에 기록하는 일이다. 수입과 지출이 발생하면 분개장과 보조부에 기록하고, 분개장의 기록을 총 계정원장에 옮겨 적어서 시산표 작성 및 정리분개를 하여 정산표를 작성하거나, 재무제표(대차대조표, 손익계산서, 이익잉여금 처분계산서, 재무상태 변동표)를 작성하여 결산분개를 한 후에 다시 거래로 돌아오는 순환과정을 거친다.

2) 정리업무

정리업무는 각종 장부에 기록된 사항을 월별 또는 분기별로 종결하여 정리하는 과정으로 이는 재정보고서 작성에 반드시 필요한 절차로서 사회복지조직의 재정 상태를 파악할 수 있다. 효과적인 정리업무는 문장의 형태를 서술적으로 작성하지 말고 각 내용을 일목요연하게 구성하여 핵심 포인트를 정확하게 전달할 필요가 있다.

3) 재정보고서 작성

회계활동의 마지막 단계로서 월별, 분기별로 재정보고서를 작성하여 사회복지조직의 내·외부관계자에게 보고하는 과정이다. 회계연도 말에는 1년분의 수입과 지출 현황을 알 수 있는 대차대조표를 포함한 보고서를 작성하여 정부기관 및 이사회에 반드시 보고하여야 한다.

그리고 가능하면 외부관계자에게도 보고하거나 공개하여 그들이 제공한 재정자원이 어떻게 사용되었는지를 알려주는 것이 바람직하다. 특히 외부관계자들에게 사회복지조직의 활동과 수입 및 지출 내역의 공개는 조직의 투명성과 신뢰성을 높일 수 있는 계기가 되어 사회복지조직에 대한 지역사회의 관심을 증가시킬 수 있다.

6. 회계감사

회계감사(auditing)란 예산집행에 대한 책임을 규명하는 예산운영의 마지막 단계로서 사회적으로 할당된 자원들에 대하여 조직이나 프로그램들이 제 기능을 수행하고 있는가를 확인하는 과정으로, 사회복지조직의 수입과 지출 결과를 확인·검증하고 이에 관한 보고를 하기 위하여 장부 및 기타 기록을 체계적으로 검사하는 행위를 말한다. 이는 회계기록자가 아닌 제3자가 작성하는 것이어야 한다.

정부보조금을 지원받는 사회복지 조직의 경우 보조금이나 계약의 요구사항을 이행해야 한다.

법인의 감사는 당해 법인과 시설에 대하여 매년 1회 이상 정기 감사를 실시하여야 한다. 감사는 감사보고서를 작성하여 당해 법인의 이사회에 보고하여야 하며, 재산상황 또는 업무집행에 관하여 부정 또는 불미한 점이 발견된 때에는 시장·군수·구청장에게 보고하여야 한다.

KEY POINT

규모의 경제

생산이 일정량 이상 되어야 평균비용(생산비용)이 하락하기 시작하는 경제

세금 분류

① **직접세(누진세)**
소득재분배 효과가 큰 세금 제도(상속세, 양도세, 소득세)

② **간접세(평등세)**
물건 매수의 경우 누구에게나 똑같이 평등하게 징수(부가가치세)

세대 간 소득재분배

근로세대 → 노령세대(기초연금)

세대 내 소득재분배

① **수직적 재분배** : 공공부조(고소득 → 저소득)
② **수평적 재분배** : 사회보험(위험 발생 않는 세대 → 위험 발생 세대)

공공부문의 재원

① **소득세** : 개인소득세, 법인소득세(단일세율)
② **소비세** : 일반소비세(부가가치세－단일세율), 개별소비세(상품마다 차등세율)
③ **부(富)세** : 재산세, 상속세, 증여세
④ **목적세** : 특별한 목적을 위한 세금

민간부문의 재원

① **사용자 부담** : 이용자 부담, 수익자 부담
② **자발적 기여** : 개인 및 단체의 지원금
③ **기업복지** : 민간 기업의 지원금
④ **가족의 재원** : 가족 간의 지원금(비공식 재원)

교부세(중앙정부 지원금)

① **보통교부세**

중앙정부 지원금으로 보통교부세는 용도를 지방자치단체에서 임의로 정하여 사용 가능

② **특별교부세**

중앙정부 지원금으로 특별교부세는 지정된 용도 외에 지방자치단체에서 자체변경 불가능

인플레이션(Inflation)

화폐 가치가 떨어져 물가가 일정 기간 지속적으로 올라가는 현상, 따라서 임금이 인상 되어도 인상 효과가 적은 현상

스태그플레이션(Stagflation)

경제 불황 속에서 물가상승이 동시에 발생하고 있는 상태, 스태그네이션(stagnation)과 인플레이션(inflation)의 합성어

국민연금 · 기초연금

구 분	국민연금	기초연금
재 원	보험료	세금
제 도	사회보험	공공부조
방 법	보편주의	선별주의
자 격	보험 가입자	65세 이상 대상자

예산의 분류

예 산	품목별 예산 (LIB)	성과주의 예산 (PB)	계획예산 (PPB)	영기준 예산 (ZBB)
내 용	투입에 중점 의회의 세부통제 회계책임 파악 용이	기능별 분류 프로그램별 분류 활동별 분류	5년 이상 장기사업 거대한 project 중앙집권적(하향적)	단기적 지방분권(상향적) 과업치중
문제점	경직성의 문제	분권적 기능 문제	장기예측 문제	매몰비용 문제

Chapter 09

정보관리

09 정보관리

제1절 정보관리의 개념

세계는 정보화에 대한 인식이 크게 보편화되면서 정보화 사회에 대비하여 정보통신 기술 및 뉴미디어의 개발에 범국가적인 노력을 기울이고 있다. 인류의 이상을 실현하는 구체적인 과정으로 정보화를 통한 가능성의 타진과 정보화 사회는 산업사회가 안고 있는 구조적인 모순과 한계, 즉 산업사회가 안고 있는 물질자원과 에너지의 고갈, 자연파괴, 공해 및 환경오염 등의 문제를 극복하여 풍요롭고 더 나은 삶을 가져다줄 것이다.

이러한 사회의 변화는 '컴퓨터 · 통신 · 인간'의 결합에 의한 정보기술을 기반으로 사회의 정보화가 그 근저를 이루며, 정보통신에 의해 물적 재화의 대체와 시간과 거리의 제한을 극복하는 것이 가능하게 되어 정보의 이용이 보편화되고 다양화됨으로써 새로운 사회문화로 다가오고 있다.

4차 산업혁명 시대를 맞이하면서 인터넷을 이용한 과제 해결, 전자상거래, 인터넷뱅킹, 화상전화, 원격수업 · 가상수업, 주택의 자동화시스템은 물론, 앞으로는 사물인터넷 · 빅데이터 · 인공지능을 결합한 대표적인 예로서 자율주행시스템(self-driving system), 스마트시티(smart city) 시대가 다가오고 있다.

이러한 환경의 변화에 따라서 사회의 모든 조직들도 변화하고 있으며, 이런 상황에서 조직은 신속하고 정확한 정보에 의한 적절한 의사결정을 하여야 한다.

현대사회의 조직들은 정보화 사회를 형성하게 되었고, 다양하고 거대한 양의 정보를 효율적으로 관리하기 위해서는 정보관리가 필요하게 되었다.

또한 사회복지조직에서의 의사결정은 어떤 특정인의 이익에 한정되는 것이 아니고 조직 구성원의 전부에게 귀착된다는 점에서 의사결정은 합리성을 추구하게 되며, 이 합리성의 추구에 있어서 결정적인 요소가 바로 정보관리라 할 수 있다.

사회복지조직은 책임성과 효과성에 대한 검증이 요구되면서 자신들의 활동이나 성과에 대해서 논리정연하게 설명해야 하는 상황에 처하게 되었다.

그러나 서비스의 다양화와 정보기술의 발달로 많은 양의 정보를 수집해야 하고, 필요할 경우 이를 문서화해서 활용해야 하는데 이러한 과정들을 가능하게 하는 것이 정보시스템이다.

정보관리는 전산화를 이용하여 조직의 목표달성에 필요한 여러 가지 형태의 정보를 수집, 기록, 정리, 분석, 전달, 보관하는 활동을 말한다.

대부분의 정보관리는 보고서를 만들어 내고 질문에 대답하기 위해서 정보를 수집하고, 관리하고, 조정하는 것에 초점을 맞추고 있으며, 정보관리의 산출은 관리자 또는 임상실천가가 그들의 업무를 다루는 데 도움을 주기 위하여 고안된다. 드물게는 클라이언트와 임상실천가의 관계를 강화시키기 위해 만들어지는 것도 있다.

사회복지조직에서는 첨단매체를 통한 정보가 아니더라도 전통적 문서에 의한 정보관리가 행정의 중요한 분야였으나 이를 별도로 취급하는 경우는 별로 많지 않았다.

우리나라에서는 1990년 이후 사회복지조직이 확대되고 컴퓨터를 통한 정보교환이 활성화되면서 정보관리를 사회복지행정에서 별도의 중요분야로 인식하기 시작하였다.

대부분의 조직에서 정보관리와 전산화는 분리될 수 없는 개념이 되어가고 있으며 사회복지조직에서도 마찬가지이다. 정보관리에 있어서 전산화가 기여하는 부분들을 열거하면 다음과 같다.

① 자료의 거래 및 처리

기관에 입·출력되는 자료들은 거래관계별로 처리해 준다. 자료가 입력, 기록, 전달, 보고되는 과정들을 일괄적으로 처리할 수 있게 한다. 전통적으로 한

조직 내에서의 자료의 거래와 처리가 주된 관심이었으나 네트워크(network)의 급속한 발달로 인해 조직들 간의 자료처리와 컴퓨터의 활용이 급증하고 있다.

② 자동화된 작업

전산화된 시스템은 수동작업들을 자동화된 작업환경으로 바꾸어 주며, 그로 인해 비용절감 효과를 유발하고, 서비스 인력과 자원들을 보다 직접적인 서비스에 충실할 수 있게 한다.

③ 정보시스템

조직업무의 전산화가 주된 목적으로 경영정보시스템(MIS : Management Information System)이나 결정지원시스템(DSS : Decision Support System) 등이 대표적인 활용방안들이다. MIS는 경영에 필요한 정보들을 자동적으로 제공하기 위한 시스템이고, DSS는 경영에 관한 의사결정 – 행동을 뒷받침하기 위한 자료분석능력을 제공하는 시스템이다.

④ 사회 – 기술시스템

행정관리에서 컴퓨터의 활용은 일종의 복잡한 사회–기술체계를 의미한다. 사회기술 체계(sociotechnical system)란 사람, 컴퓨터 관련 하드웨어와 소프트웨어, 자동화된 데이터베이스, 조직절차 등과 같은 것들이 미리 규정된 유형에 따라 상호작용하는 상태를 의미한다. 즉, '인간과 기술의 상호작용'인 것이다.

⑤ 자료분석

통계적이고 수량화된 자료분석이 전산기술 활용의 주된 역사를 이루어 왔다. 컴퓨터(computer, 전산기)라는 명칭에서 암시하듯이 컴퓨터는 빠른 속도로 계산해 낼 수 있는 능력으로 인해 수량적인 자료분석이나 데이터베이스 분석 처리 등에서 주된 기능을 발휘해 왔다.

SPSS(Statistical Packages for Social Science)나 SAS(Statistical Analysis System, 통계분석시스템) 등과 같은 것들이 사회복지기관의 자료분석에서 많이 쓰이는 대표적인 프로그램들이다. 최근에는 PC의 급속한 기능향상으로 웬만한 분량의 대형 데이터들도 처리·분석하는 것이 가능하게 되었다.

⑥ 업무자들의 개인용도

데스크탑(desktop) 컴퓨터의 개념으로 사용자들이 쓰기 간편한 운영체제 환경과 몇몇 사무용 프로그램들로 인해 더욱 친숙한 개념으로 활용되고 있다.

스프레드시트(spread sheet), 워드프로세서(word processor), 개인자료 관리(personal data management), 캘린더 - 스케줄러(calendar-scheduler), 컴퓨터그래픽(computer graphics), 프로젝트 관리(project management), 멀티미디어 프레젠테이션(multimedia presentation), 자료분석(data analysis) 등 그 용도는 다양하다.

한편 전산화로 인한 불편한 점은 다음과 같다.

① 비밀보장의 어려움

컴퓨터의 전산화로 인하여 모든 정보가 공유되기 때문에 조직의 비밀보장이 어렵다.

② 정보의 소외현상

정확하고 적시에 적절한 정보를 얻기 위해서는 정보기술에의 접근이 용이해야 하는데, 컴퓨터를 잘 다루지 못하는 경우에는 정보로부터 소외될 수 있다. 더욱이 정보의 접근 가능성이 곧 기업이나 조직에서 자신의 위치가 될 수도 있기 때문에 이것이 곧 삶의 격차와 소외로 그리고 생활의 무능력함으로 나타날 수 있다.

③ 서비스의 지나친 일반화 혹은 잘못된 정보의 습득

기관에서 정보를 공유함에 있어서 잘못된 정보를 그대로 받아들이거나 혹은 기존의 정보를 바탕으로 하기 때문에 새로운 욕구나 요구가 무시될 수도 있다.

④ 기준행동의 유발

전산화로 된 일정 형식에 의거하여 조사하거나 자료를 정리할 때 발생하는 문제로서 더 많은 조사를 행할 수 있지만, 보편적으로 그 틀에 의거하여 '이 정도면 ~하다'라고 나름의 기준을 결정하게 된다는 것이다.

제2절 정보시스템

정보란 어떤 목적에 맞게 정리된 자료를 기반으로 개인이나 조직이 의사결정을 내리는데 유용하게 사용되도록 전환되는 것을 의미한다. 정보시스템(information system)이란 각종 정보를 가장 능률적이며 합리적으로 수집하고, 저장하고, 처리하여 유용한 정보로 전환하는 체계를 말한다. 사회복지기관에서의 정보시스템은 클라이언트에 관한 정보를 다룰 목적으로 쓰여지며, 재정자원의 관리 등과 같은 내부 운영의 통제 목적을 위해서도 사용된다.

최근 들어 조직 내·외부의 의사결정에 고급 정보를 활용하고자 하는 욕구가 증가함에 따라 그리고 이러한 욕구들을 적은 비용과 합리적인 수준에서 다룰 수 있게 하는 정보처리기술이 급속히 진전됨에 따라 사회복지조직들의 정보시스템에 대한 관심도 높아지고 있다.

공식적인 정보시스템은 자료처리작업을 수행하는 체계적이고 정형화된 부분들의 조합으로 구성되며, 다음과 같은 목적을 가진다.

첫째, 법적인 규제를 확인할 수 있도록 하거나 각종 거래에 수반되는 요구조건들이 충족되고 있는지를 확인하게 해준다.

둘째, 기획이나 통제, 의사결정 등에 필요한 경영정보를 산출하고 제공해준다.

셋째, 외부에서 요구하는 다양한 종류의 보고서들을 산출할 수 있게 한다.

사회복지조직의 정보시스템은 크게 세 가지의 근본적인 하위 정보시스템들로 나누어질 수 있다. 클라이언트 정보시스템, 조직 정보시스템, 성과 정보시스템이 이에 해당된다.

이 세 가지 정보시스템들은 서로 연결되어 있는데, 특히 수행 정보시스템은 클라이언트 정보시스템과 조직 정보시스템의 결합에 의해서 발생하는 것이다.

그래서 각 시스템 간의 유기적인 연결을 통해 통합적인 정보관리시스템을 구축하는 것이 중요하다.

1. 클라이언트 정보시스템

클라이언트 정보시스템(client information system)은 클라이언트에 관한 정보, 클라이언트와 서비스 프로그램 간의 상호작용 등에 관한 정보를 생성하고 조직하고 보고하기 위한 것으로 프로그램 이용자들인 클라이언트에게 서비스를 제공하는 것에 초점을 둔다. 따라서 이 시스템의 하위 시스템들은 이러한 과정에 있는 활동들을 나타낸다.

또한 서비스 단계에서 수집된 정보들이 지역사회의 사회복지조직에서 공유된다면 클라이언트에 대한 서비스는 더욱 효율적이고 효과적일 수 있다.

클라이언트 정보시스템은 '누가, 누구에게, 언제, 어디서, 어떤 정도로, 무엇을 했는지'의 문제에 주로 관심을 가진다. 클라이언트와의 만남에서부터 서비스 종료에 이르기까지의 과정을 나타내면 다음과 같다.

〈표 9-1〉 **클라이언트 정보시스템의 단계별 획득정보**

단 계	획득정보
확 인	서비스의 잠재적 수요자 명단, 다른 기관의 의뢰, 비공식접촉을 통한 잠재적 서비스 대상자에 대한 자료 등
접 수	개인이나 가족, 집단에 대한 자료 등
자격 여부 결정	대상자가 서비스 참여에 대한 자격 여부 판단을 위한 자료산출, 서비스 비용을 누가 부담할 것인가 등
프로그램	문제, 욕구, 계획 간의 관계에 대한 기록, 문제는 때로 구술형식으로 하는 반면 서비스 계획은 개인적 또는 케이스 목표를 구체적으로 기록한 자료
서비스 전달	언제, 누가, 어떤 서비스를 제공했는지, 연결된 서비스의 경우 그 과정에 대한 자료도 포함
모니터링	서비스 계획과 실제 제공한 서비스 비교자료
평 가	서비스 평가와 관련된 자료
종 료	서비스 종료시기와 종료이유, 서비스 제공목표의 실현 여부, 다른 기관에 의뢰 여부

2. 조직 정보시스템

조직 정보시스템(organizational information system)은 기획과 예산수립, 보고서 작성, 조직관리의 평가 등과 같은 기본적인 사회복지조직의 행정적인 기능들을 보조하는 역할을 수행하며, 주로 조직의 관리자와 외부의 자원 제공처에서 필요로 하는 정보들을 수집하는 경우가 많다.

조직 정보시스템에서 지원하는 기능은 욕구사정, 시설 및 운영에 관한 기획, 예산, 연구조사, 직원 및 임금대장, 회계 및 비용통제, 통계보고 및 예측에 관련된 정보들이다.

조직 정보시스템은 '어떤 자금으로, 누가, 어떤 목적을 위해, 얼마나, 사용했나'에 주된 관심을 가진다.

3. 성과 정보시스템

성과 정보시스템(performance information system)은 의사결정의 향상을 위하여 프로그램의 생산성과 효과성의 다양한 측면들을 평가하기 위해서 이용한다.

성과 정보시스템은 새로운 정보시스템을 운영하지 않아도 기존의 클라이언트 정보시스템과 조직 정보시스템의 결합에 의해서 정보를 수집할 수 있다.

예를 들어, 클라이언트에게 제공된 정보인 서비스 시간과 인력, 조직정보인 서비스 제공에 사용된 비용을 결합하면 성과정보인 단위당 서비스 비용이 산출된다.

성과정보는 기획정보와 평가정보로 나눌 수 있는데, 기획정보는 미래의 계획을 세우기 위한 정보로서 케이스 부담률에 대한 예상, 서비스 질 향상을 위한 새로운 방법의 도입에 따르는 비용 추산, 인력과 시설비용, 물품 구입비 등은 기획과정에서 비용에 관한 중요한 정보들이다.

평가정보는 서비스 성과와 비용에 관한 정보들이 여기에 해당된다. 서비스 이용자들은 복수의 문제와 욕구들을 가지고 있을 가능성이 많으며, 이들은 각기 다른 여러 기관의 서비스를 이용하는 것이 보통이다.

따라서 서비스의 효과성 평가를 위해서는 다른 기관의 정보시스템과의 호환 내지는 통합이 필요하다.

제3절 정보시스템의 개발과 참여

1. 개발과 참여의 의의 및 중요성

사회복지조직에서 정보시스템의 개발과 도입은 가끔 조직에 심각한 변화를 가져오기도 한다. 따라서 새로운 정보시스템을 개발하거나 도입할 때에는 조직 구성원들 간의 충분한 논의가 선행되어야 하며, 정보시스템의 개발목적을 이해할 수 있도록 해야 한다.

앞으로 사회복지조직에서 요구되는 중요한 변화 중 하나는 조직들 간의 공유가 가능하도록 정보관리에 대한 개방성을 갖는 데 있다.

이를 위해서는 우선적으로 사회복지조직에서 행정을 담당하는 관리자들이 변해야 한다. 왜냐하면 조직 내에서 변화에 대한 요구는 대부분 행정관리자이기 때문이다.

변화에 대한 시작이 이루어졌다면 실행을 위해서는 조직 구성원들의 참여가 중요하다. 새로 개발된 정보시스템이 조직 구성원들의 욕구에 맞게 잘 사용되고 행정관리에 필요한 정보들을 산출하기 위해서는 정보시스템을 사용하는 조직 구성원들의 적극적인 참여가 필요하기 때문이다.

만일 정보시스템의 개발과 이용과정이 상급기관에 의해 강제적으로 이루어진다면 그 결과는 바람직하지 않게 나타날 수 있다.

강제적으로 만들어진 정보시스템이 비록 다양한 정보를 입력하고 산출해 낸다고 해도 실질적으로 조직 구성원들에게 꼭 필요한 정보로 활용되기는 어렵기 때문이다.

따라서 조직 구성원들이 중요시하는 정보들은 조직의 정보시스템과는 별개로 이중적인 정보시스템을 만들게 되어 불필요한 비용의 낭비를 가져올 수 있다. 그렇기 때문에 조직 구성원들이 참여하여 필요성 있는 정보시스템을 만들어야 한다.

정보시스템 개발은 많은 조직 구성원들과 개발자들의 참여로 인해 개발과정이 늦어질 수 있으나 이는 궁극적으로는 정보시스템의 성공 가능성을 높이는 요인이 될 수 있다.

특히 사회복지조직에서는 클라이언트에게 서비스를 직접 전달하는 일선 사회복지사들의 적극적인 참여가 중요하다.

이들은 정보시스템에 정보를 제공하는 역할을 하며, 또한 저장된 정보를 이용하여 서비스의 효과성과 효율성을 높일 수 있는 역할을 하는 당사자들이기 때문이다.

2. 사회복지정보화사업

사회복지 영역의 정보시스템 구축은 조직의 특성상 다른 분야에 비해 표준화된 정보・전산화 작업이 매우 취약하다. 그럼에도 사회복지시설정보시스템(http://www.w4c.go.kr) 구축사업은 복지분야 정보를 통합 제공하여 급증하는 복지정보 제공에 대한 욕구를 해소하고, 사회복지서비스 이력에 대한 체계적인 관리를 제공하기 위해 추진되었다.

2003년 전자정부 31대 로드맵(road map) 과제로 선정되어 2004년 정보화전략계획(ISP : Information Strategic Planning)을 수립하여 1차 사업으로 장애인복지시설에서 활용할 수 있는 시스템을 구축하였다.

2005년도에 2차 사업으로 노인복지시설에서 사용할 수 있도록 확대・구축하였으며, 2006년에는 3차 사업으로 아동・재가노인복지시설에 대한 이력관리시스템을 구축하고, 복지시설과 시・군・구 간에 보고 및 신청업무를 온라인시스템으로 처리할 수 있도록 구축하였다.

또한 이원화되어 추진한 사회복지시설 회계정보시스템과 국가복지정보시스템에 대한 통합 및 연계를 추진하였다.

2007년에는 다양한 시설의 회계업무를 수용하기 위하여 회계정보시스템의 기능을 개선하였으며, 한국사회복지협의회 자원봉사인증관리시스템과 국가복지정보시스템을 연계하였다.

이와 같이 사회복지시설정보시스템(국가복지정보시스템) 구축 등 복지시설 운영 및 관리에 대한 정보화 지원으로 업무 효율성이 향상되고, 국가 차원의 통합시스템 운영으로 시설별 전산시스템 운영비용을 절감할 수 있었으며, 정기적인 보고자료 및 통계자료의 자동생성으로 수작업 업무가 감소되어 개개인이 본연의 업무에 더욱 충실할 수 있는 기반을 제공하게 되었고, 궁극적인 복지서비스 품질의 향상을 기대할 수 있게 되었다.

제4절 문서관리

1. 문서의 개념

문서는 일반적으로 사람의 의사나 사물의 형태·관계 등을 문자·기호·숫자 등을 활용하여 종이 등 매체에 기록·표기한 것을 말하는데, 행정기관의 의사도 문서의 형태로 표시된다.

행정상 공문서라 함은 행정기관 또는 공무원이 직무상 작성하고 처리한 문서 및 행정기관이 접수한 문서를 말한다.

「행정 효율과 협업 촉진에 관한 규정」 제3조 제1호에는 "공문서란 행정 기관에서 공무상 작성하거나 시행하는 문서(도면·사진·디스크·테이프·필름·슬라이드·전자문서 등의 특수매체기록을 포함한다)와 행정기관이 접수한 모든 문서를 말한다"라고 규정하고 있으며, 전자문서에 대해서는 동법 제3조 제2호에서 "컴퓨터 등 정보처리 능력을 가진 장치에 의하여 전자적인 형태로 작성되거나,

송신·수신 또는 저장된 문서"로 규정하고 있다.

따라서 문서의 기안·검토·협조·결재·등록·시행·분류·편철·보관·보존·이관·접수·배부·공람·검색·활용 등 모든 처리절차는 업무관리시스템 또는 전자문서시스템상에서 전자적으로 처리되도록 하여야 한다.

또한 문서는 어문규범을 준수하여 한글로 작성하되 특별한 사유가 없으면 이해하기 쉬운 용어를 사용하여야 한다.

문서관리는 문서의 작성, 보관, 발송, 접수, 보존, 폐기에 관련된 활동으로 사회복지행정의 전 과정에서는 관리활동의 진행을 간접적으로 보조·촉진하고, 행정활동의 질서를 유지하는 활동 전체를 의미한다.

모든 행정업무는 문서로 시작해서 문서로 끝난다고 할 정도로 행정활동은 대부분 문서로 이루어진다. 이처럼 문서는 행정업무를 수행하는 과정에서 필수적인 요소로서 사회복지조직의 업무를 효율적으로 운영하기 위해 문서의 작성과 제출, 보존 등은 매우 중요한 관리활동이다.

2. 문서의 분류

문서는 작성주체, 유통대상 여부, 문서의 성질에 의한 분류로 나눌 수 있다.

1) 작성주체에 의한 분류

공문서는 행정기관에서 공무상 작성하거나 시행하는 문서(도면, 사진, 디스크, 테이프, 필름, 슬라이드, 전자문서 등 특수매체기록 포함)와 행정기관이 접수한 모든 문서를 말한다.

사문서는 개인이 사적(私的)인 목적을 위하여 작성한 문서를 말한다. 그러나 사문서도 각종 신청서·증명서·진정서 등과 같이 행정기관에 제출하여 접수가 된 것은 사문서가 아니고 공문서로 취급되며, 그 문서를 제출한 사람도 접수된 문서를 임의로 회수할 수는 없다.

따라서 사회복지조직에서 작성한 문서는 사문서이지만 이를 행정기관에 접수하게 되면 공문서가 된다.

2) 유통대상 여부에 의한 분류

유통되지 않는 문서로서 내부결재문서는 행정기관이 내부적으로 계획 수립, 처리방침 결정, 업무보고, 소관사항 검토 등을 하기 위하여 결재를 받는 문서를 말한다. 내부적으로 결재를 받는 문서이므로 발신하지 않는다.

유통대상 문서로서 대내문서는 해당 기관 내부에서 보조기관 또는 보좌기관 상호 간 협조를 하거나 보고 또는 통지를 위하여 수신·발신하는 문서를 말한다.

대외문서는 해당 기관 이외에 다른 행정기관(소속기관 포함)이나 국민, 단체 등에 수신·발신하는 문서를 말한다.

발신자와 수신자 명의가 같은 문서는 행정기관의 장 또는 합의제 행정기관이 자신의 명의로 발신하고 자신의 명의로 수신하는 문서를 말한다.

3) 문서의 성질에 의한 분류

「행정 효율과 협업 촉진에 관한 규정」은 공문서를 그 성질에 따라 법규문서·지시문서·공고문서·비치문서·민원문서 및 일반문서로 구분하고 있다.

법규문서는 주로 법규사항을 규정하는 문서로서 헌법·법률·대통령령·총리령·부령·조례 및 규칙 등에 관한 문서를 말한다.

지시문서는 훈령·지시·예규·일일명령 등 행정기관이 그 하급기관이나 소속 공무원에 대하여 일정한 사항을 지시하는 문서를 말한다. 행정법에서는 지시문서를 행정규칙 또는 행정명령이라는 용어로 사용하고 있다.

공고문서는 고시·공고 등 행정기관이 일정한 사항을 일반에게 알리기 위한 문서를 말한다.

비치문서는 행정기관이 일정한 사항을 기록하여 행정기관 내부에 비치하면서 업무에 활용하는 대장·카드 등의 문서를 말한다.

민원문서는 민원인이 행정기관에 허가, 인가, 그 밖의 처분 등 특정한 행위를 요구하는 문서와 그에 대한 처리문서를 말한다.

일반문서는 위 각 문서에 속하지 아니하는 모든 문서를 말한다. 일반문서 중 특수한 것으로서 회보와 보고서가 있다.

3. 문서의 구성 및 작성규칙

일반문서 중 기안문과 시행문은 두문, 본문, 결문으로 구성된다. 다만, 전자문서인 경우에는 두문·본문·결문 및 붙임으로 구성하거나 표제부와 본문부로 구성할 수 있으며, 표제부와 본문부로 구성하는 경우에는 표제부는 두문, 본문의 제목 및 결문으로, 본문부는 제목·내용 및 붙임으로 구성한다.

두문은 발신기관명과 수신, 경유로 구성되어 있다.

본문은 제목, 내용, 붙임으로 구성하되 전자문서인 경우에는 제목, 내용으로 구성할 수 있다.

결문은 발신명의, 기안자, 검토자, 협조자, 최종결재권자의 직위와 서명, 문서의 생산등록번호와 시행일, 문서의 접수등록번호와 접수일자, 발송기관의 주소, 홈페이지 주소, 우편번호, 전화번호, 팩스번호, 담당자 개인의 공식적 전자우편주소 등으로 구성되어 있다.

「사무관리규정」에 의하면 문서작성의 규칙은 어문규범에 맞게 한글로 작성하되, 쉽고 간명하게 표현하고 뜻을 정확하게 전달하기 위하여 필요한 경우에는 괄호 안에 한자 그 밖의 외국어를 넣어 쓸 수 있으며, 특별한 사유가 있는 경우를 제외하고는 가로로 쓴다.

문서에 쓰는 숫자는 특별한 사유가 있는 경우를 제외하고는 아라비아 숫자로 한다. 문서에 쓰는 날짜의 표기는 숫자로 하되, 연·월·일의 글자는 생략하고 그 자리에 온점(.)을 찍어 표시하며, 시·분의 표기는 24시각제에 따라 숫자로 하되, 시·분의 글자는 생략하고 그 사이에 쌍점(:)을 찍어 구분한다.

문서에는 시각장애인 등의 편의 도모를 위해 음성정보 또는 영상정보 등이 수록되거나 연계한 바코드 등을 표기할 수 있다. 이 경우 바코드는 문서 상단의 '기관명' 표시줄의 오른쪽 끝에 2cm×2cm 범위 내에서 표기한다.

문서의 작성에 쓰이는 용지의 크기는 특별한 사유가 있는 경우를 제외하고는 A4용지(가로 210mm, 세로 297mm)로 규격화한다.

4. 문서의 작성

문서의 작성은 다양한 방법이 있으나 여기에서는 사회복지조직에서 주로 사용되는 사항들을 중심으로 설명한다.

문서의 작성은 문서의 제목이 내용의 핵심을 표현하도록 구성되어야 한다. 중복되는 표현을 지양하고, 오자나 탈자가 발생하지 않도록 유의하며, 장황한 문장은 피하도록 한다. 따라서 모든 문서는 읽기 쉽고 격식에 맞는 서식과 간결하고 핵심 위주의 문장으로 작성한다.

1) 분류기호 및 문서번호

문서번호는 분류기호, 분류번호 및 문서등록번호로 구성하며, 수신란은 경유, 수신 및 참조로 나누되, 수신처란을 설정하여 수신기관 명을 표시한다.

연도별 일련번호는 연도별로 1번에서 시작해서 문서의 번호를 기재하고, 누적된 일련번호는 연도가 바뀌는 것을 개의치 않고 계속적으로 번호를 이어 나가는 것이다. 기관번호 기록은 문서를 작성한 기관명을 약호로 두 글자를 원칙으로 한다.

2) 수신란

① 경유

수신처의 앞 중간에 경유해야 하는 기관이 있는 경우, 그 기관명을 기재한다. 경유기관이 있을 때는 문서는 먼저 경유기관으로 발송된다.

② 수신

수신자가 많은 경우에는 두문의 수신란에 '수신자 참조'라고 표시하고, 결문의 발신명의 다음 줄의 왼쪽 기본선에 맞추어 수신자란을 따로 설치하여 수신자명을 표시한다.

③ 참조

문서를 직접 처리하는 주무부서장을 기재한다.

3) 제 목

제목은 수신기관 다음 줄 왼쪽부터 기재하되 '제목'이라고 표시된 낱말 다음에 한 자를 띄우고, 제목내용의 첫 글자를 찍는다. 만일 제목의 내용이 길어서 한 줄이 넘칠 경우에는 둘째 줄부터 첫 번째 제목내용의 첫 글자에 맞추어서 찍는다.

제목이나 본문에 들어가는 연도를 간략하게 표시할 경우, 작은따옴표(' ')를 찍어야 한다.

4) 본문내용 속의 날짜 표기

본문내용 속의 날짜 표기는 일률적으로 연·월·일 사이를 한 타의 빈칸을 띄우고, 표기요령은 연·월·일의 문자 대신 온점(.)을 찍어 구분한다.

5) 첨부물 표시

문서에 서식·참고서류, 그 밖의 문서나 물품이 첨부되는 때에는 본문이 끝난 줄 다음에 '붙임'의 표시를 하고 첨부물의 명칭과 수량을 쓰되, 첨부물이 두 가지 이상일 때에는 아라비아 숫자로 항목은 표시하되 그 요령은 본문내용에서 첫째 항의 항목 표시요령과 같다. 첨부물 내용이 한 줄을 넘을 때에는 둘째 줄부터 윗줄 내용의 첫 글자와 줄머리를 맞추어 찍는다.

6) 끝자 표시

본문 내용의 마지막 글자에서 한 글자(2타) 띄우고 '끝' 표시를 하며, '끝' 다음에는 온점(.)을 찍어야 한다. 첨부물이 있으면 붙임 표시문 다음에 한 글자(2타) 띄우고 표시한다. 본문 또는 붙임 표시문이 오른쪽 한계선에서 끝났을 경우에는 그 다음 줄의 왼쪽 기본선에서 한 글자(2타) 띄우고 '끝' 표시를 한다.

또한 표로써 끝나게 되는 경우에는 표 바로 밑에 '끝'자를 표시하고, 빈칸이 있을 경우에는 빈칸이 시작되는 곳에 '이하 빈칸' 표시를 하며, 일괄 기안인 경우에는 각 안마다 '끝'자를 표시한다.

7) 발신명의란

발신명의란은 8~12cm의 길이가 되게 하고 글자 사이를 균등 할부한다. 그리고 용지 하단에서 30mm 되는 지점에 설치한다.

8) 수신처란

수신처란을 설치할 때에는 발신명의란부터 한 줄 간격 아래 왼쪽 기본선부터 '수신처'라 표기하고, 한 자의 빈칸을 띄운 다음 수신기관(인)을 찍는다. 만일 수신기관이 한 줄을 넘을 경우에는 둘째 줄부터 수신처 내용의 첫 글자에 맞추어 찍는다.

5. 문서의 보존과 폐기

문서의 보존이란 사무실 내에서 보관이 끝난 문서는 문서관리 규정에 따라 생산기관, 보존기간, 생산연도 및 분류번호별로 구분하여 관리하는 것을 말하며, 보존하고 있는 문서를 파악하기 위해서는 기록대장을 비치하여야 한다. 문서를 자체적으로 보유하고 관리하는 것을 '보관'이라 하고, 일상적 업무에는 필요가 없으나 폐기할 때까지 문서를 보유하고 관리하는 것을 '보존'이라 한다.

문서는 한번 폐기되면 복구할 수 없으므로 신중을 기해야 한다. 문서를 폐기할 때 중요 문서의 경우 외부에 유출되지 않도록 문서 파쇄기 절단, 소각 등의 방법으로 보안에 각별히 주의하여야 한다. 폐기 작업은 년도 말에 기관에서 정한 보존 연한에 의해 이루어진다.

문서는 「공공기록물 관리에 관한 법률」 시행령 제26조(보존기간)에 따라서 영구, 준영구, 30년, 10년, 5년, 3년, 1년으로 구분하고 있으며, 보존기간의 기산일은 생산년도 다음 해 1월 1일로 한다. 상황에 따라서는 행정안전부령이 정하는 바에 따라서 그 보존기간을 연장하거나 단축할 수 있다.

보존기간이 경과한 문서는 심의를 거쳐 보존기간 재책정, 폐기 또는 보류로 구분하여 처리하여야 한다. 폐기되는 모든 문서는 보존문서 기록대장에 주서로 폐업일자를 기입하고, 문서색인목록은 폐기 인을 찍어 따로 편철・보관한다. 폐기문서는 특별한 사유가 있는 경우를 제외하고는 소각하지 아니하고 재생・활용할 수 있다.

KEY POINT

위임사무

① 기관위임

위임받은 기관에서 변경하여 행정행위(조례제정 등)를 할 수 없음
(유흥업소 출입연령 등) (국정감사 대상)

② 단체위임

위임받은 기관에서 조례 등을 제정하여 변경하여 시행할 수 있음
(공원입장료 등) (국정감사 대상이 아님)

레드 테이프(red tape)

① 업무를 처리할 때 관료적 문서주의, 형식주의 또는 잡다한 검인절차
② 영국에서 공문서를 빨간 줄로 묶었다는 데서 유래
③ 레드 테이프가 심화되면 수단이 목표가 될 수 있음

비대칭정보

① 어느 한쪽이 상대방의 정보보다는 많은 정보를 가지고 있는 상태
② 정보가 적은 쪽은 손해를 보기 쉬움
③ 비대칭정보의 문제점을 해결하기 위해 사회보험의 강제가입

목표대치이론

① 지나치게 또는 까다롭게 규칙을 제정하여 목표와 수단이 뒤바뀜, 수단에 치중, 수단이 목표
② 법률이나 규정에 지나치게 치중하면 대인서비스 소홀
③ 서비스 자체가 없어지기도 함

탈상품화 · 상품화

탈상품화	상품화
국가개입 확대	국가개입 축소
무능력자 구제	유능력자 우대
국가역할 의존	민간역할 의존
인간 중시	경제 중시

역의 선택 · 도덕적 해이

① 역의 선택

정보의 불균형(비대칭적인 상황), 선택자의 유리함만을 고려하는 선택
(건강보험에 노약자나 질병자만 가입하려는 선택)

② 도덕적 해이

보험에 가입한 후 보험금을 믿고 사고예방에 최선을 다하지 않는 것
(수급권자가 일하지 않고 국가에만 의존하려는 현상)

사회보험 · 민간보험

사회보험	민간보험(사보험)
강제적 가입	임의적 가입
법적 권리	계약 권리
중앙정부의 통제	자유계약의 준수
사회적 적합성(국가책임)	시장성 참여(사적책임)

사회보험

국가(중앙정부)의 책임하에 산업재해, 실업, 빈곤, 질병, 노령, 장애, 사망 등에 대비하여 보험료를 적립 후 유사시 급여하는 강제성 보험

공공부조

국가 및 지방자치단체의 책임하에 생활유지 능력이 없거나 생활이 어려운 국민의 최저 생활을 보장하고 자립을 세금으로 지원하는 제도

사회보험 · 공공부조

구 분	사회보험	공공부조
세계 최초	독일	영국
목 적	사전적 빈곤의 예방	사후적 빈곤의 완화
재 원	보험료	세금
자산조사	필요 없음	필수 요건
스티그마	미발생	발생 가능

Chapter 10

마케팅과 홍보

10 마케팅과 홍보

사회복지조직에서 지역사회와의 상호작용은 마케팅과 홍보를 통해서 이루어진다. 홍보는 지역사회의 집단·개인에게 사회복지사업을 이해하게 하고, 좋아하게 하고, 지지하게 하는 것으로 조직의 이미지와 능력을 증진시키는 역할을 한다.

이와는 달리 마케팅은 잠재적인 클라이언트나 소비자에 대한 직접적인 활동으로 서비스 프로그램에 대한 정보제공을 내용으로 한다.

사회복지기관에서는 늘 부족한 자원을 보충하고, 수준 있는 서비스를 제공하기 위해 민간자원을 개발해야 하는 필요성을 가지고 있고, 이는 후원자 개발이나 모금활동과 관련되어 있으므로 그 중요성이 날로 증가하고 있다.

❙그림 10-1❙에서와 같이 홍보는 마케팅적 관점에서 마케팅 믹스(marketing mix) 중 촉진활동에 포함되어 있으므로 마케팅은 홍보보다는 광의의 개념으로 이해할 수 있다.

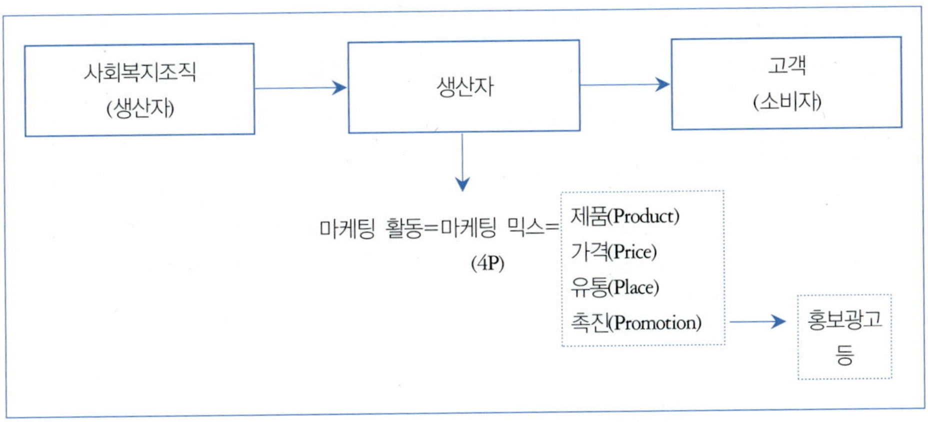

❙그림 10-1❙ 홍보와 마케팅의 관계

제1절 사회복지 마케팅의 이해

1. 사회복지 마케팅의 개념과 목적

마케팅은 영리조직에서 많이 사용되는 개념으로 일반적으로 마케팅은 기업이 고객을 만족시키기 위해 제품과 서비스를 제공하고 고객은 이를 구매하는 활동을 말한다. 그러나 오늘날은 영리조직뿐만이 아니라 비영리조직에서도 사용되고 있다.

코틀러(Kotler)는 마케팅을 '교환과정을 통하여 욕구와 필요를 충족시키려는 인간활동'이라고 정의하고 있다.

코틀러의 정의는 마케팅의 주체를 영리조직에 국한시키지 않고 영리를 목적으로 하지 않는 조직을 포함하고 있으며, 마케팅의 대상도 제품이나 서비스에 국한시키지 않고 욕구와 필요를 충족시키기 위한 모든 활동을 포함하고 있다.

미국 마케팅협회(AMA : American Marketing Association)는 마케팅의 개념을 새롭게 정의하면서 마케팅 상품으로 재화와 서비스로 한정하던 것에 아이디어를 추가하였다. 마케팅이란 '개인 및 조직의 목표를 달성하기 위해 교환하고자 하는 아이디어, 재화 및 서비스의 개념 정립, 가격결정, 촉진 및 유통활동을 계획하고 집행하는 과정'이라고 정의하고 있다.

이러한 마케팅의 개념이 비영리조직으로 확대되는 등의 변화와 그 필요성이 인정되면서 사회마케팅(social marketing)이 등장하게 되었다.

사회 마케팅은 기업에서 사용하는 마케팅의 원리를 사회적으로 이익이 되는 여러 주장이나 이념 등의 마케팅에 적용시키는 것이라 할 수 있으며, 사회복지를 포함한 비영리조직 또는 공공기관의 마케팅이 여기에 해당된다.

따라서 사회복지 마케팅은 '기관의 소비자인 클라이언트, 자원제공자, 자격부여기관 및 전체 사회가 사회복지조직에 대해 좀 더 많은 관심과 요구를 갖게 하기 위한 제반 활동'으로 정의할 수 있다.

비영리조직의 마케팅에 관심을 갖기 시작한 시기는 1970년대부터였다. 비영리조직의 마케팅은 그 본질에 있어서는 이윤추구를 목표로 하는 영리조직의 마케팅과 다르지 않다는 것에서부터 출발하였다.

<표 10-1>에서 보는 바와 같이 비영리조직의 마케팅도 주체는 조직과 개인이며, 활동목표도 교환의 창출에 있고 활동방법도 시장관리에 있다는 점에서는 영리조직의 마케팅과 다르지 않다.

그러나 비영리조직의 마케팅의 목적은 영리추구에 있는 것이 아니라 공익추구에 있다는 점이 다를 뿐이다.

영리조직의 마케팅은 이윤추구에 그 목적이 있기 때문에 마케팅 활동을 통하여 더 많은 상품이나 재화를 판매함으로써 이윤을 최대화시킬 수 있어야 하고, 비영리조직의 마케팅은 그 목적이 공익추구에 있기 때문에 조직이 가지고 있는 비영리활동을 홍보함으로써 많은 기부자가 더 많이 기부할 수 있도록 하여야 한다.

따라서 비영리조직의 마케팅 활동은 모금(fund-raising)에 연결되어 있다.

〈표 10-1〉 **영리조직과 비영리조직의 마케팅 개념**

구성요소	영리조직	비영리조직
주 체	조직과 개인	조직과 개인
활동목표	교환의 창출	교환의 창출
활동방법	시장관리	시장관리
목 적	영리를 위한 목적	공익을 위한 목적

사회복지조직의 마케팅 목적을 정리하면 다음과 같다.

① 개인의 발전을 도모하기 위해서이다

예를 들어, 사회복지관에서 월별 프로그램을 알리는 것이나 자원봉사자를 모집하기 위한 노력들은 비록 방법은 다르다 하더라도 거기에 참여하는 개인의 발전을 촉진하기 위함이다.

② 사회적인 아이디어를 제시하고 설득하기 위함이다

입법화를 위한 대부분의 캠페인 활동, 의회나 국회에 입법 필요성을 탄원하는 일 등이 여기에 해당된다.

③ 새로운 정보와 실천을 전파하기 위함이다

사회복지조직은 주민들에게 그들의 이익이 되는 정보를 전달하며 어떤 실천을 촉구한다. 학교사회복지와 관련된 프로그램을 실시함으로써 지역 내 학교와의 교류를 증진시키면서 학교사회복지가 정착될 수 있는 근거를 마련할 수 있다.

④ 행동의 변화를 유도하기 위해서이다

사회복지조직은 자신과 사회에 이로울 수 있도록 개개인의 행동을 변화시키려고 시도한다. 알코올중독자, 마약사용자 혹은 아동학대자에 대한 행동변화 노력이 여기에 해당된다.

2. 사회복지조직의 마케팅 특성

마케팅은 시장에서 가치를 창출하고 기본적인 욕구와 수요를 충족시킬 목적으로, 자사의 제품 및 서비스를 경쟁사보다 소비자에게 먼저 선택받기 위해 벌이는 제반 활동이다. 비영리조직 마케팅의 특성을 기술한 러브록(Lovelock)과 웨인버그(Weinberg)에 의하면 비영리조직 마케팅은 조직을 둘러싼 구성원의 다양성으로 인해 복잡해지며, 영리조직에서처럼 단순히 재정적인 목표만 가지고 있는 것이 아니라 다양한 목적들이 있고 이들이 추상적인 경우가 많아 목표달성을 측정하기 어려운 경우가 있다고 한다. 대부분의 비영리 조직에서는 물리적인 상품보다는 서비스를 생산한다. 그 때문에 영리조직의 마케팅 개념을 그대로 가져오기에는 한계가 있다. 영리조직은 눈에 보이는 상품을 마케팅하지만 비영리조직은 눈에 보이지 않는 서비스를 마케팅한다.

공공조직과 비영리조직의 전략과 프로그램을 실시할 때는 다음과 같은 마케팅의 특성을 고려하여야 한다.

1) 다수의 대중

비영리조직은 영리조직과 달리 다수의 대중(multiple public)을 상대하는 특징이 있는데, 사회복지조직은 마케팅 관점에서 볼 때 최소한 두 종류의 고객(수혜자와 기부자)과 상호작용을 한다.

수혜자 입장에서는 자원분배의 문제가 제기되고 기부자 입장에서는 자원동원 문제가 제기된다. 따라서 사회복지조직에서는 이들의 욕구를 충족시키기 위한 활동을 해야 한다.

2) 다양한 목표

다수의 대중을 대상으로 마케팅을 할 때에는 목표도 다양할 수밖에 없다. 사회복지조직은 이윤추구와 같은 단일 목표보다는 여러 개의 목표를 동시에 달성하려는 경향이 있다.

따라서 다양한 목표를 이루기 위한 전략 구상이 어렵기 때문에 여러 목표 중에서 상대적인 중요성을 명시하여 목표달성을 해야 한다.

3) 실제적인 물품보다는 서비스 제공

사회복지조직의 마케팅은 실제적인 물품보다는 서비스 중심의 마케팅이다. 서비스 중심 마케팅은 형체가 없고 시간이 지나면 소멸되는 특성을 가지고 있다. 또한 고객의 욕구가 다양하므로 동일한 서비스 기술의 축적이 어렵다.

4) 대중의 평가

정부, 지역사회, 전문가 그룹 등의 다양한 집단들이 사회복지조직의 모금액수, 모금방법, 모금비용, 사용내역 등에 대하여 많은 관심을 갖는다. 따라서 사회복지조직은 이들 집단들에게 투명성과 신뢰성을 줄 수 있어야 한다.

제2절 마케팅 믹스(Marketing Mix)

마케팅(marketing)은 조직이나 개인이 자신의 목적을 달성시키는 교환을 창출하고 유지할 수 있도록 시장을 정의하고 관리하는 과정이며, 마케팅 믹스(marketing mix)는 기업이 표적시장에서 원하는 반응을 얻을 수 있도록 하기 위하여 혼합하여 통제 가능한 전술적인 마케팅 도구의 집합을 뜻한다. 마케팅 믹스는 기업이 제품의 수요에 영향을 주기 위해 활용할 수 있는 모든 수단으로 구성되어 있다.

마케팅에서 가장 기본적으로 갖는 개념은 소비자의 니즈(needs)와 원츠(wants)이다. 즉, 마케팅은 소비자의 니즈(needs)와 원츠(wants)를 파악하여 이를 충족시켜 주기 위한 기업의 제반 활동을 다루고 있는 학문이다.

이러한 마케팅 개념을 토대로 표적그룹인 구매자들을 움직이도록 하기 위해 판매자들이 동원할 수 있는 도구로서 상품(Product), 유통장소(Place), 판매촉진(Promotion), 가격(Price)으로 구성되어 흔히 4P로 불린다. 이는 마케팅을 하는 주체가 네 개의 각 영역에 자원을 할당하는 방식을 의미한다.

예를 들어, 사회복지조직에서 서비스 수준을 높이기 위해 상품에 많은 예산을 할당하게 되면 촉진과 같은 분야에는 상대적으로 낮은 예산이 할당될 수밖에 없다. 이러한 과정을 통해 최적의 조건을 찾아내는 조직이 사회복지 분야에서 경쟁력을 갖게 되는 것이다.

한편 비영리기관의 마케팅에 대해 언급한 화인(Fine)은 비영리기관에서 4P만으로는 최적의 조건을 찾아내는 것은 무리가 있다고 주장하면서 추가적으로 3P가 조건에 포함되어야 한다고 강조하였다.

즉, 마케팅을 하는 주체인 생산자(Producer), 마케팅을 호소해야 하는 대상자인 구매자(Purchaser), 과학적인 탐구과정인 조사(Probing) 등이 마케팅 조건에 고려되어야 한다는 것이다.

이는 마케팅 전략을 수립하는 데 보다 광범위한 틀을 제공하고 있어 사회복지조직의 마케팅 전략을 제시하는 데 적합한 모델이라 여겨진다.

따라서 화인의 7P모델을 중심으로 후원자 개발을 위한 사회복지조직의 마케팅 기본 틀을 다음과 같이 제시할 수 있다.

1. 상품(Product) : 서비스

상품은 구매자의 욕구를 충족시키기 위한 산출물을 의미한다. 비영리조직에 있어서의 상품은 보이지 않는 무형의 가치나 서비스로 대변될 수도 있으나 궁극적으로는 어떠한 핵심 메시지를 가지고 접근하느냐의 문제이다.

또한 상품을 개발하는 데 있어 중요한 것은 생산자가 판매하려고 하는 것을 강조하는 것이 아니라 구매자의 욕구를 파악하는 것이다.

따라서 사회복지조직의 후원자 개발을 위한 마케팅에서는 후원금 자체에 중점을 두기보다는 후원행위를 통한 사회적 기여와 소외계층의 삶의 질 향상에 중점을 두고 상품개발이 이루어져야 한다.

2. 유통장소(Place) : 접근용이성

비영리조직의 유통의 전략은 서비스 전달과 구매자들이 상품을 구입하기 가장 좋은 시간과 장소 등의 접근성과 관련이 있으며 지역사회 네트워크 형성과 관계가 있다. 즉, 지역사회가 바로 유통의 장소이다. 비영리조직의 유통경로는 상품(서비스)이 기관에서 클라이언트에게 직접 전달되는 형태로 중간상의 개입이 없다는 것이 특징이다.

고객이 가장 많이 그리고 쉽게 사회복지서비스를 이용할 수 있도록 물리적·심리적 접근성을 높이는 것이 유통전략에 해당한다. 때로는 적극적으로 고객을 찾아가거나 고객이 쉽게 접근할 수 있도록 개발해야 한다.

3. 판매촉진(Promotion) : 홍보와 의사소통

판매촉진 전략은 제품의 유익함을 전달하는 과정으로 고객 마음속의 관심과 궁극적으로 구매할 의도를 자극하기 위해 활용되는 모든 판매촉진기술이다. 즉, 서비스가 필요한 대상임에도 불구하고 아직 서비스를 이용하지 않은 잠재적 이용자에게 서비스를 알리는 것이다. 사회복지조직에서의 판매촉진은 대중매체, 광고, 이벤트, 교육 프로그램, 대면홍보 방법 등이 사용되며 다양한 방법들이 동시에 활용되기도 한다. 판매촉진은 기본적으로 마케팅 홍보활동과 직접적인 관련성을 갖는 것으로 이와 같은 방법은 수혜자와 기부자와의 의사소통 창구를 의미한다.

홍보는 창의성과 다양성이 요구되며, 특히 사회복지조직에서는 창의적인 아이디어의 발휘가 필요하다. 일반적으로 대중매체를 많이 활용하지만 후원자 시장이 세분화된 경우 종교단체, 과거의 후원자, 동창회 등에는 대중매체를 이용하는 광고보다는 직접우편의 방법이 효과적일 수 있다.

4. 가격(Price) : 지불능력

영리조직에서의 가격은 소요된 비용을 초과하여 가격을 결정함으로써 이윤을 얻는다. 사회복지조직에서의 가격은 제공하는 프로그램이나 서비스에 참여하거나 이를 얻기 위해 지불하는 대가를 의미한다. 사회복지 조직에서 제공하는 서비스는 대부분 무료이지만, 사회교육 프로그램처럼 이용자가 비용을 부담하는 경우도 있다. 따라서 이용자의 지불능력을 고려하여 가격을 책정하는 것이 중요하다.

사회복지조직에서 서비스 가격은 경합관계에 있는 타 조직의 가격정책, 정부의 규정, 조직 내규나 정책, 고객의 소득 정도 등에 의해 결정된다.

5. 생산자(Producer) : 사회복지기관

마케팅을 위해 구매자와 교환할 아이디어를 창출하고 메시지를 생산해 내는 주체를 의미한다. 후원자 개발을 위한 마케팅에서는 사회복지조직이 생산자가 된다.

사회복지조직의 주된 목표는 사회복지 대상자들에게 서비스를 제공하여 삶의 질을 증진시킴으로써 더불어 사는 복지사회를 실현하는 데 기여하는 것이다.

이러한 목표를 달성하기 위해 잠재적 후원자라고 할 수 있는 일반시민들이 사회복지에 대한 관심을 가지고 후원할 수 있도록 해야 한다.

우선 사회복지조직은 마케팅의 주체인 생산자가 되어 조직의 목표에 대한 가치를 확신시켜야 한다.

이를 위해 사회복지조직은 일반시민들로부터 믿을 만하고 의지할 만한 기관이라는 신뢰를 받아야 하고, 사회복지 대상자들의 중요한 대변인 역할을 하여야 한다. 마케팅의 주체로서 사회복지조직은 교환하고자 하는 아이디어나 메시지에 책임을 질 수 있어야 한다.

신뢰할 수 있는 개인이나 조직에 의해 마케팅이 이루어질 때 그 효과가 더욱 커지기 때문이다.

6. 구매자(Purchaser) : 고객, 후원자

영리조직의 마케팅에서 구매자는 일반적으로 잠재적 고객을 의미한다. 특히 사회복지조직의 후원자 개발을 위한 마케팅에서 구매자는 잠재적 후원자들이다.

구매자인 잠재적 후원자가 될 사람들은 마케팅 초기 단계에서 반드시 파악되어야 한다.

그리고 사회복지조직은 이들에게 특별한 인상을 심어주면서 호소할 필요가 있다. 이를 효율적으로 하기 위해서 대상을 특정 기준에 따라 여러 범주로 나누는 것이 바람직하며, 이러한 과정을 시장세분화(수요층별로 시장을 분할해 각 층에 대해 집중적인 마케팅 전략을 펴는 것)라 한다.

7. 조사(Probing)

소비자조사는 마케팅 담당자들이 사용하는 가장 중요한 도구이지만 조사가 너무 과장되거나 불충분하다면 남용될 우려가 있다. 오늘날과 같은 첨단 정보화 사회에서는 오래된 정보나 낮은 수준의 정보는 가치가 없으므로 조사는 필요한 때에 철저하고 주의 깊게 이루어져야 한다.

제3절 마케팅 활동의 과정

사회마케팅 과정은 복잡하고 동태적인 과정을 거쳐 이루어지며 몇 단계의 연속적인 과정으로 이루어진다. 사회복지조직에서 후원자 개발에 중점을 둔 마케팅 활동과정은 자원개발 가능성 분석 – 시장조사 – 마케팅 목표 설정 – 시장세분화 및 표적시장 선정 – 후원자 개발 프로그램 수립 – 마케팅 실행 – 마케팅 평가로 이루어진다. 이를 구체적으로 살펴보면 다음과 같다.

1. 자원개발 가능성의 분석

마케팅의 출발점은 기관 및 기관이 속한 환경에 대한 분석에서부터 시작된다. 이는 기관이 마케팅을 하기 위해 준비가 되어 있는지를 확인하는 과정이다. 사회복지조직은 자원개발에 우선해서 마케팅 활동을 수행하는 데 영향을 미치는 환경적 요인들을 검토할 필요가 있다.

사회복지기관의 환경적 요인은 크게 조직 외부환경과 조직 내부의 환경으로 구분된다. 사회마케팅의 관점으로 볼 때 조직외부 환경에는 예산지원과 관련된 각종 법규와 정부정책, 경제상황 등에 관한 내용을 포함하며, 조직 내부환경에는 조직의 경쟁력과 조직 내 자원을 포함한다.

사회복지조직은 환경변화에 신속하게 대응하는 마케팅 활동을 결정해야 하기에 명확한 관계 분석이 필요하다. 사회복지조직의 환경 분석을 위해서는 SWOT(Strength : 강점, Weakness : 약점, Opportunity : 기회, Threat : 위협)를 통해 체계적으로 파악할 수 있다. SWOT 분석이란 조직외부 환경을 기회요인과 위협요인으로 분석하고 조직 내부환경은 강점과 약점요인으로 분류하여 분석하는 것이다. 이를 토대로 기관의 내부 강점과 약점을 찾아낸 다음 기관의 외부환경이 기관에 미치는 긍정적인 영향(기회)과 부정적인 영향(위협)을 찾아낸다. 기관의 마케팅을 위해 기관의 목표와 프로그램, 자원, 정당성 등을 확인한다.

이러한 분석을 통해 조직의 주요 자원에 대한 강점과 약점을 명확히 한 후에 조직 내부의 강점에 초점을 두고 강점을 활용할 수 있는 마케팅 목표나 전략이 수립되어야 한다.

아래의 표는 사회복지조직의 후원자 개발에 따른 SWOT 분석사례이다.

〈표 10-2〉 **후원자 개발에 따른 SWOT 분석**

Strength : 강점	Weakness : 약점
• 기관 내 의사결정권자 및 직원들의 높은 정보화 마인드 • 지역사회 내 다양한 공중과 상호 우호적인 관계 유지 • 기관에 대한 대중적인 인지도 확보	• 시스템 구축의 미비 • 내부 운영재원의 부족
Opportunity : 기회	**Threat : 위협**
• 정보통신기술 발전과 인터넷 사용인구 증가 • 민간사회복지서비스의 필요성 증대 • 웹사이트를 이용한 영리조직과의 다양한 자원개발 연계	• 자본투입규모에 따른 사회복지기관 간의 부익부 빈익빈 현상 • 마케팅 전개능력에 따른 영리조직의 복지자원 개발 주도권 선점 가능

2. 시장조사

사회복지조직에서의 시장조사는 잠재적 후원자와 클라이언트의 욕구를 찾아내는 일로서 마케팅의 초기 단계에 이루어지는데, 이를 육하원칙(5W1H)에 의해 제시하면 다음과 같다.

① 누가 후원하기를 원하는가(Who)

② 어떠한 분야에 후원하기를 원하는가(What)

③ 언제 후원하기를 원하는가(When)

④ 어디에서 후원하기를 원하는가(Where)

⑤ 어떤 방법으로 후원하기를 원하는가(How)

⑥ 왜 후원자들은 우리 기관에 후원하는가(Why)

마케팅에서 상황의 중요성은 마케팅의 모든 것이라 할 수 있을 만큼 중요하다. 사회복지조직에서의 상황은 조직 내의 여건과 사업내용에 대한 충분한 이해 그리고 조직 외적인 상황에 대한 파악이 제대로 이루어진다면 성공적인 마케팅이 가능할 것이다.

3. 마케팅 목표 설정

마케팅 목표(marketing goals)를 설정하기 전에 기관의 목적을 먼저 살펴볼 필요가 있다. 사회복지기관의 목적은 대부분의 사회복지조직에 소명헌장 형식으로 제시되어 있다. 소명헌장은 사회복지조직의 존재이유와 사명을 조직 구성원들에게 명확하게 인식하도록 해준다.

따라서 사회복지조직의 사업이나 프로그램도 이 소명헌장에 근거하여 이루어진다. 따라서 마케팅의 목표도 이 소명헌장에 근거하여 이루어져야 하며, 실행계획을 보다 더 구체적으로 제시한다.

마케팅 목표의 설정은 표적 집단의 성격과 규모, 조직의 정책, 인적·물적 자원 동원 등의 변수에 의해 범위와 방향이 정해진다. 일반적으로 목표는 상위목표, 하위목표로 구분할 수 있다.

상위목표는 장기적으로 달성될 결과를 의미하고, 하위목표는 1년 이내의 단기적인 목표를 의미하며, 목표실행기간, 프로그램이나 서비스 내용 등을 보다 구체적인 용어로 표현한다.

또한 목표에는 목표달성 여부를 파악할 수 있는 지표가 반드시 있어야 하며, 바람직한 목표는 시간 제한성, 측정 가능성, 달성 가능성, 전 직원의 공유 등의 속성을 가지고 있다.

4. 시장세분화와 표적시장의 선정

시장세분화(market segmentation)는 클라이언트의 욕구가 동일하지 않다는 가정에서 출발한다. 따라서 클라이언트의 상이한 욕구를 충족시키기 위해서는 서비스나 프로그램도 개인별로 달라야 함을 의미한다.

이렇게 비슷한 클라이언트 집단을 세분시장이라 한다. 마케팅에서의 시장은 여러 개의 세분시장으로 구성되어 있고, 각 세분시장에 적합한 전략으로 마케팅을 하는 작업이 시장세분화이다.

사회복지기관의 후원자 개발에 있어서도 후원자의 직업, 학력, 소득 등에 따라 후원행위에 차이가 있다고 본다.

우리나라에서 후원자들의 인구사회학적인 특징은 직업상 공무원과 회사원 등 안정된 직업을 가지고 있는 사람의 비중이 크고, 학력에 있어서는 대학교 이상의 졸업자들의 비중이 높다.

그리고 극히 일부를 제외하고는 중산층 이상의 소득자들의 비중이 큰 것 또한 현실이다. 따라서 이들 집단을 표적시장으로 선정한 마케팅 전략이 필요하다.

5. 마케팅 실행

후원자 개발을 위한 마케팅에는 DM(Daily Mail), 이벤트, 대중매체 광고, 자동응답시스템(ARS), 컴퓨터 통신, CRM(고객관계관리) 등이 있다.

DM은 가장 전통적인 방법으로 후원을 요청하는 편지를 잠재적 후원자들에게 발송하여 후원자를 개발하는 방법이다. DM 발송 시에는 불특정 다수에게 보내기보다는 표적시장을 선정하여 보내는 것이 효과적이다.

이벤트는 후원자에게 특정의 동기를 부여하기 위해 특별한 활동을 하는 것으로 이는 일방적으로 메시지를 전달하는 것과는 달리 양방향 의사소통이 가능하나 비용이 많이 드는 단점이 있다.

따라서 모금을 위한 목적만으로는 바람직하지 않으며, 대중의 공감대를 형성하여 잠재적인 후원자와 관계를 형성하는 데는 효과적이다.

이벤트의 구체적인 방법으로는 걷기대회, 모금만찬회, 기아체험, 바자회, 음악회 등이 있다.

대중매체는 주로 영리조직에서 많이 활용하는 방법으로 사회복지조직에서는 활용도가 낮은 편으로 라디오와 잡지를 통한 마케팅은 증가추세에 있다.

잡지를 통해 후원자를 개발하고자 할 경우에는 잡지의 판매부수, 독자층, 성격 등을 고려하여야 한다.

자동응답시스템(ARS)은 최근 가장 활성화되고 있는 모금방법이다. 이는 모금방송 시청자들이 이 시스템에 전화를 걸면 통화당 일정 금액의 후원금이 자동으로 전화요금에 부과되는 방식이다.

자동응답시스템(ARS)이 성공적인 이유는 간편하게 적은 금액으로 후원에 참여할 수 있기 때문이다. 고객관계관리(CRM)는 기존고객에 있어서 관리를 잘하므로 새로운 고객에도 홍보효과가 크다는 의미도 내포하고 있다.

제4절 사회복지조직의 홍보

비영리기관인 사회복지기관은 무엇보다도 휴먼서비스를 제공하는 기관으로 사회복지조직에서의 홍보(PR : Public Relations)는 조직을 둘러싼 클라이언트, 지역사회, 후원자, 정부 등의 이해당사자들과 다양한 관계를 형성하고자 하는 노력을 의미하며, 다양한 대중들을 상대로 어떠한 이미지를 구축하느냐가 기관이 지역사회 내에서 존재하는데 중요한 영향을 미친다.

또한 고객(클라이언트)들은 사회복지조직에서 제공하는 서비스와 프로그램에 대해 잘 알지 못하는 경우가 많기 때문에 사회복지조직에서의 홍보 전략은 그 중요성이 매우 크다고 볼 수 있다.

사회복지조직에서 홍보가 잘 이루어지려면 사회복지조직의 패러다임의 전환, 찾아가는 서비스, 기관의 이미지 창출, 매체활용 등의 노력이 필요하다.

1. 패러다임의 전환

공급자 중심의 복지체제가 국민의 다양한 복지욕구 대응에 한계를 드러내면서 새로운 관점의 복지체제 요구가 증대되고 있다.

복지서비스의 선택, 품질, 정보, 수요자의 의사반영 측면이 중요해져 이제는 패러다임의 전환이 선택이 아닌 필수가 되었으며, 사회복지기관에서도 다음과 같은 패러다임의 전환이 점차 요구되고 있다.

① 사회복지기관에서도 경쟁이 필요하다는 인식의 전환이 필요하다. 즉, 기업이나 일반후원자가 사회복지기관을 비교·선택해서 후원할 때 그 근거가 되는 것은 후원자에게 사회복지기관이 얼마나 홍보를 했느냐에 달려 있다. 자신의 기관이 더 많은 후원을 받기 위해서는 적극적인 영업전략을 가지고 기관의 모든 구성원이 세일즈맨으로 나서야 한다.

② 라디오나 텔레비전 등 영향력 있는 대중매체를 이용하는 홍보방법이다. 물론 광고방법 및 막대한 제작비 등 어려운 부분이 있겠지만, 복지기관의 긍정적인 이미지를 심어주는 데 가장 효과적인 방법이 될 수 있다.

③ 스포츠 마케팅을 활용하는 방법이다. 사회복지기관과 사회적으로 영향력 있는 스타나 인사들을 연계하여 마케팅을 벌이는 방법이다.

④ 주민 밀착형 홍보수단으로 마을버스, 큰 시장이나 마트 앞 등을 홍보용 공간으로 확보함으로써 찾아가는 마케팅으로 활용하는 방법이다.

2. 교육과 훈련

사회복지기관에서는 잠재적 후원자와 기부자들에게 지원대상자의 어려운 상황을 알리고 기부를 요청하기 위해서는 복지기관 직원에 대한 교육과 훈련이 필요하다.

교육의 내용은 기금요청 기법이나 거절에 대처하는 방법뿐만 아니라 기관의 비전과 목표, 기관이 그동안 해결한 문제와 앞으로 들어올 기금을 가지고 충족시키고자 하는 사람들의 욕구 등에 대해 설명을 해주어야 한다.

때에 따라 타 기관의 성공사례를 활용하는 것도 필요하다. 타 분야의 아이디어라 하더라도 기관의 특성에 맞게 장점을 잘 활용한다면 긍정적인 효과를 기대할 수 있다.

KEY POINT

기속(羈束)행위

행정청의 재량 없이 법규에 의해 국민에게 부담을 가하는 행정행위

재량(裁量)행위

① **기속재량** : 국민이 손해되는 행정행위
② **자유재량** : 수익적(收益的), 즉 국민에게 이익을 주는 행정행위

자원분배 분류

① 경제시장
시장경제 원리에 의하여 능력에 따른 자원의 자유로운 대등교환(쌍방적 교환)
② 사회시장
국가개입으로 능력이 없는 자에 대한 규제 및 강제적 자원분배(일방적 분배)

공공재(무임승차 가능 – 공기, 복지, 환경, 국방 등)

① 비경합성
추가적인 소비에 대하여 다른 사람의 소비 가능성에 영향 없음
② 비배제성
비용을 지불하지 않는 사람이라도 공동사용에서 배제할 수 없음

마케팅 기법

① 다이렉트 마케팅 ② 고객관계관리 마케팅 ③ 공익연계마케팅
④ 데이터베이스 마케팅 ⑤ 인터넷 마케팅 ⑥ 사회 마케팅
⑦ ARS 모금, 캠페인 모금, 이벤트 모금

영리조직 · 비영리조직 마케팅

구성요소	영리조직	비영리조직
주 체	조직과 개인	조직과 개인
활동목표	교환의 창출	교환의 창출
목 적	영리를 위한 목적	공익을 위한 목적

SWOT 분석

사업의 환경분석을 통해 강점(Strength)과 약점(Weakness), 기회(Opportunity)와 위협(Threat) 요인을 규정하고 이를 토대로 마케팅 전략을 수립하는 기법

사회복지서비스의 특징

① 서비스의 무형성
② 서비스의 다양성
③ 서비스의 동시성
④ 서비스의 소멸성

아웃리치(Outreach)

클라이언트를 기다리지 않고 기관이나 시설 밖의 현장으로 찾아가 그들의 욕구를 파악하고 해결하는 활동

인테이크(Intake)

사회복지사가 욕구를 가진 사람의 문제와 욕구를 확인하여 해당기관의 서비스에 부합 여부를 판단하는 과정

비정부기구(NGO : Non-Governmental Organization)

정부단체 혹은 국제기구(UN)와는 달리 시민을 비롯한 정부 이외의 집단으로 사회적 감시기능을 하기도 하는 총칭의 기구

비영리단체(NPO : Non-Profit Organization)

지방 공공단체 또는 영리단체와는 다르게 사회복지법인 및 생활협동조합, 자원봉사단체 등의 비영리를 목적으로 하는 단체

소득재분배 효과

구 분	소득재분배 정도	대상자 선정	재 원	특 성
공공부조	높음	자산조사	세금	시혜성, 목표 효율성, 최후 안전망
사회보험	중간	보험금 납부자	기여금	종전 생활수준 유지, 예방적, 기여 형평성
사회수당	낮음	지정된 대상자	세금	사회통합성, 인간존엄성, 보편적

Chapter 11

사회복지 프로그램의 개발과 평가

11 사회복지 프로그램의 개발과 평가

제1절 사회복지 프로그램의 의의

1. 사회복지 프로그램의 정의

사회복지 프로그램은 사회복지행정의 실천을 위한 주요 수단이다.

사회복지의 이념과 정책들을 구체적인 서비스로 전환하여 실천하는 것이 사회복지 행정이라면, 그러한 목적과 역할추구에 활용되는 주요 도구가 복지 프로그램이다.

개인의 성장과 긴밀한 관계를 갖는 가정환경, 가정조차 일상적으로 규정하는 사회적 조건 등 다양한 요인을 종합적으로 고려했을 때 발생하는 개인문제는 사회문제로 비화되기 쉽고, 그러한 문제를 통제 · 예방하기 위한 프로그램은 사회복지 일선에서는 더할 나위 없이 중요한 역할을 한다.

사회복지 프로그램의 정의에 대해서는 다양한 견해들이 있는데, 랩과 포어트너(Rapp & Poertner)는 복지 프로그램이란 하나의 목적을 이루기 위한 행동들의 집합체로 보았다.

요크(York)는 목적을 이루기 위한 일련의 상호의존적인 활동들이라 언급하였다.

케트너(Kettner)는 복지 프로그램을 사회서비스로 전환시키는 매개물로 정의하였다.

이처럼 사회복지 프로그램이란 복지조직의 목적과 목표를 달성하기 위한 특정한 활동들의 집합체라고 볼 수 있다.

2. 사회복지 프로그램 개발 시 고려요소

사회복지 프로그램은 참여자가 잠재능력을 가지고 있고 또한 시간의 경과에 따라 성장·변화를 성취할 수 있다는 사회복지의 핵심가치에 입각해서 만들어져야 할 것이다.

특히 프로그램 기획의 중요성은 <표 11－1>과 같이 빈약한 프로그램과 충실한 프로그램을 비교해 봄으로써 보다 명확하게 이해할 수 있다.

〈표 11–1〉 **빈약한 프로그램과 충실한 프로그램의 비교**

빈약한 프로그램	충실한 프로그램
• 직원과 관리자는 가장 작은 것에서 가장 많은 것을 요구 • 직원과 클라이언트의 기대·목적이 명확치 않음 • 기부금 제공자는 과업들의 비현실적인 기대를 알기 어려움 • 조직의 힘에 비해 실천이 개선되지 못함 • 창의적인 프로그램의 개입이나 탐색이 회피되고 선택됨	• 사려 깊은 설계를 통해서 결점들을 약화 • 프로그램의 효과성을 높임 • 프로그램의 능률성을 높임 • 직무만족의 수준을 높임 • 조직체로부터 많은 지지를 확보할 수 있음 • 조직의 실천행위를 개선할 수 있음

이와 같은 프로그램의 개발에서 고려해야 할 요소로서 5P(Person, Problem, Purpose, Process, Place)를 중심으로 살펴보고자 한다.

1) Person : 능력수준과 흥미에의 적합성

프로그램 내용 선정에 있어서 가장 중요한 것이 대상자에 대한 고려이다. 프로그램의 내용에는 지도대상자의 필요와 흥미 및 능력수준뿐만 아니라 친밀감도 고려되어야 한다. 따라서 프로그램의 대상자는 물론, 참여자 및 그 가족들까지도 포함하는 것이 보다 바람직하다.

2) Problem : 프로그램의 통합성

프로그램의 통합성이란 프로그램에 참여하는 대상자의 문제해결이나 목표 달성을 위한 단편적인 프로그램이 아니라, 인간의 경제적 · 사회적 · 심리적 · 문화적 제반 측면들을 통합적으로 고려하는 것이다.

예를 들어, 비행청소년이나 범죄자를 위한 프로그램의 경우 그들의 비행감소와 재범방지 및 사회복귀뿐만 아니라, 대상자와 그 가족의 사회적 관계망의 유지 · 회복과 정서적인 안정 및 자립 · 갱생에 도움이 될 수 있는 대인적 서비스의 병행이 고려되어야 할 것이다.

3) Purpose : 합목적성

프로그램은 합목적성을 지녀야 한다. 왜냐하면 프로그램은 그 내용과 목적이 일치하지 않는 경우도 있기 때문이다.

즉, 프로그램을 개발할 때 그 프로그램의 내용이나 수단에 지나치게 치중한 나머지 그 목표를 등한시하는 경우가 있는데, 이때 수단이 목표에 전도되는 '목표전치' 현상이 발생하지 않도록 유의해야 한다. 그러므로 프로그램을 진행하는 과정에서 목적이나 목표에 대한 점검도 필요하다.

4) Process : 프로그램의 지속성과 네트워크화

프로그램은 지속적이고 제도적인 안정성을 가져야 한다. 프로그램은 일시적이고 일회적인 것이 아니라, 장기적이고 체계화된 계획 아래 지속적이고 제도적인 것이 되어야 한다. 또한 프로그램 내용의 구성에 있어서도 지식 · 이해 · 기능 · 태도 등의 측면이 프로그램에 반영되도록 하여 공통목표의 달성에 기여할 수 있어야 한다.

예를 들어, 비행청소년이나 범죄자의 재범방지나 원만한 사회복귀 및 갱생을 위하여 공공시설 · 기업 · 민간단체 · 종교단체 등과 같은 다양한 인적 · 물적 자원을 연결시키는 체계적인 서비스 지원의 시스템 구축을 통하여 프로그램의 네트워크가 형성되도록 한다.

5) Place : 지역성

프로그램은 그 실시기관에 따라 지역적·문화적 환경이 다르기 때문에 프로그램의 내용을 선정할 때 지역적 특수성을 반영하고, 각 지역의 독특한 특성을 발굴해 내는 것이 중요하다.

특히 그 지역의 문화적 특성이나 전통·관습·방언 등을 발굴하여 프로그램이나 집단명 등으로 활용하는 것이 좋다. 이렇게 함으로써 프로그램의 참여자나 팀 구성원 및 지역사회의 주민들이 프로그램에 보다 쉽게 접근할 수 있고, 또한 많은 호응도를 불러일으킬 수 있는 장점이 있다.

제2절 사회복지 프로그램의 개발

1. 프로그램 개발의 의의

프로그램 기획(program)이란 기관에서 어떤 목적하에, 어디서, 어떠한 방법으로 문제를 해결할 것인가에 대하여 장기 또는 연차별 활동을 개략적으로 수립하는 것을 의미한다.

따라서 사회복지 기관에서의 프로그램 기획이란 클라이언트의 삶의 질을 향상시키는 것을 목적으로 '현재와 미래의 환경변화에 대응하기 위한 것으로 프로그램의 목적 설정, 수단의 선택, 실행, 평가에 이르는 제반 프로그램 과정에서의 합리적인 의사결정과 활동들'로 규정할 수 있다.

프로그램 설계는 사전적 의미로 계획을 세운다는 뜻으로, 프로그램을 기획하는 데 매우 구체적인 형태로 그 과정을 기술하는 것이다.

또한 프로그램 계획, 기획, 설계라는 용어 대신에 프로그램 개발이라고 표현하기도 하는데, 개발이란 사전적인 의미로는 '개척하여 발전시킨다'는 뜻으로 기존에 있던 것을 보다 나은 방향으로 변화시키거나 새로운 것을 만드는 것을 의미한다고 볼 수 있다.

따라서 프로그램 개발이란 새로운 프로그램을 창출하거나 기존의 프로그램을 과학적이고 체계적인 일련의 과정을 통하여 발전시켜 나가는 활동이라고 할 수 있다.

프로그램 개발의 출발은 클라이언트가 안고 있는 문제를 어떻게 해결할 수 있을 것인가?라는 질문으로부터 시작된다. 클라이언트가 안고 있는 문제를 얼마나 진지하게 고민하고 해결되기를 바라는지의 진정성에서 출발해야 한다. 더 나아가 기존 프로그램의 한계성을 인식하고 한계가 무엇인가에 대한 분석적이고 자기성찰적인 반성과 노력도 병행되어야 한다.

본 교재에서는 프로그램 계획과 기획, 설계를 포함하는 거시적인 의미로서 프로그램 개발을 다루고자 한다.

2. 프로그램 개발의 구체적 단계

프로그램 개발은 보편적으로 ① 문제/욕구확인, ② 프로그램 설계/계획, ③ 프로그램 실행, ④ 프로그램 평가단계 등의 다양한 활동이 포함된 논리적 과정의 산물이다.

이 각각의 단계는 독립적으로 분리되어 존재하는 직선적인 관계가 아니라 서로 밀접하게 연관되어 규제하면서 주기적으로 반복되는 순환과정을 이루고 있다.

이와 같이 프로그램 개발은 문제발견과 욕구분석으로부터 시작하여 포괄적인 목적과 구체적인 실행체계를 구성하는 과정을 의미한다.

여기서는 프로그램 개발을 7단계로 구분하여 설명하고자 한다.

1) 문제의 구체화와 욕구사정

사회복지 프로그램을 개발함에 있어 우선 사회문제의 발견과 욕구분석을 통하여 그것들의 원인을 규명하고 근본적인 문제를 진단하는 것이다.

즉, 사회복지 프로그램의 개발에는 먼저 관련 당사자와의 사전모임을 통해 관심분야(자폐아동, 학교폭력청소년, 독거노인, 지체장애인, 모부자가정 등)의 선정과 '무엇을 하고 싶고, 무엇을 할까?' 하는 프로그램 개발과 관련된 동기부여가 필요하다.

동기유발이 이루어지고 나면, 다음 활동은 해당 문제의 원인을 분석하는 일이다. 즉, 어떻게 그 같은 사태가 발생했는가? 그 문제의 원인은 무엇인가? 또 이 문제에 이해관계가 걸려 있는 집단은 누구인가? 문제가 해결되길 바라거나 바라지 않는 집단은 누구인가? 등을 살펴보는 작업이 필요하다.

문제의 분석은 현상보다 이면에 있는 문제에 접근하려는 노력이 필요한데, 많은 경우 본질적인 문제보다 표면적으로 나타나는 현상에 급급하여 '무엇을 할까?'를 성급히 결정하려고 한다. 그래서 결과적으로 상대방의 입장에서가 아니라 자신의 입장에서 활동을 수행하게 된다.

욕구 파악 및 분석은 사회의 어떤 바람직하지 못한 상태가 인지되었을 때 그 바람직하지 못한 상태의 실태를 조사하고 원인을 파악하려는 노력을 말한다. 이 때에는 욕구와 관련하여 프로그램 실행을 위해 쓸 수 있는 인적・물적 자원을 파악해 두어야 한다.

이러한 욕구사정은 다음과 같이 네 가지의 목적 가운데 한 가지 이상의 목적을 달성하기 위해 행해진다.

첫째, 주민들이 필요로 하는 각종 서비스 또는 프로그램을 식별해 우선순위를 정한다.

둘째, 프로그램 운영에 필요한 예산 할당기준을 마련한다.

셋째, 현재 수행 중인 사업의 평가에 필요한 보조 자료를 마련한다.

넷째, 프로그램을 수행하는 지역사회 내에 기관들 간의 상호 의존 및 협동 상황을 파악한다.

또한 문제나 욕구분석 및 사정 시 점검해야 할 사항은 다음과 같다.

① 특정 프로그램이 역점을 두고 해결하고자 하는 문제는 무엇인가?

② 얼마나 많은 사람들이 그 문제로 인하여 영향을 받고 있는가?

③ 프로그램이 서비스를 제공하려는 표적 집단은 누구인가?
④ 프로그램에 의해서 서비스를 받는 집단의 지리적인 지역경계가 분명하게 있는가?
⑤ 규범적 욕구를 측정하기 위한 기준은 마련되어 있는가?
⑥ 욕구사정의 기획에서 미충족된 욕구의 상황이 존재하는 이유는 무엇인가(서비스 부재, 정보의 부재, 자원의 부재)?
⑦ 서비스를 받기 원하는 사람들 가운데 몇 %가 수혜를 받고 있는가?

2) 자원체계의 확인

자원체계의 확인이란 해당 프로그램에 대한 인적·물적 자원이나 지식과 기술 및 사회적 환경이 어떠한가를 살펴보는 활동을 말한다.

(1) 클라이언트 집단의 파악

유능한 관리자는 프로그램과 연관된 사람들을 확인하여야 한다. 프로그램에 연관된 사람들이란 프로그램에 대해 진정한 관심을 가진 사람들과 프로그램에 의해 직접적인 영향을 받게 되는 사람들을 말한다. 그중에서도 프로그램에 의해 직접적으로 영향을 받게 되는 표적집단, 더 나아가 클라이언트 집단의 규모 및 성격 파악은 다음의 네 가지 집단으로 구분하여 파악한다.

① **일반집단** : 프로그램에 영향을 미칠 대상가능인구로서 클라이언트가 속한 관할지역 또는 행정구역 내에 있는 모든 집단
② **위험집단** : 일반집단 중 해당 문제에 노출될 위험이 있거나 욕구가 있는 집단
③ **표적집단** : 위험집단 중 하위집단으로서 프로그램의 영향이 구체적으로 미치는 인구 또는 프로그램 대상이 되어야 하는 집단
④ **클라이언트 집단** : 표적집단 중 실제 프로그램에의 참여자 집단

일반집단(general population)
특정 문제를 가질 수 있거나 영향을 받을 수 있다고
판단되는 모든 사람을 포함하는 집단

위험집단(위기집단)(at-risk population)
일반집단 중 특정 문제에
노출될 위험이 큰 집단

표적집단(target population)
프로그램의 직접적 대상이 되는 집단

클라이언트 집단
(client population)
표적집단 중 프로그램
이용집단

그림 11-1 집단 유형 분류

클라이언트의 집단을 파악함에 있어서 관리자에게 가장 중요한 과제는 표적 집단 중에서 누가 서비스를 받을 것이며, 누가 받지 못할 것인가를 전하는 것이다.

이때에는 세 가지 요인이 기준이 된다. ① 실현 가능성으로서 프로그램의 수용능력, ② 윤리성으로서 프로그램에 참여할 자격이 있는 사람이 서비스를 받는 것을 원치 않을 수도 있으며, ③ 클라이언트 능력으로서 프로그램으로부터 이익을 얻기 위해서는 클라이언트가 어떤 능력을 보이거나 자원을 가져야 한다.

프로그램의 관리자는 이러한 기준을 염두에 두고 클라이언트 집단을 파악하여야 할 것이다. 클라이언트 집단 파악의 한 예를 살펴보면 <표 11-2>와 같다.

〈표 11-2〉 대상집단 선정의 예

(단위 : 명)

대상 구분	서비스대상자 산출근거	세대 수
일반집단	○○시 전체 결손가정 수	23,321
위험집단	일반대상 중 저소득 결손가정 수	230
표적집단	위기대상 중 자녀양육이 곤란한 결손가정	100
클라이언트 집단	표적집단 중 아동위탁을 의뢰하는 결손가정에 대한 상담, 조사를 통해 적합성이 인정되는 세대의 아동 수	35

(2) 인적 · 물적 자원의 검토

대부분의 사회복지사업은 사업의 진행 도중에 자원(특히 재정)의 부족을 경험하게 되기 때문에 보다 치밀한 자원계획만이 목표를 달성하는 데 시행착오를 줄일 수 있다. 인적 자원은 사회복지기관의 관리자, 사회복지사, 자원봉사자 등 프로그램의 수행 인력을 말하고 물적자원은 프로그램 예산을 말한다.

사회복지 프로그램은 자원을 어떻게 동원 · 관리하느냐에 따라 존속될 수도 있고 폐지될 수도 있다. 사회복지 프로그램으로서의 주요 자원은 인력 · 시설 · 설비 · 물품 등이 있다.

우선 프로그램 참여자의 관심 · 장점 · 기술 · 시설 · 장비를 프로그램에 어떻게 연결시킬 것인가에 대한 구체적인 점검이 있어야 한다.

예를 들어, 노인을 돕기 위해서 그들이 원하는 욕구가 무엇인가를 파악하고 나면, 프로그램 관리자와 기관이 과연 그러한 욕구를 충족시킬 수 있는 지식 · 기술 · 경험 · 시설 · 장비를 갖추고 있는가를 구체적으로 파악하는 것이다.

(3) 조직이나 기관의 제한조건 파악

아무리 목적이 좋고 동기유발이 잘 되어 있는 프로그램일지라도 프로그램을 제공하는 사회복지조직이나 기관의 능력과 자원이 부족한 경우에는 근본적으로 그 프로그램은 한계를 안고 있다고 볼 수 있다.

예를 들어, 봉사자들이 기관에 소속되어 프로그램을 전개한다면, 해당 조직이나 기관의 제한조건을 파악하고 그러한 제한조건을 해당 집단에 확인시켜 주어야 한다. 왜냐하면 봉사자들의 무분별한 약속을 방지하고 다른 기관이나 봉사단체에 의뢰할 필요가 있기 때문이다.

3) 목적과 목표

프로그램의 목적과 목표가 지향하는 바는 내용상 동일하지만 구체적인 수준에 있어서는 엄연한 차이가 있다.

프로그램의 목적(goal)은 프로그램을 실행하여 성취하고자 하는 포괄적인 형태의 성취수준에 관한 추상적인 진술이다. 보다 실현 가능하고 결과중심적인 하위의 세부목표들에 대한 상위 개념으로 특정 사회문제의 개념정의 및 인과관계 설정과 관련된 가정과 바람직한 변화방향에 대한 가정을 포함한다.

반면 목표(objective)는 목적을 달성하기 위한 세부목표로 목표를 설정할 때에는 가능한 구체적이고 현실적이며 측정 가능하여야 한다. 즉, 처리해야 할 성취결과가 현실적으로 측정할 수 있는 성취측정의 척도로 반드시 지정되어야 한다. 목적과 조작된 목표의 차이점은 특히 대규모의 표적 집단을 가지고 있는 프로그램에 매우 중요하다.

〈표 11-3〉 목적과 목표의 비교

목 적	목 표
• 개인의 정의와 인과관계에 대한 설명 • 개입의 포괄적 수준을 결정 • 클라이언트 집단의 성격과 규모는 문제의 규모와 범위에 따라 결정되어야 함 • 프로그램 실행에 한계와 지침 제공	• 과정보다는 결과에 중심을 둠 • 명확한 시간기준과 구체적 성취수준을 제공 • 산술적인 측정이 가능, 정확하게 측정되고 관찰되어야 함 • 목적의 위계화와 조직의 활동범위에 맞아야 함

4) 자료수집과 대안설정

(1) 자료수집

프로그램관리자가 대상 집단이나 대상 문제와 관련된 프로그램, 해당 기관과 시설이 유사한 타 기관의 경험이나 프로그램, 또는 외국의 사례 등을 조사해 본다.

프로그램에 관련된 자료수집방법은 해당 기관의 방문, 전화, 시청각 자료(영화·비디오·사진 등) 등이 있지만, 그중에서도 인터넷을 통한 검색은 시간절약 및 정보수집에 많은 도움이 될 수 있다.

한편 관련 자료들을 수집한 후에는 프로그램의 목적과 목표에 부합하는 다양한 서비스 활동을 선택해야 한다. 이런 경우 '만일 이런 것은 어떨까?' 하고 상상력을 발휘해 본다면, 이전에는 발견하지 못했던 여러 가지 좋은 아이디어를 얻을 수도 있고, 또한 미처 몰랐던 여러 가지 서비스 대안을 찾을 수도 있다.

이때 아무 제약을 두지 않고 누구나 자유롭게 다양한 아이디어를 창출하게 하는 것이 좋으며, 가능하다면 참가자 모두가 적어도 하나의 아이디어를 내도록 해본다. 또한 이러한 아이디어 구상에는 때때로 문제와 관련이 있거나 경험이 있는 전문가를 초빙해 도움을 받을 수도 있다.

또한 아이디어의 발상으로 브레인스토밍·브레인라이팅의 기법은 프로그램의 목표나 목적에 적합한 독창적이고도 다양한 아이디어가 창출될 수 있다.

특히 BW(Brain Writing)은 침묵발상법이라고도 하는데, 이 방법은 침묵사고(思考), 개인사고(思考)를 살린 집단사고방법이다.

실제로 BW는 종이에 의견을 적어서 의사표시를 하므로 토론문화나 자신의 의견발표가 잘 발달되지 않은 한국의 조직문화 풍토 속에서 더 효과적으로 활용해 볼 수 있는 좋은 아이디어 개발법이라고 볼 수 있다. 브레인스토밍·브레인라이팅의 기법은 본 교재 5장에 상세히 기술하였다.

(2) 우선순위의 선정

우선순위 결정을 위해 사회복지사는 문제목록에서부터 출발하여 사회복지사의 제안을 소개하고 문제를 분류한 다음, 클라이언트가 가장 중요하게 생각하고 있으며 현실적으로 변화의 가능성이 높은 것부터 우선순위를 결정한다. 이러한 과정을 통해 어떤 서비스가 가장 많은 그리고 가장 적은 자원을 필요로 하며 어떤 서비스가 프로그램의 목표달성에 가장 바람직한가를 결정한다. 즉, 어떤 서비스가 수혜자에게 가장 도움이 되는가를 통찰하는 것이다.

이러한 우선순위를 선정하는 데 있어서 지침이 될 수 있는 세 가지 중요한 질문과 이에 대한 답변을 정리하면 다음과 같다.

첫째, 클라이언트의 문제에 가장 적합한 서비스는 무엇인가? 아마도 가장 심각한 문제를 지닌 클라이언트나 다른 서비스로부터 수혜를 받지 못하는 클라이언트에게 주어지는 서비스를 택하는 것이 바람직할 것이다.

둘째, 해당 서비스 제공자들이 가장 잘 할 수 있는 서비스는 무엇인가? 기본적인 전략은 전체 자원봉사자들이 ① 가장 하고 싶어 하고, ② 가장 자신감 있으며, ③ 그들의 지식과 기술 및 능력을 발휘할 수 있고, ④ 계속적으로 제공할 수 있는 서비스이다.

셋째, 수혜자와 제공자 모두에게 가장 만족감을 줄 수 있는 서비스와 앞으로도 계속 봉사활동의 성과가 지속될 수 있는 서비스는 무엇인가? 하는 것이다. 왜냐하면 낮은 만족도를 갖는 서비스는 낮은 우선순위를 점하게 되고 또한 그러한 서비스는 낮은 성과를 산출하기 때문이다.

(3) 대안선택

프로그램의 대안은 우선순위의 비교와 자원동원 가능성에 따라 결정되는데, 대안선택은 제안된 서비스 혹은 세부 프로그램의 선택이다. 프로그램을 구성하는 활동의 대안(목표달성을 위해 제안된 서비스나 혹은 세부 프로그램)들은 수도 없이 많으며, 이들 중에서 프로그램의 목적 및 목표 달성에 가장 적합한 대안을 결정하는 것은 쉽지 않다.

프로그램을 구성하는 최종의 대안 서비스 혹은 세부 프로그램은 우선순위의 비교와 자원동원 가능성에 따라 결정되며, 우선순위는 적합성과 실행 가능성 여부에 의해서 비교·결정된다.

이러한 대안의 선택에는 프로그램 개발에 관련된 사람들의 대체적인 합의가 요구되는데, 이를 위해 당사자의 자유로운 의견개진과 그 의견에 관련된 타협과 조정이 필요하다.

그러나 현실적으로 많은 대안 서비스나 세부 프로그램들이 선택될 때, 프로그램 참여자의 전체적 합의나 과학적인 선택결정방식에 의해 이루어지기보다는 프로그램 관리자의 주관적 판단이나 기존의 유사 프로그램에서 사용되고 있는 서비스들을 그대로 선택하는 경우도 종종 있다.

따라서 향후 프로그램 관리자는 대안 선택 시 프로그램 참여자들의 과학적인 방법에 의한 전체적인 합의도출과 함께 프로그램의 목적과 목표에 부합되거나 효과성이 입증된 단위 서비스(세부 프로그램)들을 선택하도록 노력해야 할 것이다.

제3절 사회복지 프로그램의 평가

1. 사회복지 프로그램 평가의 필요성

사회복지조직체는 끊임없이 프로그램을 평가해야 하며, 평가결과에 따라 프로그램의 운영체제를 재정비해야 한다.

이렇게 함으로써 사회복지 프로그램에 대한 이해를 증진시키고 이를 쉽게 이용할 수 있도록 하며, 서비스의 질을 높이고 프로그램의 효과성과 효율성을 높이며 사회적 욕구의 변화에 따라 개선하도록 할 수 있다.

사회복지 조직체를 인가, 지원 및 이용하는 사회는 조직체가 이러한 평가·개선의 과정을 따르기를 요구하고 있는 데 반해, 다수 사회복지관리자들은 사업평가에 대해서 그다지 호감을 갖지 않는다.

그 이유는 이들은 흔히 외부전문가의 평가는 비판적이고 복잡한 현장 사정을 무시하며 사업을 계속하는 데 불리한 정보를 만들어 낸다고 보는 경향이 있기 때문이다.

그러나 평가의 기본적 목적은 사회복지서비스의 체제를 개선·강화하는 데 있으며, 한정된 재원을 가지고 어떻게 하면 보다 더 효과적으로 사회복지서비스의 전달체계를 운용해 갈 수 있는가를 파악하려는 것이다.

프로그램을 평가하는 이유는 여러 가지가 있지만 그러한 이유를 정리해 보면, ① 프로그램에 대한 공적인 인정의 충족, ② 프로그램 재정의 결산, ③ 프로그램 정보요구에 대한 대응, ④ 행정적인 의사결정에의 참고, ⑤ 프로그램 개발에 대한 직원들의 참여 유도, ⑥ 의도하지 않은 효과들에 대한 학습 등이 있다.

프로그램 평가는 첫째, 프로그램 개시 직후, 둘째, 프로그램 진행 도중, 셋째, 프로그램 종료 후에 할 수 있다.

그런데 대개의 평가는 프로그램 종료 후에 이루어지지만, 새로운 정보나 상황 변화에 적응하기 위하여 프로그램 개시 직후나 진행 도중에도 이루어질 필요가 있다.

2. 평가의 목적

프로그램 평가의 목적은 크게 다음의 세 가지로 요약할 수 있다.

첫째, 프로그램이나 서비스가 욕구를 가진 사람들에게 얼마나 양질의 서비스를 제공하였는지를 확인하는 것이다.

둘째, 프로그램 효과성과 효율성을 측정하여 목표달성의 성공 여부를 확인하는 것이다.

셋째, 피드백을 통해 기존 프로그램의 내용을 발전시켜 나가는 것이다. 결국 프로그램 평가는 프로그램 운영의 성공 여부를 판단하는 전반적인 과정이며, 프로그램의 중단·축소·유지·확대 여부 등의 결정을 하는 데 실질적인 도움을 주는 것에 그 목적이 있다고 할 수 있다.

이상의 평가목적을 달성하기 위하여 평가자는 평가하려는 서비스나 프로그램이 지향하는 목표가 구체적으로 무엇인지, 명확하게 무엇을 평가하고자 하는지를 정한 다음, 각각의 목적과 상황에 맞는 적절한 평가를 실시해야 한다.

하지만 프로그램 평가는 본질적으로 결과에 대한 평가자의 가치판단을 수반하게 되고, 그렇기 때문에 프로그램 결과에 대한 가치판단이라는 주관적인 것을 최대한 객관화시키는 것이 중요하다고 볼 수 있다.

3. 평가의 기준

사회복지조직은 프로그램 운영과 관련하여 책임성과 효과성에 관한 내용을 명확히 제시해야 하는데 이는 평가를 통해서 확인된다.

어떤 사물 혹은 그 속성에 대한 가치판단을 하기 위해서는 반드시 판단의 준거 또는 표준이 있어야 한다.

평가는 합리적인 의사결정을 유도하고 합리적임을 입증함으로써 지역사회 주민들에게 보다 나은 서비스를 전달하고 새로운 프로그램 개발의 향상을 위해서 사회복지조직이 반드시 수행해야 하는 과정이다.

평가기준은 학자들에 따라서 다양한 견해를 보이고 있다. 여러 평가기준 중 공통적으로 인정하고 중요하다고 판단되는 평가의 기준과 평가요소를 요약하면 <표 11−4>와 같다.

〈표 11-4〉 **프로그램 평가의 기준과 평가요소**

기 준	정 의	평가요소의 예
노력성	프로그램 활동의 양	프로그램의 투입요소와 이의 전환과정 − 단위활동의 수 − 이용자의 수 − 전문지식과 기술의 소유와 활용 정도(전문인력의 수) − 프로그램 예산 및 자원 − 프로그램 기간 및 하위활동들의 단위기간 − 프로그램 활동에 대한 전문인력의 투입시간 등
효율성	산출대비 비용 정도	서비스 단위 산출당 소요비용 − 프로그램 노력(위의 요소들)에 대한 비용 − 프로그램 결과에 대한 비용 등

효과성	프로그램 목표의 달성 정도	목표달성과 프로그램 노력과의 인과관계 – 이용자의 인지적/ 감정적 변화 – 이용자의 행동상의 변화 – 이용자 집단(clientele)의 사회적 변화 등
영 향	사회문제나 이용자 욕구변화에 미친 영향	프로그램 노력과 사회적 지표변화 간의 관계 – 위기집단과 표적집단 내에서의 변화 정도 – 사회지표상의 변화에 대한 실증적 기대 정도 등
품 질	프로그램의 전문성	프로그램 제공자의 전문성 – 서비스 인력의 전문자격 소유 여부와 정도 – 프로그램에서 활동하고 있는 전문지식과 기술의 발전상태 등
과 정	프로그램 결과의 경로	프로그램 운영상의 매개체 – 세부목표(수단적 목표)들의 달성 정도와 연계성 – 세부목표와 프로그램 결과 사이의 영향 정도의 차이 등
형평성	프로그램 배분의 공평성	프로그램의 접근성 – 대상집단에게 동일한 접근기회가 주어지는지의 여부와 그 정도 – 프로그램 활동이 지역 내에 균등하게 배분되는 정도 등

4. 평가의 종류와 내용

프로그램 평가는 일반적으로 총괄평가와 형성평가로 나누어진다. 프로그램 결과를 평가대상으로 한 것이 총괄평가이며, 운영과정을 평가대상으로 한 것이 형성평가이다.

총괄평가(summative evaluation)는 프로그램의 효과를 파악하는 것이 핵심이나 비용까지도 감안하는 효율성 평가도 포함될 수 있다.

형성평가(과정평가, process evaluation)는 집행과정을 검토하여 프로그램 효과 발생과정을 밝히고 바람직한 운영전략을 수립하는 데 그 목적이 있다.

따라서 프로그램 평가는 시간을 기준으로 보아 총괄평가와 형성평가로 구분되는데, 총괄평가는 프로그램 운영이 끝날 때 내리는 평가이며, 형성평가는 운영 도중에 이루어지는 평가로서 운영의 관리 및 전략의 수정·보완을 위한 평가이다.

프로그램 평가는 평가주체에 따라서 내부평가와 외부평가로 나누어진다. 내부평가(inside evaluation)는 프로그램의 결정·집행을 담당하고 있는 사람들이나 이들이 소속한 조직이나 기관의 다른 구성원이 행하는 평가이다.

외부평가(outside evaluation)는 정책의 결정·집행의 담당기관이 아닌 외부의 제3자가 수행하는 평가이다.

프로그램 평가는 이 외에도 평가방법에 따라 과학적·체계적 평가와 비과학적·주관적 평가로 나누어 볼 수 있다.

1) 총괄평가

일반적으로 프로그램 평가의 핵심은 최종적 효과를 파악하는 총괄평가에 있다. 총괄평가는 프로그램이 집행되고 난 후에 프로그램이 사회에 미친 영향을 추정하는 조사활동이다. 총괄평가는 프로그램 투입에 대한 총체적인 판단을 내리기 위한 평가로 성과와 비용에 관심이 크며 프로그램의 효과성과 효율성을 평가하기 위해 실시된다.

(1) 효과성 평가

프로그램의 효과성(effectiveness)은 프로그램의 목표달성 정도를 의미하는데, 효과성을 판단하는 것이 총괄평가의 가장 중요한 작업이다.

사회문제 해결이 프로그램의 목표인 경우에는 프로그램의 달성으로 나타나는 효과는 문제해결이다.

따라서 효과성 평가는 단순하게 의도했던 효과가 어느 정도 발생했는지를 판단하는 데만 그치지 않고, 해결하고자 했던 사회문제가 어느 정도 해결되었는지 그리고 문제가 완화 또는 악화되었는지를 분석·파악해야 한다.

따라서 효과성 평가는 다음과 같은 내용을 파악한다.

① 의도했던 프로그램 효과가 과연 그 프로그램 때문에 발생했는가?

② 발생한 프로그램 효과는 프로그램 목표와 대비하여 어느 정도인가?

③ 프로그램 효과의 크기는 해결하고자 했던 원래의 사회문제를 해결하는데 충분한가? 등이다.

이 중에서 가장 중요하면서도 어려운 판단은 ①이며, 이것이 효과성 판단의 핵심이다.

(2) 효율성 평가

효율성(efficiency)은 흔히 투입과 산출의 비율로서 표현되는데, 투입을 프로그램의 비용으로 하고 산출을 프로그램의 효과로 한다면 다음과 같은 효율성의 개념이 성립한다.

$$\text{효율성} = \frac{\text{프로그램에 의한 산출(out put)}}{\text{프로그램에 의한 투입(in put)}} = \frac{\text{효과}}{\text{비용}}$$

(3) 공평성 평가

프로그램이 집행된 후에 나타난 프로그램 결과를 평가하는 데는 프로그램 효과와 비용이 사회집단 간에 또는 지역 간에 공평하게 배분되었는지를 평가하는 공평성(equity) 평가가 있어야 한다.

2) 형성평가

형성평가는 과정평가라고도 하며, 프로그램의 운영·활동을 분석하여 이를 근거로 보다 효율적인 집행전략을 분석하거나, 프로그램 내용을 수정·변경하거나, 프로그램의 중단·축소·유지·확대 여부를 결정하는 데 도움을 준다. 또한 프로그램의 효과나 부작용 등이 발생한 경로를 밝혀서 총괄평가를 보완하는 기능을 수행한다.

(1) 좁은 의미의 형성평가

좁은 의미의 형성평가는 프로그램이 구체적으로 어떠한 경로를 거쳐서 효과가 발생하였는지를 파악하려는 것이다.

즉, 프로그램 효과를 결과로 하고 이 프로그램을 원인으로 하여 인과관계를 파악하되, 개입과정에 영향을 미치는 매개변수들을 확인하려는 것이다.

이처럼 프로그램의 시작에서 최종목표까지의 과정을 인과관계의 측면에서 확인하는 것이 좁은 의미의 형성평가인데, 이것은 효과성 평가를 보완한다.

또한 완료된 프로그램의 효과가 나타나지 않는 경우가 있는데, 이런 경우는 프로그램과 목표 간의 인과관계에 대해서 프로그램계획자가 잘못 판단한 경우일 것이다. 이런 때에는 효과발생 여부만이 아니라 프로그램의 집행과정상 어디에서 인과관계가 잘못되었는지를 판단하는 것이 중요하다. 효과가 나타났을 때에도 그 과정을 밝히는 것이 중요하다.

효과발생의 인과경로를 밝히는 형성평가는 다음과 같은 질문에 답을 할 수 있다.

① 프로그램 효과는 어떠한 경로를 거쳐서 발생하게 되었는가?
② 프로그램 효과가 발생하지 않는 경우 어떤 경로로 잘못이 있었는가?
③ 프로그램 효과에 보다 강한 영향을 미치는 경로는 없는가?

이러한 질문을 요구하는 형성평가는 효과발생의 경로를 밝혀 총괄평가를 보완하고, 프로그램의 적용 가능성과 프로그램 실패의 중요한 원인인 인과경로상의 잘못을 알 수 있다. 이를 통해서 프로그램의 내용이나 구조를 수정·변경하거나 프로그램을 중단·확대하는 결정을 내리는 데 도움을 준다.

(2) 운영과정 평가

운영과정 평가는 프로그램의 운영 및 활동을 분석하는 것으로 프로그램의 운영 여부를 결정하는데 도움을 준다. 따라서 프로그램이 의도한 대로 운영이 되었는가를 확인·점검하는 것이다.

즉, 운영과정 평가는 프로그램의 운영이 원래의 운영계획이나 설계에 따라 이루어졌는지를 확인하여 이에서 벗어난 부분을 파악하는 것이다.

따라서 운영과정 평가는 구체적으로 활동을 계획에 비추어 점검하되, 그 활동에 결정적인 영향을 주는 운영절차와 자원, 프로그램대상자에 대한 서비스 전달, 프로그램의 대상영역을 점검하는 것이다.

운영과정 평가의 주 평가대상은 프로그램 활동이다. 따라서 다음과 같은 질문을 하게 된다.

① 원래 운영계획대로 활동들이 이루어졌는가(activity)?

② 계획된 양 · 질의 자원(인적 · 물적)이 계획된 시간에 투입되었는가(in put)?

③ 원래 의도한 프로그램의 대상 집단을 상대로 실시되었는가(coverage)?

④ 관련된 법규나 규정에 순응하였는가(compliance)?

위와 같은 질문에 답변하는 운영과정 평가는 다음과 같은 목적을 위해서 사용된다.

첫째, 프로그램 설계상의 약점을 파악 · 보완하고, 보다 바람직한 절차 · 방법을 제시하여 효율적 운영전략을 수립한다.

둘째, 운영상의 여러 가지 상황을 점검하여 프로그램의 수정 · 변경을 도모하고, 이를 통해서 바람직한 정보를 제공한다.

셋째, 새로운 평가목적인 책임성을 달성하는 데 도움을 준다. 여기에서 운영과정에서의 책임성은 주로 적합성을 점검하는 것이다. 그리고 운영분석의 방법으로는 점검이 매우 중요하다.

3) 통합평가

통합평가 방법은 위에서 언급한 총괄평가와 형성평가를 통합한 것이다. 이 방법은 주로 사후평가 방법을 취한다.

프로그램 과정은 연속적 과정이므로 통합평가 역시 프로그램 집행과정상의 한 시점에서 이루어지며, 이를 통해 정책이나 프로그램 개선을 위한 중요한 정보를 얻을 수 있다.

따라서 통합평가를 설계하는 데는 총괄평가와 형성평가 방법의 어느 하나에만 의존하지 말아야 한다.

대개는 총괄평가적 접근으로 평가를 한 후 형성평가적 접근을 통해서 프로그램 운영과정의 타당성과 인과관계를 정밀하게 검사함으로써 총괄평가에서 얻은 정보의 타당성과 신뢰도를 판정한다.

KEY POINT

프로그램 수혜자(집단)

① **일반인구** : 대상지역의 전체인구 ———————— 일반환경(광의)
② **위험인구** : 일반인구의 하위집단(사회문제의 인구)
③ **표적인구** : 위험인구의 하위집단(수급자수준의 인구)
④ **클라이언트인구** : 표적인구의 하위집단(서비스이용 인구) – 업무환경(협의)

자원활용

① **저활용** : 너무 적게 활용(이용하고 있는 것을 없앨 수 있음)
② **과활용** : 대상자가 아닌데 이용(과비용 소모)(정당한 이용자의 불편 초래)

파레토(Pareto)최적(효과)

다른 사람의 효용을 감소시키지 않고는 어느 한 사람의 효용을 증가시킬 수 없는 상태 (최적의 분배상태)

낙수효과(적하이론)

① 트리클다운효과(trickle down effect)
② '폭포수는 주변을 적신다'라는 의미의 이론
③ 경제성장의 성과로 저소득층 복지향상(대기업 위주의 정책)

분수효과(fountain effect)

① 트리클다운효과(trickle down effect)의 반대용어
② 경제성장의 원동력을 분수처럼 아래에서 위로 뿜어져 나오게 한다는 이론
③ 복지재원은 부유층에 대한 세금으로 확보(성장보다는 분배 중시)

광의복지 · 협의복지

① 광의복지 – 보편주의 – 제도적 – 적극적 – 사전적
② 협의복지 – 선별주의 – 잔여적 – 소극적 – 사후적

형성평가 · 총괄평가

① 형성평가

프로그램 실천과정 중에서 수집된 정보를 토대로 계획과 대비하여 점검－확인함으로써 프로그램의 문제점을 중간에 발견하고 시정하고자 하는 모니터링(monitoring)제도로 진행자의 관리와 전략의 수정 및 보완을 위한 평가

② 총괄평가

프로그램이 진행되고 난 후 프로그램이 미친 영향을 측정하는 평가. 프로그램의 효과를 파악하는 것이 주된 핵심으로 비용도 감안하는 효율성 평가도 함께 하게 됨. 즉, 효과성을 목표의 달성도로 파악함. 마지막 단계에서 수정 못함

정성평가 · 정량평가

① 정성평가

계량(계수)화하기 어려운 부문의 용이한 평가방법

평가내용을 서술로 기록하는 것으로 세밀한 평가를 할 수 있음(질적연구와 관련)

단점 : 평가자마다 표현능력 및 문장작성능력이 평가내용에 영향을 줌

② 정량평가

평가내용을 수치로 기록하는 것으로 통계가 가능.

시간에 따른 변화 및 전체를 파악하기가 쉬움(양적연구와 관련)

단점 : 세밀한 부분 및 문제에 내포된 내면적인 면을 이해하기가 어려움

사회복지시설의 평가기준

사회복지사업 － 측정도구가 없음. 목표가 애매함

1. 평가기준

① 입소정원의 적정성　② 종사자의 전문성

③ 사회복지시설 환경　④ 입소자에 대한 서비스 수준

2. 평가분류

① **내부평가** : 외부전문가 배제

② **외부평가** : 외부전문가(제3기관) 평가

3. 평가의 목적

① **효율성 평가** : 자원의 비용을 적절히 사용하고 사업을 완성시켰는가? (형성평가)

② **효과성 평가** : 투입과정이 끝난 후 목적에 얼마나 이바지하고 있나? (총괄평가)

Chapter

12

사회복지서비스의 전달체계와 전문요원

12 사회복지서비스의 전달체계와 전문요원

사회복지서비스 전달체계(delivery system)란 사회복지서비스의 공급자와 소비자(client : 고객, 수혜자)를 연결시키는 조직적 장치(organizational arrangement)이다.

소비자에게 효과적이고 효율적인 서비스를 제공해 주기 위해서는 적합한 서비스 전달체계를 마련하는 것이 매우 중요하다. 사회복지정책의 전반적인 집행(클라이언트의 선정, 구체적 서비스 실행 등)이 올바른 사회복지서비스 전달체계에 의해 이루어지기 때문이다.

제1절 사회복지서비스의 전달체계

1. 사회복지서비스의 전달체계의 의의

사회복지사업의 효과성과 효율성에 대한 관심이 커짐에 따라서 서비스 전달체계에 대한 고민도 커지고 있다.

사회복지서비스가 어떠한 근거를 바탕으로 설계되었고, 어떠한 절차와 방법에 의해서 전달되고 있으며, 서비스의 양과 질이 어느 정도이고, 경비는 얼마나 들며, 전달과정에서 어떤 점이 개선을 요하는가? 등 기본적인 문제에 대한 관심이 커지고 있다.

서비스전달체계는 하나의 사회조직이다. 따라서 전달체계가 움직이는 데는 매우 다양한 조직변수들이 역동적으로 상호작용하기 때문에 여러 가지 조직에 관한 이론과 운영기법들의 상호 연관성하에서 통합 운영되어야 한다.

아직까지도 사회복지전달체계를 이해하는 데 필요한 포괄적이며 체계적인 개념과 전달체계가 제 기능을 다하고 있는가를 조사하고 제시해 주는 문헌은 매우 드문 실정이다. 따라서 여기에서는 먼저 전달체계를 이해하는 데 적용할 수 있는 이론적 틀을 소개하고자 한다.

1) 서비스의 전달체계

사회복지서비스 전달체계(the service delivery system)는 말 그대로 사회복지서비스를 고객에게 전해주기 위한 사회적 조직체이다. 사회복지 전달체계의 개념을 올바르게 이해하기 위해서는 전달과정에 대한 이해가 선행되어야 한다. 사회복지서비스는 전달체계라는 단어는 일방적 전달 및 공급의 의미를 담고 있다.

따라서 이러한 전달체계는 좁은 의미에서는 사회복지사, 즉 서비스전달자와 서비스를 받는 고객, 즉 클라이언트(수혜자) 사이의 대면적 상호관계를 통하여 일정한 장(setting)에서 서비스(개입)를 전달(실천)하는, 즉 서비스 전달업무를 실제로 집행하는 사회적 체계를 말한다.

그러나 보다 넓은 의미에서는 이러한 사회복지 전달의 집행체계는 상부의 행정체계로부터 규제와 지원 및 감독을 받으며 서비스를 전달한다.

따라서 서비스전달체계를 이해하려면 전달자와 고객이 상호관계를 이루면서 서비스를 직접 전달하는 절차는 물론, 서비스 전달을 기획·지시·지원·관리하는 행정체계도 동시에 연계해서 이해해야만 한다.

따라서 서비스전달체계는 다음 두 가지 하위체계로 크게 구분할 수 있다.

① 서비스 전달을 위한 행정체계(계획·지원·관리기능 수행)

② 서비스 전달을 위한 집행체계(서비스의 직접 전달기능 수행)

예를 들어, 정부가 운영하는 공공부조사업의 하나인 국민기초생활보장수급자를 위한 서비스의 경우, 국민기초생활보장법에 의거하여 ❙그림 12-1❙과 같이 주관부서인 보건복지부가 이 사업을 계획하고 예산을 배정하며 사업운영에 관한 지시를 한다.

그리고 이와 같은 지시는 광역자치단체인 특별시・광역시・도를 경유하여 기초자치단체인 시・군・구로 전달되고, 사업운영상황을 관리해 나간다.

그러나 이와 같은 사업(금전 또는 물품 등의 수급품)의 집행은 일선 행정기관인 읍・면・동에서 이루어진다.

이러한 공공부조사업은 국가의 행정체계의 특성상 그 체제가 지리적으로 넓고 행정과정상으로는 길다고 볼 수 있다.

한편 민간사회복지기관의 경우를 보면, ❙그림 12-1❙의 전달체계의 이론적 틀과 비슷하지만 그 모양은 ❙그림 12-2❙와 같이 다르다.

즉, 민간사회복지기관의 행정체계는 비교적 단순하고 구조가 높지 않지만, 그 집행체계는 여러 부서로 나누어져 있어 수평적으로 넓고 복잡하다.

그러나 비교적 단순한 공공부조서비스를 주로 전달하는 공공사회복지행정의 전달체계는 다양한 직접 서비스를 전달하고, 보다 전문적인 치료적 개입을 하는 민간기관과는 체계 간에 차이가 나타난다.

민간복지관의 경우 한 지붕 아래 행정체계와 집행체계가 통합되어 부서 간에 지원이 잘 교환될 수 있다.

이러한 특성은 행정체계와 집행체계의 경계를 모호하게 하여 요원들의 업무분담을 불명확하게 하는 경향이 있지만, 전문적 서비스를 효과적으로 전달하는 데는 유리하다.

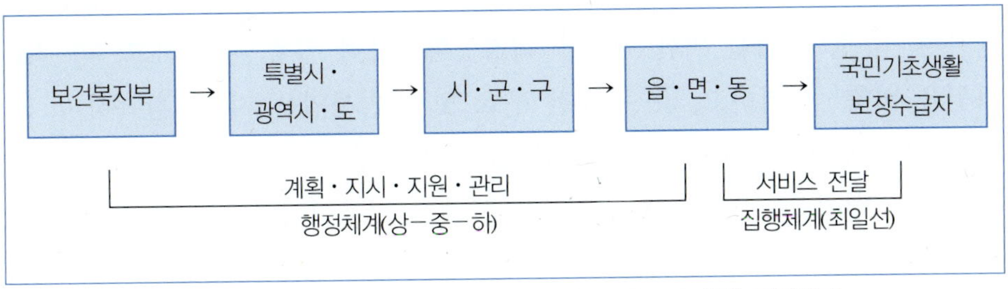

❙그림 12-1❙ **국민기초생활보장서비스(정부/ 공공사업) 전달체계**

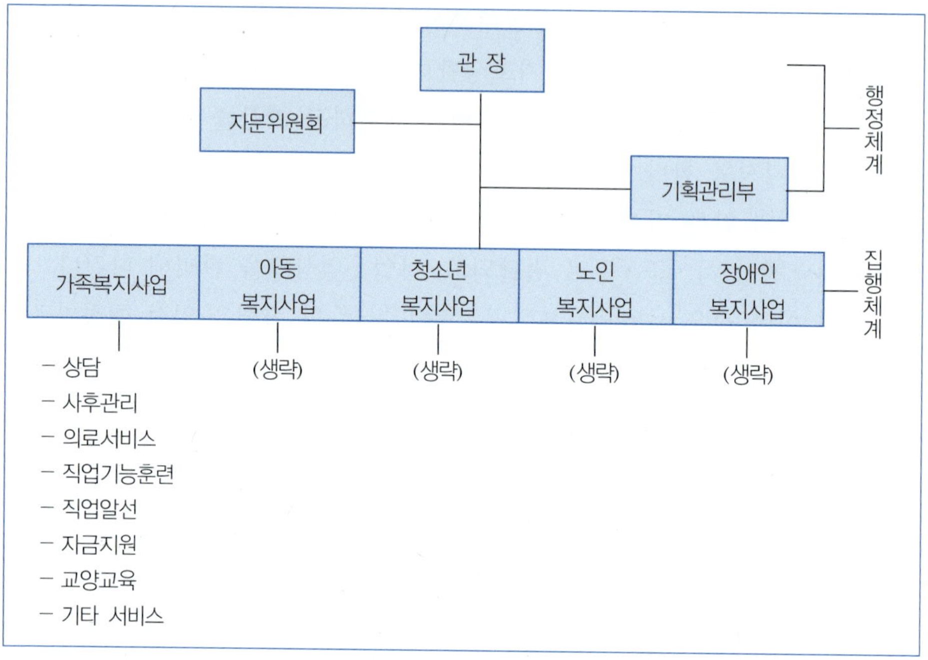

| 그림 12-2 | 사회복지관(민간사업) 전달체계

2) 행정체계와 집행체계의 역할

(1) 행정체계의 역할

① 공공행정의 역할

보건복지부의 사회복지행정활동들 가운데 국민기초생활보장의 자립지원사업에 대한 계획과 지원 및 감독은 사회복지행정의 중요한 부분으로 되어 있다. 즉, 보건복지부에서는 ㉠ 국민기초생활보장수급권자들에 대한 조사 및 보호대책을 계획·수립하고, ㉡ 최저생계비를 계산하여 보호지원의 수준을 결정하며, ㉢ 동 사업을 위한 예산을 책정·확보하여 집행·운영하고, ㉣ 구호자원을 비축·관리하고, ㉤ 구체적 구호 및 지원사업을 지도·감독하며, ㉥ 이 사업을 현장에서 운영하는 복지관을 관리한다.

이러한 행정활동은 지방정부조직을 통해서 이루어진다. 즉, 광역자치단체와 기초자치단체를 통해서 보호사업계획에 따른 시행령이 시달되고, 보호지원을 위한 자원이 전달되며, 감독이 행해지고, 사업결과가 평가된다.

지방자치단체의 각 단계에서 국민기초생활보장사업을 전담하는 부서들은 이러한 상급행정부서들의 지원 및 감독하에 지방 주민대표들의 자문을 받으면서 사업을 관리한다.

이러한 행정은 국민기초생활보장사업의 행정체계상 최종단계인 읍·면·동의 단계에서 멈추어지며, 바로 이 단계에서 구체적인 서비스가 수혜자들을 대상으로 전달 또는 집행된다.

따라서 이 최종단계에서는 행정체계의 활동과 집행체계의 활동이 겹치는 셈이다.

② 민간기관의 역할

민간기관인 복지관의 경우는 앞에서 지적했듯이 정부의 행정조직과 비교하면 인원부서활동 예산 면에서 단순하고 그 규모가 작다.

그러나 이러한 복지관에도 사회조직의 공통점인 복잡성이 존재한다. 복지관은 정부조직의 경우와 비슷한 계획·지원·감독·활동들이 관장과 기획관리부로 구성된 행정체계에서 이루어진다.

이 행정체계의 활동은 사업부가 행하는 집행활동과 연결된다. 이러한 소규모 민간기관에서는 공공행정체계의 경우보다도 행정부와 집행부의 연결이 더 많을 뿐만 아니라 더 밀접하게 일어난다고 볼 수 있다.

즉, 기획관리부(행정체계)의 요원도 필요에 따라서는 집행부(집행체계)의 활동에 참여하여 지원을 하거나 전문적 능력을 기를 수가 있고, 집행부 요원도 계획행정활동에 참여하여 지원하는 등 교환협동이 흔히 이루어진다.

(2) 집행체계의 역할

서비스전달자와 고객 또는 공공부조 수혜자 개인·가족·집단 또는 읍·면·동의 소지역사회가 대면적 상호관계를 이루면서 일정한 장에서 서비스(개입)를 전달(실천)하는 업무를 실제로 집행하는 체계(조직체)가 집행체계이다. 이러한 사회복지전달의 집행체계는 행정체계로부터 지시·구제·지원·감독을 받으면서 운영된다.

집행체계는 전문적인 서비스를 전달하는 조직으로서 이 체계에 알맞은 인적·물적 자원을 투입하여 질이 좋은 서비스를 산출해서 제공해야 하며, 결과적으로 사회복지를 증진할 수 있어야 한다.

행정체계가 행하는 모든 노력을 통해 바로 이 집행체계의 존립 타당성이 결정되는 것이다. 그리고 이 집행체계는 행정부나 기관의 목적을 현장에서 달성하는 핵심적인 역할을 한다.

집행체계를 구성하는 역할자들은 사회복지 분야에 대한 전문지식을 가지며 사람들에게 봉사하는 사명감과 고유한 가치관을 간직하는 봉사자들이다.

2. 사회복지서비스 전달체계의 원칙

사회복지서비스 전달체계는 사회복지서비스를 고객에게 전달하기 위해서 만들어진 사회적인 조직체로, 서비스 전달업무를 실제로 집행하는 사회적 체계를 말한다. 사회복지서비스 전달체계의 구축에서 고려되어야 할 중요한 원칙을 살펴보면 다음과 같다.

1) 전문성의 원칙

사회복지서비스의 핵심적인 업무는 반드시 전문가의 개입이 필요하다. 전문가는 자격요건이 객관적으로 인정된 사람이며, 자신의 전문적 업무에 대한 권위와 자율적 책임성을 지닌 사람이다. 보통 전문가라고 하면 단순히 그 분야에서 충분한 지식과 기술을 갖추고 있는 것만이 아니라 객관적으로 인정될 수 있는 일정한 자격요건을 갖추고 있어야 한다. 사회복지사, 의사, 간호사, 보육교사, 물리치료사, 작업치료사, 영양사 등이 이에 해당한다.

2) 통합성의 원칙

클라이언트에게 발생되는 문제는 대개의 경우 복합적이고 상호 연관되어 있기 때문에 이러한 문제의 해결을 위해서는 서비스 간에 서로의 연관성을 파악하여야 한다. 통합적인 서비스가 제공되기 위해서는 사회복지행정책임자의 관리하에 서비스들이 제공되고, 서비스의 제공 장소들이 지리적으로 상호 근접되며 서비스 프로그램 간 또는 조직이나 기관 간에 상호 유기적인 연계와 협조체제가 갖추어져 있어야 한다.

3) 포괄성의 원칙

현재 인간에게 발생되는 문제의 특징은 하나의 문제가 하나의 원인으로만 생겨나는 것이 아니라 다른 여러 가지의 문제들이 상호 연관되어 있기 때문에 클라이언트의 욕구와 문제에 대해 접근해 가는 방식에 있어서도 좀 더 포괄적으로 접근해 나갈 필요성이 제기된다.

예를 들어, 소득보장의 경우 단순히 경제적인 도움으로만 문제가 해결되는 것이 아니라 직업훈련 또는 직업알선 문제, 행동개선 문제, 질병치료 문제, 가족 문제, 자녀교육 문제 등의 다양한 문제가 상호 연관되어 있다는 사실을 염두에 두고 다양한 서비스 계획을 수립하거나 가장 필요한 서비스에 대한 우선순위를 정해서 제공되어야 한다.

이처럼 다양한 문제들을 해결하기 위한 접근방법으로서 한 사람의 전문가가 여러 문제를 다루거나(일반화 접근방법), 각각 다른 전문가가 개별적으로 각각의 문제를 다룰 수도 있고(전문화 접근방법), 여러 전문가들이 한 팀이 되어 문제를 해결할 수도 있다(집단 접근방법).

따라서 일반화 접근방법은 전문성이 약해질 우려가 있고, 전문화 접근방법은 문제 진단과 서비스 간의 통합조정이 어려워질 우려가 있으며, 집단 접근방법은 전문가들 간의 갈등이 있을 수 있다는 등의 단점이 있다.

비교적 새로 개발된 방법으로 복합적이고 다양한 문제를 가진 개인의 문제를 해결하는 데 있어서, 한 전문가가 책임을 지고 계속적으로 필요한 서비스를 제공하고 전문가를 찾아 연결시켜 적절한 서비스를 받을 수 있도록 하는 사례관리(case-management) 방법도 있다.

4) 적절성의 원칙

클라이언트의 욕구충족이나 문제해결, 서비스의 목표달성을 위해서는 충분한 양과 질의 서비스가 제공되어야 한다. 사회복지서비스를 제공하는 데 있어서 중요한 점이라면 공급자의 입장에서 서비스를 제공하기보다는 수요자 입장에서 서비스 제공이 어떻게 이루어지고 있는가를 항상 염두에 두어야 한다는 것이다.

즉, 클라이언트에게 제공되는 서비스의 양과 질, 제공하는 기간이 클라이언트나 소비자의 욕구충족과 서비스의 목표달성에 충분하여야 한다. 서비스 제공기간이 너무 짧다든지 하면 소비자는 욕구를 충족할 수 없을 뿐 아니라 서비스의 목표달성도 어렵다.

현재 우리나라에서는 집행되는 사회복지 재정의 빈약으로 인해 적절성의 원칙을 지키는 데 부족함이 있다.

5) 지속성(연속성)의 원칙

한 개인이 필요로 하는 서비스는 다양하며 또한 질적으로도 변화가 있어야 한다. 이러한 서비스의 다양성을 충족시켜 주기 위해서는 지역사회 내에서 지속적으로 제공받을 수 있도록 서비스를 상호 연계시켜 주는 것이 중요하다.

예를 들어, 직업훈련 프로그램의 경우 직업알선 프로그램과 연계되어 있어야 익힌 기술들을 활용할 수도 있고, 직업을 얻을 수 있기 때문에 실질적인 소득의 증대를 가져와 바람직한 연계가 되는 것이다.

이처럼 지속성의 원칙이 제대로 이루어지기 위해서는 프로그램 상호 간의 연계뿐 아니라 지역사회 내의 조직들 간에도 유기적인 연계가 잘 이루어져 있어야 한다.

또한 이러한 문제점을 해결하기 위한 방법으로 어느 한 사람이 클라이언트에게 지속적으로 필요한 서비스를 연결해 주고 사후관리까지 도맡아 한다면 가능하다.

이런 사례관리의 접근법을 활용한다면 지속성의 원칙이 잘 이루어질 수 있을 것이다.

3. 전달체계의 공통적 구성부분

1) 전달체계의 내적 · 외적 환경

서비스를 제공하는 공공 및 민간 기관과 각 기관 내의 서비스 프로그램을 운영하는 체계가 논의의 대상이 된다.

예를 들어, 가족상담소는 가족을 위한 상담서비스 프로그램, 가족생활 프로그램, 예방적 정신건강서비스 프로그램 등을 운영할 수 있다. 그리고 한 프로그램에는 한 가지 이상의 서비스 단위들이 포함될 수 있다.

이 서비스 단위마다 운영예산이 책정되어 있고, 관리자와 직접 서비스 요원들이 배치되어 있으며, 사무실 또는 건물 내에 물리적 위치를 점유하고 있다.

그런데 이러한 전달체계는 하나의 사회조직이기 때문에 그 조직체의 내부에서 진행되는 활동은 물론, 외부의 환경적인 요인들도 적절히 다루어 나가야만 한다.

사회복지조직체는 사회환경 내의 다양한 조직들과 상호관계를 맺으면서 서비스 전달망을 이루어 그 속에서 서비스를 전달해 나간다.

이들 조직들 중에는 사회복지전달체계가 필요로 하는 주요 자원을 통제 · 교환 또는 제공하는 역할을 하는 정치적 · 행정적 · 사회적 조직들도 있으며, 조직들 간의 협동과 교환을 조정하는 조직들도 있다.

따라서 효과적인 서비스 전달을 위해서는 이러한 조직들과 적절히 우호적이고 협동적인 관계를 유지해야 한다.

이러한 관계를 유지 · 발전시키는 과정에서 사회복지조직은 다른 조직들로부터 정보를 얻고, 이들과 운영자금의 획득을 위하여 협상하는 등의 작업들을 할 수 있게 한다.

따라서 서비스 전달체계를 파악하려면 먼저 체계가 위치(투입과 전환과정 및 산출)한 환경(지역사회적 배경)과 사회복지조직체 전체를 둘러보아야 하며, 다음과 같은 환경변수와 조직체 자체의 맥락변수에 대하여 살펴볼 필요가 있다. 또한 이 변수들은 전달체계 운영에 영향을 미칠 수 있다.

(1) 지역사회 차원

① 지역사회의 역사
② 지역의 인구·사회·경제·정치·법·문화적 특성
③ 지역사회 주민들의 생활상태
④ 지역사회가 제공할 수 있는 서비스 기술의 수준
⑤ 지원자·사업인가자·고객의뢰자·고객을 인수할 자의 특성

(2) 조직 차원

① 조직의 기원과 역사
② 조직의 소유자와 통제자
③ 크기(종사자나 부서의 수)와 시설현황
④ 정관(조직이 수행할 사회적 기능, 조직의 목표, 조직이 강조하는 이념, 가치체계)
⑤ 기술(사회복지조직을 유지·관리하는 데 사용되는 각종 봉사기술 및 행정관리기술)
⑥ 위치(지리적 위치, 즉 고객이 접근하는 데 편리한 정도)
⑦ 의존도(정부지원 및 민간지원에의 의존도)
⑧ 지역사회의 유관조직들과의 협동·교환관계

2) 전달체계의 주요 기능

여기서는 모든 종류의 사회복지전달체계들이 위에서 언급한 체계론적 틀에 따라 분석·평가할 수 있는 것으로 보고, 체계론에 기초하여 투입·전

환・산출의 세 가지 기능에 대하여 논의하고자 한다.

(1) 전달체계를 위한 투입

전달체계는 서비스를 제공하기 위하여 외부환경으로부터 각종 자원을 확보해서 체계 내로 도입하는데, 이 기능을 '투입'(input)이라고 한다.

투입 내용은 크게 ① 고객(클라이언트, 서비스 소비자), ② 자원(기술, 시설・장비, 자금, 사회적 지지・인정), ③ 전문요원(사회복지사 등 개입자・치료자)으로 나눌 수 있다.

따라서 전달체계를 관찰할 때에는 먼저 이 세 가지에 대하여 알아야 한다.

① 고객

고객(개인, 가족, 집단 또는 지역사회)은 서비스의 소비자이고, 서비스(치료, 개입)를 통해 변화(회복, 행동교정, 심리적 변화, 문제해소, 사회적 안정)시킬 대상이다.

그리고 고객은 전달체계의 방침에 협조・순응하고 어떤 규정된 행동을 해야 한다는 점에서 이 체계의 구성원이기도 하다.

전달체계는 고객의 욕구를 충족시키기 위하여 서비스를 하기 때문에 서비스의 계획수립에 앞서 이들의 욕구를 정확히 측정해야 하며, 서비스를 받을 사람들의 수혜자격조건을 설정하고 이들의 특성(인구학적・사회적・문화적・정치적・경제적・종교적)을 파악해야 한다.

② 각종 자원과 사회적 지지・인정

외부로부터 지속적 모금, 정부 보조금, 수혜자비용 부담, 자체 부담 등의 방법을 통해서 자원을 확보해야 한다. 전달체계를 유지하는 조직(기관 등)의 사정에 따라 사업수행을 보조하는 범위 내에서 수익사업도 할 수 있다.

재정확보를 위한 조직의 업적을 널리 홍보함으로써 전달하는 서비스가 사회적으로 필요하다는 사실을 자원제공자들에게 인식시켜야 한다.

그리고 재정의 안정성, 기술의 전문성, 시설・장비의 적합성에 대한 배려가 있어야 한다.

또한 업무환경 내에 존재하는 다른 조직체들로부터 지지와 협조를 얻어야 한다. 이를 위해 요원은 유관 단체들과 진취적으로 접촉을 하고 이들에게 조직의 목적과 활동을 설명해 주며, 옹호자나 대변자들을 찾아내고 상호 이익이 되는 교환관계를 이루어 나가야 한다.

(2) 전달체계의 전환(개입)과정

전환과정(transformation process)이란 서비스를 직접 전달하는 개입과정과 같다고 볼 수 있다.

이 전환과정을 중요시하는 이유는 서비스의 전달로부터 종결에 이르는 전체 진행과정을 살펴봄으로써 개입의 결과로 '질이 좋은' 서비스가 전달되었는가를 파악할 수 있기 때문이다.

즉, 서비스를 담당하는 집행체계의 운영상황을 알아낼 수가 있다.

전달체계의 전환과 산출에 대한 논의는 마치 수단과 결과를 구별하는 것과 같다. 수단(전환)을 거쳐서 원하는 결과(산출)를 내는 것이다. 옳은 개입과정을 밟아서 서비스가 전달되고 있는가를 조사하기 위해서는 다양한 기준들을 사용한다.

예를 들어, ① 전달방식이 적합・완전하고, ② 두 사람 이상이 행하는 임상적 검사에서 나오는 정보가 일관성이 있으며(즉, 같은 정보가 반복되어 나오고), ③ 진단 및 치료절차가 전문적 기준에 비추어 정당화될 수 있고, ④ 고객의 문제에 대해서 필요한 예방조치가 취해졌으며, ⑤ 관련 부서 및 요원들과 상호 협동해서 연속적으로 서비스가 제공되었고, ⑥ 고객이 서비스에 만족하였는가? 등의 기준들이다.

서비스는 고객과 전달자와의 대면적 상호관계 속에서 전달되기 때문에 서비스집행과정에서는 특히 이 양자 간의 관계를 중요시해야 한다.

이 관계의 근간에는 고객과 전달자 간의 신뢰감이 있어야 한다. 이 신뢰감은 전달자가 제공하는 서비스의 질이 좋고 바람직하며 또 그의 전문적 기술과 방법 및 행동을 고객이 믿는다는 것을 의미한다.

제2절 사회복지전문요원제도

사회복지전문요원제도는 정부의 공공부조사업을 효과적이고 효율적으로 수행하기 위하여 1987년부터 시작되었다. 이 제도의 목적은 국민기초생활보장수급자의 자활을 돕기 위해 교육·기술훈련·치료·재활·취업·상담 등 대인적 접촉을 통하여 획일적이고 물량 위주의 원조가 아닌 개인의 욕구와 특성에 맞게 서비스를 제공하고자 하는 데 있었다.

특히 이 제도는 사회복지사업의 전문성 확보를 위하여 일정한 전문직 자격을 갖춘 사회복지사들을 전문요원으로 활용할 수 있다는 점에서 큰 의미가 있으며, 이 제도는 비전문인력이 공적부조의 최일선 전달자가 됨으로써 나타났던 문제점을 개선하기 위한 제도였다.

따라서 대상자 선정의 임의성, 단순구호 위주의 현물부조, 진정한 자활을 위한 상담 및 지도와 같은 개별적인 서비스의 부재, 사후 서비스의 결여 등의 문제점을 시정하여 효과적인 공적부조사업을 수행하기 위한 개혁적인 제도라고 할 수 있다.

이와 같이 사회복지전문요원제도를 통해 얻을 수 있는 효과는 다음과 같다.

① 지역사회의 문제를 보다 더 분석적으로 평가할 수 있다.

② 보다 더 전문적 방법으로 사회복지대상자를 선정할 수 있다.

③ 복지대상자의 다양한 욕구를 충족시켜 주기 위해서 지역사회 내의 공적 및 사적 복지자원을 연결시켜 줄 수 있다.

④ 물질적 원조 외에 상담·교육·재활 서비스를 통해 복지대상자의 자활을 촉진하는 효과 등을 들 수 있다.

이처럼 사회복지전문요원제도는 국민기초생활보장 등 사회복지업무의 효율적·전문적인 수행을 위하여 1987년부터 저소득층 밀집지역 읍·면·동에 배치되기 시작하였다.

당시 별정직 사회복지전문요원으로 임용되었으며, 1992년 사회복지사업법을 개정하여 사회복지전문요원을 두는 법적근거 및 배치기준을 마련하였고, 지방공무원 임용령을 개정하여 사회복지직렬(별정직 5~9급)을 신설하였다.

그러나 사회복지전문요원이 우리나라의 공공복지 역사상 최초의 사회복지 전문 인력임에도 불구하고, 일반 종합행정체계 내에서 비효율적이며 비능률적인 별정직이라는 제도로 운영됨으로써 복지대상자들에게 양질의 복지서비스를 제공해 주는 데는 한계가 있었다.

이처럼 엄청난 국가적 손실과 함께 국가경쟁력 약화를 가져 온 사회복지전달체계의 가장 큰 문제점인 전문 인력의 별정직 제도가 2000년에는 일반직 사회복지직렬로 전환되면서 일반직으로 임용되었다.

KEY POINT

사회복지서비스 전달체계

① **행정체계** : 서비스 전달을 기획, 지시, 지원, 관리
(보건복지부 → 특별시 · 광역시 · 도, 시 · 군 · 구)

② **집행체계** : 직접서비스 전달 (읍 · 면 · 동 → 클라이언트)

크리밍(creaming) 현상

성공 가능성이 높거나 협조하는 클라이언트만 선정하는 관료제의 병폐

인테이크(intake) 단일화

서비스 조직들의 인테이크 전담창구 공동 개발로 종합적 분석 용이

사례관리

사례관리자가 개별 클라이언트의 복합적인 욕구를 파악하여 충족시킴

트래킹(tracking)

다른 기관과 정보시스템 공유로 클라이언트의 제공받은 서비스 파악

통합성의 원칙

한 기관에서 여러 계층이 이용하는 서비스

① 아동 · 청소년 · 노인

② 장애인

③ 여성 등

포괄성의 원칙

대상자 한 사람에게 여러 서비스

① **일반화 접근방법** : 한 사람의 전문가

② **전문화 접근방법** : 각기 다른 전문가

③ **집단 접근방법** : 여러 전문가가 집단 팀 구성

공공 · 민간 전달체계

구 분	공 공	민 간
재 원	세금	기부금, 이용료, 정부보조금
결정 주체	법	개인, 선임된 대표자
운영 방식	일률적	다변적
조직 규모	대규모	소규모
강 점	재정 안정	융통성, 창의성
단 점	관료적, 복잡성	재정 취약

평등의식 강화 · 약화

① 평등의식 강화 : 국가개입 강화, 조세증대, 복지국가 지향, 사회통제

② 평등의식 약화 : 국가개입 축소, 조세감소, 자본주의 지향, 자유경쟁

평등의 종류(1)

구 분	내 용
결과의 평등	사람들의 욕구나 능력의 차이에 관계없이 사회적 자원을 똑같이 분배하는 것 (수급자 급여 등)
비례의 평등	개인의 능력, 노력, 기여에 따라 사회적 자원을 상이하게 분배하는 것 (공평성)
기회의 평등	결과를 얻을 수 있는 과정상의 기회만을 똑같이 분배, 결과는 개인의 노력의 산물 (입학기회 등)

평등의 종류(2)

구 분	개 념	성 격	복지 적용	동일 용어
결과의 평등	균등한 분배	적극적	공공부조	수량적 평등, 절대적 평등
비례의 평등	공정한 분배	중 간	사회보험	
기회의 평등	기회만 제공	소극적	약자배려	

제3의 길 분석

① 제1의 길(사회민주주의) : 사회적 형평성
② 제2의 길(신자유주의) : 경제적 효율성
③ 제3의 길(생산적 복지) : 효율성과 형평성

매몰비용

의사결정을 하고 실행한 이후에 발생하는 비용 중 회수할 수 없는 상태의 비용

기회비용

여러 가능성 중 하나를 선택했을 때 그 선택 때문에 포기해야 하는 다른 기회

일몰법

미리 정한 기간이 지나면 자동적으로 폐지되도록 규정한 법(한시법)
① 불필요한 사업 폐지
② 효과성, 효율성 목적

법적 연령 구분

법률명	용 어	법적 기준
영유아보육법	영유아	6세 미만의 취학 전 아동
아동복지법	아 동	18세 미만의 자
한부모가족지원법	아 동	18세 미만(취학 중에는 22세 미만)
근로기준법	연소자	18세 미만
청소년보호법	청소년	19세 미만의 자
아동·청소년의 성보호에 관한 법률	아동·청소년	19세 미만의 자
민 법	미성년	19세 미만

행정개혁

① 외부인사가 개혁주도 : 민주성, 국민 지지, 객관적, 포괄적, 거시적
② 내부인사가 개혁주도 : 경직성, 실현 가능, 주관적, 부분적, 미시적

부록

부록 1. 조선시대 관직표(행정직급표)

정1품	의정부	영의정	좌의정	우의정
종1품	3사	사헌부 감찰 대사헌	사간원 간쟁 대사간	홍문관(집현전) 문필 대제학
정2품	6조 판서	이조 호조 예조 병조 형조 공조		

종2품

8도 감영(도청건물)

감사(관찰사, 도백)(도지사)

행정, 법, 군사

1년 2회 감찰

부	목	군	현
정3품	종3품	종4품	종5품
부사	목사	군수	현령 현감

(부사, 목사, 군수, 현령, 현감을 시대에 따라 호칭하는 용어)

사또, 수령, 원님

(지방 수령을 보좌하는 무보수 관리)

이방 호방 예방 병방 형방 공방

부록 2. 현대 행정의 입법과정 해설

1. 법률제정 관련 현행법령

국회에서 의결하여 법률이 이송되어 오면 재의요구를 하지 않는 한 대통령은 15일 이내에 공포하도록 하고 있으며, 대통령이 확정된 법률을 공포하지 아니하였을 때에는 의장은 그 공포기일이 경과한 날부터 5일 이내에 공포하고, 대통령에게 통지하여야 한다. 헌법개정 · 법률 · 조약 · 대통령령 · 총리령 및 부령의 공포와 예산 외 국고부담계약의 공고는 관보(官報)에 게재하여 공포하도록 하고 있으며, 국회의장의 법률 공포는 서울특별시에서 발행되는 복수의 일간신문에 게재하도록 하고 있다.

관보는 종이로 발행되는 관보(종이관보)와 전자적인 형태로 발행되는 관보(전자관보)로 운영한다. 관보의 내용 해석 및 적용 시기 등에 대하여 종이관보와 전자관보는 동일한 효력을 가진다.

대통령령, 총리령 및 부령은 특별한 규정이 없는 한 공포한 날로부터 20일이 경과함으로써 효력을 발생하도록 규정되어 있으나, 현실적으로 법령 제 · 개정 시 그 부칙에서 시행일을 명시하도록 규정하고 있다.

법령의 시행 유예기간은 국민의 권리제한과 직접 관련되는 법률, 대통령령, 총리령 및 부령은 긴급히 시행되어야 할 특별한 사유가 없는 한 공포일로부터 적어도 30일이 경과한 날로부터 시행되도록 하여야 한다.

또한 국민의 입법에의 참여 활성화와 민주성을 제고하기 위하여 입법예고제도의 시행 등에 관한 규정을 행정절차법에 두고 있어 행정안전부는 법령의 제 · 개정 및 폐지 시에는 원칙적으로 모두 입법예고를 하도록 하고 있다.

입법예고 방법은 관보 · 공보나 신문, 방송, 인터넷 등을 통해 널리 공고하여야 하며, 예고기간은 특별한 사유가 없는 한 40일 이상으로 한다.

2. 정부와 국회의 입법과정

1) 정부의 입법과정

정부의 입법과정을 정부입법이라고도 하는데, ① 입법계획의 수립, ② 법령안의 입안, ③ 관계 기관과의 협의, ④ 당정협의, ⑤ 입법예고, ⑥ 규제심사, ⑦ 법제처 심사, ⑧ 차관회의・국무회의 심의, ⑨ 대통령의 재가, ⑩ 국회제출, ⑪ 국회의 심의・의결, ⑫ 공포안 정부 이송, ⑬ 국무회의 상정, ⑭ 공포의 순으로 이루어진다.

따라서 관보에 게재되어 공포됨으로써 각각 법률 및 대통령령으로서 성립하게 된다. 부령 및 총리령은 법제처 심사가 완료된 후 소관 부처에서 해당 부령의 공포번호를 부여하고(총리령의 경우에는 국무총리의 결재를 받고, 법제처에서 공포번호를 부여한다) 행정안전부에 공포를 위한 관보 게재의뢰를 하여 공포하게 된다. 법령의 공포일은 관보가 발행된 날이다.

2) 국회의 입법과정

국회의 입법과정을 의원입법이라고도 하는데 ① 법률안 발의, ② 법률안 제출, ③ 본회의 보고, ④ 소관(상임)위원회 회부, ⑤ 입법예고, ⑥ 위원회 심사, ⑦ 법제사법위원회 체계・자구심사, ⑧ 심사보고서의 작성・제출, ⑨ 본회의 심의, ⑩ 정부이송, ⑪ 공포 순으로 이루어진다.

따라서 국회에서 의결된 법률안은 정부에 이송된 날부터 15일 이내에 대통령이 공포하며, 대통령은 법률안에 이의가 있을 때에는 15일 이내에 이의서를 국회로 돌려보내고, 재의를 요구할 수 있다.

국회의 폐회 중에도 또한 같다. 재의를 요구받은 국회는 총 재적의원의 과반수 출석, 출석의원의 3분의 2 이상 찬성으로 가결 확정된다.

3. 시행령과 시행규칙의 입법과정

시행령(대통령령), 시행규칙(총리령, 부령)은 국회의 심의·의결을 거치지 않고 행정기관 내 절차만으로 제정 및 개정 작업이 완료된다. 다만, 공포 후 10일 이내에 국회에 제출해야 한다.

행정내부의 규칙, 지침, 고시 등은 법규의 성격을 갖지 못한다. 그러나 시행령, 시행규칙은 법규이므로 모든 국민에게 효력이 발생한다.

1) 시행령 입법과정

시행령(대통령령)은 법률에서 규정한 사항을 좀 더 구체적으로 정하거나 그 집행에 필요한 사항을 정하기 위해 행정기관의 권한에 따라 만들어지는 하위법령으로, 어떤 법률을 시행하는 데 필요한 규정을 주요 내용으로 하는 명령으로 일반적으로 법률에서 구체적으로 위임받은 사항에 관해 대통령령으로 제정한다.

2) 시행규칙 입법과정

시행규칙(총리령 및 부령)은 국무총리나 행정 각 부·처의 장이 법률이나 대통령령의 위임에 의한 위임명령이나 직권에 의한 직권명령을 발할 권한에 따라 제정되는 시행령의 하위 명령규범이다.

사회복지에 관련된 사항은 보건복지부령으로, 가족, 여성, 청소년과 관련된 사항은 여성가족부령으로 제정된다.

시행령, 시행규칙이 없는 법률도 있을 수 있다.

자원봉사활동기본법 등은 시행규칙이 없다.

4. 조례와 규칙의 입법과정

1) 조례 제정과정

조례는 지방자치단체가 법령의 범위 안에서 지방의회의 의결을 거쳐 그 지방의 사무에 관하여 제정하는 법을 말한다.

조례안이 지방의회에서 의결되면 의장은 의결된 날부터 5일 이내에 지방자치단체의 장에게 이를 이송하여야 한다.

지방자치단체의 장은 조례안을 이송받으면 20일 이내에 공포하여야 한다. 지방자치단체의 장은 이송받은 조례안에 대하여 이의가 있으면 20일 이내의 기간에 이유를 붙여 지방의회로 환부하고, 재의(再議)를 요구할 수 있다.

이 경우 지방자치단체의 장은 조례안의 일부에 대하여 또는 조례안을 수정하여 재의를 요구할 수 없다. 이때 재의요구를 받은 지방의회가 재의에 부쳐 재적의원 과반수의 출석과 출석의원 3분의 2 이상의 찬성으로 의결을 하면 그 조례안은 조례로서 확정된다.

지방자치단체의 장이 20일 이내의 기간에 공포하지 아니하거나 재의요구를 하지 아니할 때에도 그 조례안은 조례로서 확정되며, 지방자치단체의 장은 확정된 조례를 지체 없이 공포하여야 한다. 조례가 확정된 후 또는 확정조례가 지방자치단체의 장에게 이송된 후 5일 이내에 지방자치단체의 장이 공포하지 아니하면 지방의회의 의장이 이를 공포한다.

조례는 특별한 규정이 없으면 공포한 날부터 20일이 지나면 효력이 발생한다. 조례는 의회에서 이송받은 날부터 5일 이내에, 규칙은 공포예정 15일 전에 시 · 도지사는 행정안전부장관에게, 시장 · 군수 및 자치구의 구청장은 시 · 도지사에게 그 전문(全文)을 첨부하여 각각 보고하여야 하며, 보고를 받은 행정안전부장관은 이를 관계 중앙행정기관의 장에게 통보하여야 한다.

2) 규칙 제정과정

규칙은 지방자치단체의 장이 법령이나 조례가 위임한 범위에서 그 권한에 속하는 사무에 관하여 지방의회의 심의 및 의결 없이 제정하는 자치법규를 의미한다.

규칙도 조례와 마찬가지로 특별한 규정이 없으면 공포한 날부터 20일이 지나면 효력이 발생한다. 공포 예정일 15일 전에 감독관청(도지사·광역시장은 행정안전부장관, 시장·군수 및 자치구의 구청장은 관할 도지사·광역시장)에 보고하여야 한다.

규칙이라는 용어 중 행정규칙이 있는데 행정 주체가 정한 일반적인 규정으로서 법규의 성질을 갖지 아니하는 규칙으로 행정 기관 안에서만 효력을 가지는 예규, 훈령 등을 행정규칙이라고 한다. 따라서 행정규칙은 국민이 지키는 법이 아니고 시행규칙, 자치규칙은 국민이 지키는 법이다.

중앙정부 입법과정 요약

1. 헌법

   헌법은 최상위의 법으로 국회에서 국회의원 재적 3분의 2 이상의 의결 후 국민투표로 개정할 수 있다.

2. 법률

   헌법 다음의 규범으로 의원입법과 정부입법 모두 최종적으로 국회에서 의결 후 대통령 공포로 제정되나 대통령은 법률안 거부권이 있다.

3. 시행령(대통령령)

   법률의 하위규범으로 시행령은 법률에서 구체적으로 위임받은 사항에 관해 대통령이 제정하는 법이다.

4. 시행규칙(총리령, 부령)

   시행규칙은 법률이나 대통령령의 위임받은 사항에 관해 세부적 규칙을 국무총리나 장관이 제정하는 법이다.

지방정부 입법과정 요약

해당지방의 자치를 위하여 지방자치단체가 제정하는 법은 조례와 규칙이 있다.

1. 광역지방자치단체의 제정법

   1) 광역지방자치단체의 조례

   광역(시 · 도)자치조례는 해당 광역지방의회의 의결 후 광역자치단체장의 공포로 제정된다.

   2) 광역지방자치단체의 규칙

   광역(시 · 도)자치규칙은 광역자치단체장이 지방의회 의결 없이 제정한다.

2. 기초지방자치단체의 제정법

   3) 기초지방자치단체의 조례

   기초(시 · 군 · 구)자치조례는 해당 기초지방의회의 의결 후 기초자치단체장의 공포로 제정된다.

   4) 기초지방자치단체의 규칙

   기초(시 · 군 · 구)자치규칙은 기초자치단체장이 지방의회 의결 없이 제정한다.

참·고·문·헌

1. 국내문헌

강근복(2000). **정책분석론**. 서울 : 대영문화사.

강형기(2007). **한국형 미래전략기구의 설계방향**. 국가미래전략청.

강호진(2004). 문화복지서비스에 대한 주민만족도 결정요인. **한국행정학보**, 38(2).

고수현 · 김익균(2003). **지역복지론**. 서울 : 대학출판사.

김연명(2002). **한국복지국가의 성격논쟁**. 서울 : 인간과 복지.

김영종(2009). **사회복지행정론**. 서울 : 학지사.

김인혁 외(2012). **사회복지행정론**. 경기 : 양서원.

김중규(2001). **뉴밀레니엄행정학**. 서울 : 성지각.

김충회(2002). 우리나라 지역복지 전달체제에 관한 실증적 연구. 한국행정학회 학술대회논문.

김치영 · 최용민(2006). **사회복지행정론**. 경기 : 21세기사.

김태진 외(2000). 지역복지 발전과정 분석. **사회복지개발연구**, 6(2).

김학주(2008). **사회복지 프로그램 개발과 평가**. 서울 : 청목출판사.

김형식(1997). **사회복지 프로그램 평가기법**. 서울 : 아시아미디어리서치.

류기형(2000). 지역복지의 상황적 변화에 따른 발전전략과 과업. 한국지역복지학회. **지역복지운동**, 8.

박경일(2000). 사회복지 프로그램 진행과 관리기법 – 사회복지평가제도의 진단과 개선방향 –. **2000년도 추계학술발표 및 워크숍 자료집**. 한국사회복지행정학회.

박동서(1997). **한국행정론**. 경기 : 법문사.

박세정(2002). 지방자치단체의 민간위탁 경험. **지방정부연구**.

박순애(2002). 복지시설 민간위탁관리의 문제점과 개선방안. **한국정책학회보**.

박연호(2004). **행정학개론**. 서울 : 박영사.

박정은 · 이성호 · 채서일(1999). 서비스 제공자와 소비자 간의 관계의 질이 만족과 재구매 의도 관계에 미치는 조정역할에 관한 탐색적 연구. **마케팅연구**, 13(2).

박중훈(2001). 민원서비스에 대한 고객만족도 조사. **한국행정연구**, 10(1).

박차상(1999). **한국사회복지행정론**. 서울 : 대학출판사.

박차상 외(2008). **사회복지행정론**. 서울 : 창지사.

박태영(2000). 지역복지 추진을 위한 사회복지협의회와 사회복지관의 역할. **사회복지개발연구**, 6(2).

백기복(2001). **조직행동연구**. 경기 : 법문사.

백완기(2005). **행정학**. 서울 : 박영사.

변재관(2001). 2000년 사회복지시설 평가. 한국보건사회연구원 용역보고서.

보건복지부(2007). 보건복지가족백서.

송근원 · 강대창 · 허남식(2003). 공공서비스 민간위탁 성과에 영향을 미치는 요인. **한국행정연구**.

송정부(2000). 공공복지서비스와 민간복지서비스의 연계방안. **계간 사회복지**, 147.

신동면(2001). 한국의 복지혼합에 관한 연구. **한국사회복지학**, 45.

오세영(2009). **사회복지행정론**. 서울 : 신정.

우국희(2001). 신사 종합사회복지관 운영개선을 위한 지역주민 욕구조사. 서울기독교 사회복지연구소.

우윤석(2005). 생산성 향상을 위한 대통령자문위원회의 위상과 문제점에 관한 연구 – 국가균형발전위원회를 중심으로. **생산성논집**(구 생산성연구), 19(4).

우종모 · 김재호 · 조당호(2004). **사회복지행정론**. 경기 : 양서원.

원석조(2009). **사회복지행정론**. 경기 : 양서원.

유종해(1995). **현대행정학**. 서울 : 박영사.

유태균(2000). 지역복지관의 욕구조사 실태에 관한 연구. **사회보장연구**, 6(1).

윤병섭 · 김선엽(2001). 지역복지에 있어서의 민간자원 활용방안. **한국인간관계학보**, 6(1).

윤찬영(2000). 21세기 사회복지분야의 전망과 비전. **한국행정연구**, 9(1).

윤혜미(1991). 사회복지전문요원의 직무만족, 이직의도, Burnout에 관한 연구. **한국사회복지학**, 18.

윤혜미 외(1991). 사회복지전문요원제도의 발전방향에 관한 연구 : 문제점과 개선방안. 한국보건사회연구원.

이목훈(2008). **사회복지행정론**. 서울 : 대왕사.

이재완(2001). 지방자치시대의 지역복지발전 방안에 관한 연구. 남서울대학교 인문사회과학 연구센터.

이종수 · 윤영진 외(2008). **새행정학**. 서울 : 대영문화사.

이창원 · 최창현(2005). **새조직론**. 서울 : 대영문화사.

이희선 · 신현중(2000). 21세기 한국복지정책의 방향과 과제. **한국행정연구**, 9(1).

임정문 · 나직균(2009). **사회복지행정론**. 경기 : 21세기사.

임종민(2001). 인터넷 마케팅을 활용한 후원자 개발에 관한 연구. 서울가톨릭대학교 사회복지대학원 석사학위논문.

임창희(2007). **조직행동**. 서울 : 비앤엠북스.

장인협 · 이정호(2006). **사회복지행정론**. 서울 : 서울대학교출판부.

장천식(2006). **사회복지행정의 이해**. 서울 : 창지사.

전재일 · 모지환(2000). 지역복지의 구성요소에 관한 연구. **사회복지개발연구**, 6(2).

정무성(1998). 사회복지기관의 후원자 개발을 위한 마케팅 전략에 관한 연구. **사회복지리뷰**, 2.

정무성 · 정진모(2001). **사회복지 프로그램 개발과 평가**. 경기 : 양서원.

정우일(2005). **공공조직론**. 서울 : 박영사.

정익준(1999). **비영리조직 마케팅**. 서울 : 영풍문고.

정재욱(2001). 일본 복지행정제도의 개혁과 교훈 : 1990년대의 개혁을 중심으로. 한국행정학회 학술대회논문.

정철현(2001). **행정의사결정론**. 서울 : 다산출판사.

조은경(2000). 공공서비스에 대한 주민만족 비교. **한국인간관계학보**, 5(1).

최병대 · 박중훈(2001). 시민평가제도의 도입취지와 서울시에의 적용사례. **서울시 시민평가제도의 성과와 과제**. 한국행정학회.

최성재 · 남기민(2008). **사회복지행정론**. 경기 : 나남.

한병영 · 이동승(2002). **상법**. 서울 : 수림출판사.

한승준(2001). 복지개혁을 통한 프랑스 복지모형의 수정에 관한 연구. 한국행정학회 학술대회논문.

허남식(2001). 지방공공서비스 민간위탁의 효율적 집행에 관한 연구. **지방정부연구**.

허영만(2004). **사회복지행정론**. 경기 : 법문사.

홍봉수 외(2019). **사회복지정책론**. 경기 : 공동체.

홍봉수 외(2022). **가족복지론**. 경기 : 공동체.

홍봉수 외(2021). **사회복지법제와 실천**. 경기 : 공동체.

홍봉수 외(2021). **사회복지조사론**. 경기 : 공동체.

홍봉수 외(2022). **지역사회복지론**. 경기 : 공동체.

홍봉수 외(2022). **사회복지실천기술론**. 경기 : 공동체.

2. 국외문헌

A. Coulson(1997). Transaction Cost Economics and its Implications for Local Governance. *Local Government Studies*, *23*(1).

A. Dunsire(1993). Modes of Governance. In Kooiman, J.(Ed.), *Modern Governance : New Government-Society Interaction*. London : Sage Publications.

A. K. Johnson(1994). Linking Professionalism and Community Organization : A Scholar/ Advocate Approach. *Journal of Community Practice*, *1*(2).

Ambrose, Peter(2001). Holism and Urban Regeneration. In Susan Balloch & M. Taylor(Eds.), *Partnership Working*. Bristol : The Policy Press.

B. Geber(1991). *Managing Volunteers Programs*. California : Good Worker Press.

B. D. Ives(1973). Decision Theory and the Practicing Manager. *Business Horizions*, *16*(38).

B. J. Cohen., & M. J. Austin(1997). Transforming Human Services Organizations Through Empowerment of Staff. *Journal of Community Practice*, *4*(2).

B. Jessop(1999). The Changing Governance of Welfare : Recent Trends in Its Primary Functions, Scale, and Modes of Coordination. *Social Policy & Administration*, *33*(4).

B. Neugeboren(1985). *Organization, Policy, and Practice in the Human Service*. New York : Longman.

B. Reid(2001). Partnership and Change in Social Housing. In Susan Balloch & M. Taylor(Eds.), *Partnership Working*. Bristol : The Policy Press.

Bob Jossep(2000). Governance Failure. In G. Stoker(Ed.), *The New Politics of British Local Governance*. London : Macmillan Press Ltd.

D. Hardina(1994). Social Action and the Canadian Social Worker : A Study in the Political Economy of the Profession. *Journal of Community Practice*, *1*(2).

D. Loomber & S. Levey(1973). *Health Care Administration*. Philadelphia : J. B Lippicott Company.

G. F. Pestoff(1998). *Beyond the Market and State — Social Enterprises and Civil Democracy in a Welfare Society*. Ashgate.

G. Morgan(1986). *Image of Organization*. Beverly Hills, CA : Sage.

G. Stoker(2000). *The Politics of British Local Governance*. London : Macmillan Press Ltd.

H. Glennester(1985). *Paying for Welfare*. Oxford : Blackwell.

H. Fayol(1949). *General and Industrial Management*. Tran. by C. Storrs, London : Pitman.

Hewitt de Alcantara, Cynthia(1998). Uses and Abuses of The Concept of Governance. *International Social Science Journal*, *155*. UNESCO.

J. C. Fisher, & M. Cole Kathleen(1993). *Leadership and Management of Volunteer Programs*. San Francisco : Jossey-Bass Publishers.

J. Galaskiewicz(1989). Corporate Contributions to Charity : Nothing More than a Marketing Strategy. In R. Maga(Ed.), *Philanthropic Giving : Studies in Varieties and Goals*. London : Oxford University Press.

J. Patt, Rino(1983). *Social Welfare Administration : Managing Social Programs in a Developmental Context*. Englewood Cliffs, NJ : Prentice-Hall.

L. M. Salamon(1995). *Partners in Public Service*. Baltimore and London : The Johns Hopkins University Press.

Le Grand, J.(1991). Quasi-Markets and Social Policy. *Economic Journal*, *101*.

Lovelock, Christopher, & Weinberg, Charles B.(1977). *Cases in Public and Nonprofit Marketing*. Palo Alto, Calif : Scientific Press.

M. Cohen, J. March & J. Olsen(1972). A Garbage Can Model of Organizational Choice. *Administrative Science Quartely*, Vol. XVII, No. 1.

M. E. Weiner(1990). *Human Service Management : Applications*(2nd ed). Belmont, CA : Wadsworth Publishing Co.

M. Gibelman(1995). *What Social Workers Do*. NY : NASW Press.

M. Meyer, & L. Zucker(1989). *Permanently Failing Organization*. Calif. : Sage Publications.

M. Weber(1968). *Economy and Society*(Vol. 3). Trans. by G. Roth & C. Wittich, New York : Bedmister Press.

Neil Gilbert & Harry Specht(1977). *Planning for Socail Welfare*. Englewood Cliffs. N.J. : Prentice-Hall.

Northmore, Simon(2001). Improving Partnership Working in Housing and Mental Health. In Susan Balloch & M. Taylor(Eds.), *Partnership Working*. Bristol : The Policy Press.

P. A. Phyrr(1977). The Zero-Base Approach to Government Budgeting. *Public Administration Review*. January-February.

P. Ables, & M. J. Murpy(1981). *Administration in the Human Service : A Normative Systerms Approach*. Englewood Cliffs, N. J. : Prentice-Hall.

P. Dimaggio, & W. Powell(1983). The Iron Cage Revisited; Institutional Isomorphism and Collective Rationality in Organizational Fields. *American Sociological Review, 48*.

P. F. Drucker(1984). The New Meaning of Corporate Social Responsibility. *California Management Review, 26*.

P. Freire(1970). *Pedagogy of the Oppressed*. New York : Continuum.

P. Hersey, & K. H. Blanchard(1972). *Manegement of Oganizational Behavier*. Englewood Cliffs, NJ : Prentice-Hall.

R. J. Patti(1983). *Social Welfare Administration : Managing School Program in a Developmental Context*. Englewood Cliffs, NJ : Prentice-Hall.

R. N. Authony(1965). Planning and Control Systems(unpublished paper). *Graduate School of Business Administration*. Havard University.

Robert B. Denhardt, & J. W. Grubbs(2003). *Public Administration : An Action Orientation*. California : Wadsworth/ Thomson Learning.

S. Young(1986). The Nature of Privatization in Brighton 1979－1985. *West European Politics*, 9(2).

S. H. Fine(1992). *Marketing the Public Sector*. New Brunswick, NJ : Transaction Publishers.

S. R. McCurly, & Lynch(1996). *Volunteers Management : Mobilizing All the Resources in the Community*. IL., Downers Grove : Heritage Arts Publishing.

Sarri, Rosemary(1987). Administration in social welfare. *Encyclopedia of Social Work*(18th ed.), Vol. 1.

T. Blair(1998). *Leading the Way : A New Vision for Local Government*. London : Institute for Public Policy Research.

3. 인터넷 사이트

가족센터 www.familynet.or.kr
고용노동부 www.moel.go.kr
국가통계포털 www.kosis.kr
국민건강보험공단 www.nhis.or.kr
국민연금공단 www.nps.or.kr
법제처 www.moleg.go.kr
보건복지부 www.mohw.go.kr
서울시 한부모가족지원센터 www.seoulhanbumo.or.kr
한국고용정보원 www.keis.or.kr
한국도박문제관리센터 www.kcgp.or.kr
한국범죄피해자지원중앙센터 kcvc.kcva.or.kr
한국보건사회연구원 www.kihasa.re.kr

찾·아·보·기

인 명

내 용

저/자/소/개

- **홍봉수**
  동덕여자대학교 뉴에듀케이션 칼리지 교수
- **김민정**
  부산과학기술대학교 사회적경제복지과 교수
- **민복기**
  건국대학교 행정대학원 외래교수
- **박영애**
  동원대학교 사회복지학과 교수
- **오현숙**
  호산대학교 LIFE휴먼사회복지학부 교수
- **정규영**
  유원대학교 문화복지융합학과 교수

[제3판]

사회복지행정론

|공저자| 홍봉수
김민정 · 민복기 · 박영애 · 오현숙 · 정규영

|1판 1쇄| 발행 2019년 1월 25일
|1판 2쇄| 발행 2020년 2월 14일
|1판 3쇄| 발행 2021년 7월 15일
|2판 1쇄| 발행 2022년 8월 27일
|2판 2쇄| 발행 2023년 9월 15일
|3판 1쇄| 발행 2025년 8월 27일

|발행인| 김 동 훈
|발행처| 공 동 체

|주소| 경기도 고양시 일산동구 호수로 358-39
동문타워 I 905호(백석동)
|전화| 031) 814-3000(대표)
|팩스| 031) 814-3100
|홈페이지| http://www.compub.co.kr
|전자우편| compub@naver.com
|출판등록| 2005년 10월 6일
|등록번호| 제396-2005-36호

|ISBN| 979-11-6725-965-3
정가 21,000원